Corporate Integrity
Rethinking Organizational Ethics and Leadership

MARVIN T. BROWN

역자 프로필 (가나다순)

김은희 (hee7063@hanmail.net)
현 동의대학교 강사
동의대박사과정 수료

김일철 (ickim@deu.ac.kr)
현 동의대학교 광고홍보학과 교수
현 한국 IMC 연구회 회장, 전 부산광고홍보학회장, 한국 광고학회 이사
LG전자, 타파웨어, 렉솔코리아 광고 · PR 과장, 임원, 대표이사

윤동진 (djyoon@woosuk.ac.kr)
현 우석대학교 호텔관광경영학과 교수
현대종합상사, 현대중공업 산업연구원
포스코 경영연구원

이원섭 (zero@imskor.com)
IMS Korea 대표 컨설턴트
삼성 SDS 마케팅 그룹장
월간 마이크로소프트웨어 기자, 편집장

이채언 (iceon70@hanmail.net)
현 동의대학교 강사
한양대박사과정 수료

임선경 (cozylim@naver.com)
더스토리마케팅 대표
스토리 디자이너
한양대학교 대학원 졸업

온전한 기업

2008년 12월 10일 초판인쇄
2008년 12월 19일 초판발행

저　자 • Marvin T. Brown
역　자 • 한국 IMC 연구회
펴낸이 • 이찬규
펴낸곳 • 북코리아
등록번호 • 제03-01157호
주소 • 121-801 서울시 마포구 공덕동 115-13 2층
전화 • (02)704-7840
팩스 • (02)704-7848
이메일 • sunhaksa@korea.com
홈페이지 • www.sunhaksa.com

값 18,000원

ISBN　978-89-6324-000-8

온전한 기업

한국 IMC 연구회

북코리아

저자 서문

온전한 기업이란 어떤 모습이며 어떻게 될 수 있을까? 이러한 물음에 답하기 위해서 이 책 '온전한 기업'은 이제까지 다른 책들이 추구해 온 기업윤리나 기업의 사회적 책임에 관한 논의와는 다른 접근을 시도한다. 이를테면, 조직윤리에 관한 매우 통합적이고 차별화된 시각에서 접근한다. 전체로써의 온전성의 관점에서 기업의 5단계 차원 즉, 대인적, 문화적, 조직적, 시민적, 그리고 환경적 차원을 다룬다. 이러한 탐색은 각각의 차원이 당면한 온전성을 위한 문제점에서 출발, 그들을 아우르기 위한 리더십 전략을 지향한다.

그 밖에도 이 책이 색다른 이유는 매우 독특하고 독창적인 관점을 제시한다는 점이다. 즉, 온전한 기업을 시민적 관점에서 다룬다는 것이다. 이러한 관점은 기업을 시민사회의 한 구성원으로 보고 기업구성원들을 시민으로 대하는 것이다. 결과가 좋으려면 의도가 좋아야 한다는 '기업경영'적인 관점을 넘어 인간의 필요와 인류의 권리를 존중하는 시민적 가치의 공유에서 바라본다는 점이다. 이러한 시각만이 지속가능한 세계를 만들어 가는 추동력이 개인 간의 관계뿐만 아니라 기업 간의 관계협력을 통해서 가능하다는 기회를 포착할 수 있게 한다.

이 책이 관계에 주목하는 이유도 바로 이러한 가치관을 분석에 적용하기 때문이다. 이렇게 함으로써 개인이 속한 기업과 그것이 속한 사회, 나아가 자연환경의 부분으로서 각자가 온전성을 완성하는 부분이라는 논의에 익숙해질 수 있는 것이다. 기업이 각 단계에서 직면하는 온전성을 위한 장애는 어떻게 하면 적절한 관계를 구축해 가느냐이다. 이러한 관계를 개선하는 일이야말로 온전성을 완성해 가는 일이다. 이러한 관계는 직접적으로 눈에 띄지는 않지만 그들 사이에 깔려 있는 커뮤니케이션 유형을 관찰함으로써 파악이 가능하다. 따라서 관계를 온전하게 개선하는 길은, 바로 이 커뮤니케이션 유형을 분석, 평가와 재설계하는 일이다. 이러한 유형은 언어적 의미 이상을 지닌다. 때로는 행동이 말보다 더 큰 언어로 작용하기도 한다. 그러나 조직 내에서는 커뮤니케이션 유형이 가장 크게 작용한다. 일상의 생활, 일정, 제도, 보상체계, 공유된 이미지 다섯 단계 모두에 있어서의 관계의 질을 결정한다. 따라서 이 책은 시민적 관점에서 커뮤니케이션 유형에 의한 조직 내 관계를 탐색함으로써 온전한 기업이 되기 위한 도전과 장애물을 파악하고자 한다. 이러한 접근 뒤에는 몇 가지 가설이 전제한다. 그 내용은 주로 제1장과 나머지 장들에서 논의될 것이다. 이 책의 전체적인 의도는 매우 명확하다. 온전한 기업이 어떤 모습인지 보여 주며, 어떻게 하면 그렇게 될 수 있는지를 제시한다. 일단 온전한 경영이 무엇인지 이해하게 되면, 기업과 그 구성원들은 어떻게 하면 그렇게 될 수 있는지 쉽게 알 수 있을 것이다.

이 책이 제시하는 방법들을 실제로 적용할 수 있도록 각 장의 말미에는 워크시트를 첨부해 두었다. 그리고 맨 뒤의 별첨은 단계별로 커뮤니케이션 유형을 점검 할 수 있도록 워크시트를 첨부하였다.

이 책은 그 동안 다양한 연구와 관측의 결과로 완성되었다. 기업윤리에 관해 전반적인 논의가 지속될 것이다. 커뮤니케이션에 관한 논의는 신학과 철학, 해석학 그리고 수년 간의 호브(Edward Hobb)와의 대화에 기초한다. 커뮤니케이션 유형에 관한 나의 관심은 오래 전 사람들이 도덕적 결정을 할 수 있는 상황이나 조건에 관한 연구에서부터 비롯된 것이다. 이 책에서 논하는 시민적 관점이란 "윤리적 분석을 하는 나는 누구인가?"의 주체의식에 관한 물음에 항상 경제나 철학적 관점에서보다는 시민적 관점을 견지하는 자신을 발견하고 내린 결정이다. 일단 이러한 관점이 분명해지자 다음으로 내가 취한 행동은 이를 표출하고 확산하는 일이었다. 브라운(Mark Brown)과의 대화 역시 내게 정치적 이론과 민주적 실천에 관한 이해를 높여 주었다. 관계에 대한 관점은 여성주의적 윤리관, 브라운(Erdmut Brown & Kirsten Brown)의 시각, 기타 다양한 사회적 연구로부터 비롯된 것이다.

그 밖에도 대학과 대학원에서 여러 해 강의하는 동안 학생들로부터 받은 질문과 아이디어가 이 책에는 담겨 있다. 독일에서 인턴과 연구자로 일하는 동안 참가한 여러 가지 회의록도 녹아져 있다. 최근에는 리바이스 청바지나 캘리포니아주 자동차협회, 독일, 폴란드, 베네수엘라, 아르헨티나 등의 초청연설과 워크숍 등 또한 진정으로 온전한 경영이 되기 위한 노력에 대한 내 이해를 넓혀 주었다. 이 책에서 기업과 지역사회에 관한 장은 부에노스아이레스 부자협회의 조정을 받고 행한 내 연설원고이기도 하다. 다른 장의 내용들 역시, 기업윤리나 도덕경영에 관한 세계 여러 나라들의 이러저러한 기관으로부터 부탁받고 발표한 내용들이 담겨져 있다.

이 책이 완성되기까지 W. Barnett Pearce, Nancy Southern, David Gill, Barbara McGraw, Toni Wilson, Eugene Muscat, John Moyer, Horacio Bolanos 등의 대학동료들의 도움이 컸다. 그리고 이 책의 내용에 도움을 준 Georges Enderle, Joseph DesJardins, Heidi von Weitzien Hoivik, Joseph Rost 등에게 감사한다. 케임브리지대학교 출판사에게도 감사의 뜻을 전한다. 특히 편집장인 Katy Plowright는 끝까지 인내를 잃지 않고 이 책을 완성하였다. 또한 친구이며 시인인 Linda Lancione Moyer에게 감사하며 끝으로 내게 끝없는 영감과 아이디어를 제공해 준 Erdmut Brown에게 이 책을 바친다.

Marvin T.Brown

역자 서문

온전하다니 가당키나 한 말인가? 하지만 모든 징조가 온전성을 회복하는 방향으로 나아가고 있음을 직시한다. 기업경영에서도 예외는 아니다. 급변하는 기업환경을 한번 돌아보자.

근자에 회자되는 CSR 곧, '기업의 사회적 책임' 또한 이제까지 일시적으로 풍미하다가 사라져 간 BPR과 CRM 또는 6 Sigma와 같은 무수한 경영혁신 이론들의 연장선상에 놓여 있는가? 그렇다면 이 책을 번역하거나 읽는다는 것은 그다지 큰 의미가 없다. 역자들은 이 책의 번역서 제목을 '온전한 기업'이라고 지었다. 산업혁명 이후 최근까지 지속되어 온 일련의 경영혁신운동의 궤적과 목적지가 온전성을 지향한다는 확신에서이다. 다시 말해서 IMC, 즉 통합적 마케팅 커뮤니케이션을 중점적으로 연구하는 '한국IMC 연구회'가 발족한 지난 5년여에 걸쳐 놓치지 않은 화두는 "왜 통합(integration)인가?" 라는 의문이었고 그 해답이 온전성(integrity)에 있음을 확인한 순간 연구회의 다음 과제로 이 책의 번역을 결정하는 데 주저함이 없었기 때문이다.

산업혁명 이후 기업들은 생산성 향상의 기치 아래 쪼개고 또 쪼개는 분업화를 잠시도 멈추지 않았다. 그 분할로 인한 후유증을 앓으면서도 TQC나 BPR처럼 부분적인 미봉책으로 견디면서 두 세기에 걸친 산업사회의 오랜 지병을 견뎌 왔다. 하지만 정보사회에 들어서면서 디지털적인 사유는 부분의 합이 전체에 모자라는 부분을 깨닫기 시작하면서 그 잃어버린 조각에 관심을 갖기 시작한다. 그리고 마침내 그 부분은 물질이 아닌 정신, 곧 가치의 영역임을 인식해 간다. 바야흐로 양자물리학에서조차 정신영역에 빈자리를 내 주고 있음에 주목해야 한다.

지난 1990년대 초 처음으로 IMC가 소개될 때만 해도 조직으로부터 외부로 향하는 광고나 PR 또는 판촉이나 이벤트와 같은 다양한 메시지들의 통합에 의한 커뮤니케이션 효과의 극대화가 전부였다. 이후 소개된 IMC에 관한 일련의 저서나 논문들은 바로 이 외부를 향한(out bound), 메시지에 주력했던 것이다. 우리 연구회가 처음으로 번역 출간한 Schultz 교수의 『IMC의 실행과 측정(*IMC, The Next Generation*, McGraw-Hill, 2004)』도 예외는 아니다. 하지만 머잖아 커뮤니케이션의 통합을 추구하는 학자나 실무자들은 외부로 발산하는 메시지가 통합되기 위해서는 먼저 분업화로 사분오열된 내부의 통합(in bound)이 선행되어야 함을 깨닫는다. 한국 IMC 연구회가 Ahmed 등의 『인터널 마케팅(*Internal Marketing*, Butterworth Heinemann, 2002)』을 서둘러 번역, 소개한 이유도 바로 이 때문이다. 그러나 이렇게 안과 밖으로 향하는 모든 조각들을 한데 묶어도 원래의 모습과는 사뭇 다르다. 눈에 띄지 않는 요소, 곧 도덕과 가치와 같은 정신영역의 상실인 것이다. 이 책의 저자는 바로 이 부분을 강조한다. 곧, 온전한 기업이 되기 위한 다섯 개의 층위—문화, 대인관계, 조직, 사회, 환경—를 구분하고 각각의 차원에서 온전성을 지향하는 데 있어서의 장애와 이를 극복할 수 있는 방법론을 커뮤니케이션 유형(communication patterns)을 가지고 진단하며 제안하고 있다.

이 책은 Marvin T. Brown의 *Corporate Integrity: Rethinking Organizational Etichs and Leadership*(Cambridge University, 2004)을 완역한 것이다.

모두에서도 잠시 언급했듯이 물론 국가와 분야의 차이에 따라서 다소의 오차는 있지만, 이제 바야흐로 모든 사회적 가치는 선(善)을 지향하기 시작했다. 우리의 정치나 경제, 사회문화도 예외일 수 없다. 이러한 거역할 수 없는 베가트랜느 앞에서 행여나 근자에 논의되기 시작한 기업의 사회적 책임이 이제껏 졸속하게 스쳐 지나온 여타의 경영혁신이론들과 혼재될까 두렵고 조급한 마음이다.

모쪼록 이 책이 이제 막 우리 사회에 일기 시작한 책임과 도덕에의 관심에 불씨를 지피는 작은 쏘시개의 역할을 기대해 본다. 학교와 현업에서 연구와 교수 그리고 사업의 바쁜 일정을 쪼개, 연구회의 취지를 전파하고자 이 책의 번역에 참가해 준 회원들과 또 여러 차례의 모임에서 내용을 공유하고 지적해 준 모든 회원들께 고마움을 전한다. 그리고 그 준엄한 필요성을 공감하고 기꺼이 출판을 맡아 준 북코리아의 이찬규 사장님과 관계자들께 역자를 대신해서 깊이 감사드린다.

2008년 가을에

역자 대표

한국 IMC 연구회

회장 김일철 배례

차 례

1 온전한 기업으로서의 온전성

지난 수년간 엔론(Enron)이나 월드콤(World-Com) 또는 아더 앤더슨(Arthur Anderson)과 같은 회사들은 또 다시 기업에 대한 신뢰를 무너뜨렸고 동시에 기업에 회의적인 사람들의 입장을 강화시켜 놓았다. 이와 같은 일은 어제오늘의 사건이 아니다. 달라진 것이 있다면 좋은 일이든 나쁜 일이든 예전에 비해서 인류와 환경에 미치는 여파가 훨씬 더 커졌다는 점이다. 덧붙여서 안타까운 사실은 기업들의 힘이 예전에 비해 더 커진 데 반해 이를 통제할 수 있는 시민단체들은 오히려 위축되어 가고 있다는 점이다. 오늘날 거대기업들의 움직임은 마치 타이타닉호를 바라보고 있다는 느낌을 들게 한다. 서서히 그릇된 방향으로 가고 있지만 너무도 크고 강력해서 쉽사리 그 방향을 돌릴 수 없는 것처럼 말이다.

그러나 또 다른 관점이 존재하고 있다. 기업윤리나 기업의 사회적 책임 또는 기업의 시민정신에 관한 논의들이나, 이 책의 주제이기도 하며 모두가 중요한 과제들이다. 향후 조직의 윤리나 리더십이라는 관점에서 소홀히 할 수 없다. 텔레비전의 오락프로그램이나 뉴스와는 달리 이 주제들은 어떻게 하면 기업이라는 조직을 보다 더 인간적이게 하느냐의 문제이기 때문이다. 이러한 과제는 매우 복합적이며 다차원적이다. 각각이 조심스럽고 면밀하게 분석, 평가 그리고 논의되어야 할 과제들이다. 여기에는 문화, 구성원, 기업조직, 시민사회 그리고 환경 등의 5단계 차원이 포함된다. 이들 가운데 어느 한 단계 차원이라도 나머지 것들로부터 자유로울 수 없도록 맞물려 있다. 이 다섯 가지를 차례로 탐색하는 것이 이 책의 핵심이다.

이들 각각의 차원들마다 일을 처리하는 방식을 달리한다. 이를테면 문화적 차원의 경우 새로운 아이디어의 출현을 촉발시키기도, 또는 가로막기도 한다. 환경차원의 경우 소비재 상품의 지속성을 중단할 수도, 연장할 수도 있게 한다. 나머지 차원들에 있어서도 마찬가지이다. 모든 것을 정당화할 수는 없다. 그렇다면 무엇이 옳고 또 무엇이 그르단 말인가? 여기서 옳고그름은 나의 문제가 아닌 우리의 문제이다. 나 개인은 옳고그름의 판단이 분명하다. 당신도 마찬가지이다. 문제는 우리 사이의 불일치이다. 이럴 때 우리는 어찌해야 하는가? 서로가 동의하는 공유된 가치가 필요하다. 여기서 제기되는 요구가 바로 '온전성(integrity)' 이다.

온전성이야말로 기업에 대해 비판적인 세력이나 우호적인 집단 모두로부터 요구되는 기준, 곧 신뢰의 문제인만큼 기업행동의 지침으로 삼아야 한다. 만일 사람이 온전하다면 우리는 그를 신뢰할 수가 있다. 기업 또한 온전하게 운영된다면 신뢰를 얻을 수 있다. 이것만이 우리와 우리의 미래를 위해서 절대적으로 필요한 기준이 되어야 한다.

그렇다면 구체적으로 어떠한 모습이어야 하나? 물론 여기에는 인테리어와 같은 물리적이고도 외부적인 사항들까지도 포함된다. 실내구조는 기업이 어떻게 사람을 대하는가에 관점을 보여 주지만 이는 기업운영의 극히 일부분일 뿐이다. 이보다는 포괄적인 시각이 필요하다. 이를테면 그 구성원들의 언어적 또는 비언어적 커뮤니케이션 패턴은 어떻게 설계되고 또한 운영되는지 등의 문제들이다. 이들 커뮤니케이션 패턴의 질은 기업의 온전성을 평가하는 중요한 기준이 될 수 있기 때문이다.

대부분의 커뮤니케이션 패턴은 파악이 가능하다. 그냥 듣거나 누가 말하는지(혹은 말을 안 하는지), 무엇에 관해 말하는지(또는 말을 않는지) 등이다. 단순히 청취함으로써 그 대화가 어떻게 사람들이 상대방에 대해, 기업에 대해 또는 환경에 대해 기대와 조건을 갖게 되는지 상당부분 이해할 수 있다.

온전한 기업에 대한 탐구는 기업 또는 온전성에 대한 일련의 가정에서 출발한다. 이 가운데 가장 중요한 것은 각각의 용어나 개념에 대한 정의이다. 우선 기업에 대해서 생각해 볼 때 다양한 정의가 가능하겠지만 온전한 기업에 가장 적합한 관점은 기업을 특정한 목적달성을 추구하는 인간조직(human system)으로 이해하는 것이다. 여기서 조직이란 전체를 구성하는 상호작용 부분의 합을 말한다. 온전하다는 것도 부분과 전체에 관한 것이다. 통합한다는 것은 전체를 이루는 일이다. 따라서 기본적으로 조직과 그 조직의 온전성에 관한 논의는 그들 각 부분이 상호 어떻게 연관되어 있는가에서 어떻게 연관되어야 하느냐에 관한 것이다. 사람과 같은 인간조직은 생물학적인 그리고 언어학적인 구조를 동시에 갖는다. 기업은 물론 생물학적인 존재는 아니다. 하지만 그들 역시 언어와 이들 언어에 의한 지속적인 커뮤니케이션 패턴에 의존한다. 언어적 커뮤니케이션에는 매일의 일상적인 대화뿐만 아니라 그 조직의 미션과 정책선언 등을 포함한다. 비언어적인 요소는 근무환경, 업무일정, 직무지식 등이 해당된다. 만일 우리가 기업을 지속적인 커뮤니케이션 관점에서 바라본다면 기업의 온전성이란 결국 이 커뮤니케이션 유형에 달려 있다고 말할 수 있다.

기업은 혼자서 존재하는 조직이 아니다. 이들 또한 사회와 환경에 속해 있다. 이런 거시적 관점에서 기업의 온전성을 탐구하기 위해서는 그 연관성을 파악하기 위한 최적의 접근방법이 요구된다. 내 생각에 최적의 접근시각은 시민적 관점(civic perspective)이다. 이를테면 기업을 경제적인 관점에서만 볼 것이 아니라 비영리단체나 정부조직 등과 어우러지는 한 시민사회의 구조원으로 조망해 보는 것이다. 이렇게 함으로써 사회나 환경이라는 커다란 관점에서 각 구성원들의 대화를 분석해 볼 수 있을 것이다.

제2장에서 제6장까지는 기업의 내부적 또는 외부적 관계를 탐색하고 평가하게 될 것이다. 마지막 제7장에서는 온전한 기업을 위한 경영진의 설계에 관해 다룰 것이다. 이 장에서는 온전성의 의미와 시민사회관점의 필요성 그리고 지속적인 커뮤니케이션 패턴으로써 기업이라는 세 가지 관점을 좀더 명확히 논의해 보기로 한다.

온전성의 의미

때로는 온전성이란 옳거나 좋다는 개념으로 쓰이고는 한다. 드조지(Richard DeGeorge)는 이에 대해 "온전하게 행동한다는 것은 도덕적으로 또는 윤리적으로 행동한다는 것이다"[1]라고 말한다. 이러한 정의는 어느 정도 타당하다. 온전성에는 규범적인 의미가 포함된다. 하지만 윤리 이상의 다원적 의미를 함유한다. 그 의미를 제대로 이해하려면 그 어원, 곧 '완전한(integral)' 에서 출발해야 한다. 여기서 '완전한' 은 전체를 의미한다.[2] 물론 전체란 항상 부분을 내포하기 때문에 온전성은 전체뿐만 아니라 그 전체 안의 각 부분들의 적절한 관계까지도 포함하는 것이다. 따라서 온전성을 창출하려면 각각의 부분을 전체로 통합해야만 한다. 각 부분의 관계와 전체는 연속성, 관계의 지각, 내포성 그리고 유의미한 목적의 추구 등 온전성을 구성하는 다양한 의미들을 포함한다.

일관성으로서의 온전성 | 온전성에 관한 가장 보편적인 해석은 아마도 일관성(consistency)일 것이다. 여기서 일관성이란 어느 한 사람이 하는 말과 그의 행동 사이의 일련성을 의미한다. 행위와 언어는 전체를 이루는 한 부분들이다. 이를 왓슨(Charles Watson)은 자신의 책 『온전하게 경영하기(*Managing with Integrity*)』에서 다음과 같이 표현하고 있다.

> *어떤 사람이 온전하다는 것은 그의 말과 행동이 전체성(wholeness)을 내포하고 있음을 뜻한다. 그 사람의 행동은 그가 존중하는 가치와 일치한다. 그는 자신의 목표를 추구함에 있어 빠르고 쉬운 유혹에 흔들리지 않는다. 자신이 추구하는 가치에 대해 주위의 유혹이나 압력에 굴복하지 않는다. 그의 곧은 행동은 자신의 필요*

---

1) Richard T. DeGeorge, *Competing with Integrity in International Business* (New York and Oxford: Oxford University Press, 1993), p. 5.

2) *The American Heritage Dictionary of The English Language*, third edition (Boston: Houghton Mifflin, 1992), p. 937.

와 안위 그리고 이익보다는 흔들리지 않는 원칙과 기준을 고수함으로써 실천할 수 있는 것이다.[3)]

개인의 온전성에 대한 이와 같은 이해는 확실히 칭찬할 만하다. 하지만 온전성에 관한 완벽한 정의로 받아들이기에는 다소의 위험성이 뒤따른다. 이렇게 온전한 사람이 자신의 그런 성향을 전혀 알지 못한 채 모두가 다 자기와 같을 것이라고 생각한다고 가정해 보자. 다른 사람들과 타협하지 않은 채 자신만의 굳건한 믿음과 신념으로 생활해 간다면 그의 온전성은 과연 전체 사회구조 속에서 남들과의 관계를 알아가는 데 도움이 될까? 아니면 방해가 될까? 만일 온전성이 전체성이라면 그리고 어떤 특별한 일관성이 한 사람으로 하여금 그가 속한 전체를 파악하는 데 방해가 된다면 이 때의 일관성은 그가 온전성을 이루는 데 방해가 될 뿐이다. 이 때문에 왓슨도 자신의 책에서 관리자로서의 '생각을 할 의무(duty to think)'와 사물을 다르게 볼 것을 권유하고 있는 것이다.[4)]

하지만 여전히 그가 말하는 관리자의 온전성이란 남들과 분리된 자신 자기의 원칙에 충실한 사람을 완전한 '전체'라고 표현하는 수준에 머물고 있다.

우리의 경험을 통해 알 수 있듯이, 고립된 자아란 불완전한 상태를 말한다. 우리는 남들과 어우러져 살도록 태어났다. 따라서 관계를 배제한 자아란 있을 수 없다. 때문에 전체성으로서의 온전성이란 일관성뿐만 아니라

---

3) Charles E. Watson, *Managing with Integrity: Insights from America's CEOs* (New York: Praeger, 1991), p. 171.

4) 상게서, p. 57.

관계성이란 관점까지도 고려해야 하는 것이다.

관계 지각으로서의 온전성 | '임원의 온전성(executive integrity)' 에 관한 책에서 슈리바스타와 바렛(Suresh Srivastva & Frank Barrett)은,

"온전성에서 의미하는 전체성이란 관계의 전체성, 상호작용의 전체성을 말한다"라고 쓰고 있다."[5] *솔로몬 역시 온전성을 관계의 측면에서 정의하는데 "전체성이란 한 개인의 정체성이 고립된 원자가 아니라 보다 큰 사회라는 분자의 한 개체이며 따라서 전체성이란 배타적이기보다는 포괄적 의미이다"라고 말한다.*[6]

개개인이 진정한 온전성을 갖추기 위해서는 자신이 속한 사회 속에서의 관계를 중시해야 한다. 이것이 일관성을 포기해야 한다는 뜻일까? 결코 그렇지는 않다. 우리 각자는 이 두 가지 영역을 모두 수용할 수 있기 때문이다.

경영윤리를 강의하는 시간에 나는 학생들에게 각자 자기 자신의 성격을 묘사해 보도록 했다. 그들이 주로 쓰는 단어들은 주로 정직, 배려, 열심 등이었다. 나는 이런 개념들이 자신들이 어떤 특정한 상황에 처했을 때 어떻게 표출되는지에 대해 추적해 보았다.[7] 상황에 따라서 본래와는 매우 다른

---

5) Suresh Srivastv' a & Frank Barrett, "Foundation for Executive Integrity: Dialogue, Diversity, Development," in Executive Integrity: The Search for High Human Values in Organizational Life, ed. Suresh Srivastva and Associates (San Francisco, CA: Jossey-Bass, 1989), p. 291.

6) Robert C. Solomon, *A Better Way to Think About Business: How Personal Integrity Leads to Corporate Success* (New York: Oxford University Press, 1999), p. 40.

용어들이 선택되었음을 알 수 있었다. 그리고 그 상황이라는 것은 상대방이 주로 아들, 딸 또는 부모나 다른 학생 등이었다. 이러한 것들은 모두가 관계를 의미하는 것이다. 처음에 선택한 단어들처럼 어떤 기질을 나타내는 것이 아니라 모두가 각자 자신과 관련된 관계를 의미한다. 온전성이란 자아 의식과 행위의 양 측면을 모두 수용한다. 관계로서의 자아에 있어서 온전성은 관계의 지각 곧 자신이 관련된 관계의 의식을 의미한다.[8)] 인간의 행위와 관련해서 온전성은 행위의 일관성—어떤 사람이 한 말과 그 사람의 행동사이의—을 요한다. 한 개인은 그 자신의 주체(agent)로서 그리고 타자와의 관계(relational) 양면을 모두 수용함으로써 온전성은 양면성을 띠게 되는 것이다. 그리고 이러한 논리는 기업에 대해서도 마찬가지로 적용된다. 나아가 기업을 경영하는 사람들은 조직의 정체성(우리는 누구인가에 대한 물음)과 행동(우리는 무엇을 해야 하는가에 대한 물음) 모두에 답할 수 있어야 한다. 제3장에서는 협력해야 할 관계의 주체로서 대인관계에 집중할 것이다. 그리고 제4장에서는 협력의 주체로서 기업의 온전성을 주로 논의할 예정이다. 단순히 관계를 안다는 것이 추구해야 할 관계유형을 의미하는 것은 아니다. 관계의 유형에는 포괄적 또는 배타적인 것 모두가 포함된다. 그러

---

7) 나는 아리스토텔레스의 덕목을 적용해 보았다. 그것들은 상황에 따라 달리 대처하는 기질 또는 관습 등이다. 결국 덕목이란 행위와 다름이 없다.

8) 개인 간의 또는 사회와의 관계에 관한 이와 유사한 지적은 많은 기업윤리 관련서적에서 찾아볼 수 있다. 이를테면, Michael Rion, *The Responsible Manager: Practical Strategies for Ethical Decision Making* (Amherst, MA: Human Resource Development Press, 1996) 그리고 Robert Solomon이 쓴 *Ethics and Excellence: Cooperation and Integraty in Business* (New York and Oxford: Oxford University Press, 1993)과 Edwin Harton의 *Organizational Ethics and Good Life* (Oxford University Press, 1996) 등을 들수 있다.

나 전체성이라는 관점에서는 온전성의 또 다른 의미인 포괄성이 요구된다.

포괄성(inclusion)으로서의 온전성 | 그룹이나 집단에 있어서 포괄의 의미는 다름 또는 상이함에 대한 개방을 뜻한다. 이는 다음 제2장에서 다루게 될 주제이기도 하다. 이는 한 조직의 차원에서 비록 반대라 하더라도 다른 목소리에 귀 기울이기를 포함한다. 포괄성으로서의 온전성의 의미는 일상업무에서 윤리와 복종을 논의할 때 주로 거론되는 주제이기도 하다.

이를테면 페인(Lynn Sharp Paine)은 기업행동지침으로 복종 프로그램을 제시하는 내신 업무만을 회사의 행동기준화함으로써 윤리가 자연스레 기업 전체로 포괄될 수 있다는 주장이다.[9)]

캡틴과 웸피(Kaptein & Wempe)는 앞서 논의한 기업의 온전성에 관한 세 가지 관점 곧 일관성, 관계 그리고 포괄성 등을 모두 수용하는 이론을 개발했다.[10)] 일관성은 언어와 행동의 통합을 의미한다. 관계란 다양한 이해집단들과의 복합적인 관련성을 뜻한다. 포괄성은 의사결정에 있어 윤리, 도덕, 의무 등을 충실히 함을 말한다. 그들이 이 세 가지 요소를 온전성에 함께 담았다는 것은 기업의 안팎에서 분출하는 다양한 요구와 조건들을 균

---

9) Lynn Sharp Paine, "Managing for Organizational Integrity", Harvard Business Review (March/April, 1994), pp. 106~17. 다른 몇몇 연구자들도 윤리나 기업지침을 포함시키고 있는 데 여기에는 Debbie Thorne Le Clair, O.C. Ferrell과 JohnP. Fraedrich의 Integrity Management: A Guide to Managing Legal and Ethical Issues in the Work Place (Tampa, FL: University of Tampa Press, 1998), Joseph A. Petrick and John F. Quinn의 *Management Ethics: Integrity at Work* (Thousand Oaks, CA: Sage, 1997) 등이 있다.

10) Muel Kaptein and Johan Wempe, *The Balanced Company: A Theory of Corporate Integrity* (Oxford: Oxford University Press, 2002).

형있게 수용함을 의미한다.

여기서 균형이란 서로 다른 이해나 입장, 도덕적 기준 등을 포괄하려는 노력이며 단순한 평균을 의미하지 않는다. 다시 말해서 기업이 추구하는 바를 온전하게 하는 것이 무엇인가에 대한 물음에 캡틴과 웸피는 "조직 내 구성원들이 일을 처리할 때 혼자 하는 것보다는 함께 하는 것이 더 효율적인 방법을 찾아가는 것이다"라고 대답한다.[11)]

하지만 효율성이 온전성을 정당화하지는 못한다. 마약장사들이 효율적으로 일을 할지는 몰라도 그렇다고 해서 그들에게 온전성을 부여할 수는 없는 것이다. 캡틴과 웸피의 주장이 간과한 것은 좋은 기업 또는 조직으로서의 덕목이다. 온전성에 대해 완벽하게 이해하려면 네 번째 의미 곧 가치있는 목적의 추구를 담고 있어야 한다.

가치있는 목적 추구를 위한 온전성 | 누군가가 또는 무엇인가가 온전하다고 할 때 이는 그 대상을 칭찬하는 말이다. 따라서 온전성이란 덕이지 악이 아니다. 온전성을 단지 기업경영과 도덕적 원칙의 결합으로만 또는 다양한 요구조건들 사이의 균형잡기 정도로만 이해한다면 온전성 그 자체가 도덕적 원칙을 함유하고 있음을 간과하는 것이다. 즉 온전성은 그 자체가 규범적 의미로 옳고그름의 기준이 되는 것이다.

이는 온전성이라는 표현이 쓰이는 언어적 의미를 보아서도 잘 알 수 있다. 우리는 누군가가 온전하다고 그를 비난하지는 않는다. 오히려 그를 칭

---

11) 상게서, p. 165.

찬한다. 단지 그가 일관성이 있다거나 관계를 중시하는 것뿐만 아니라 유의미하고 가치있는 것을 추구하기 때문이다.

온전성이 갖는 이러한 다양한 의미와 측면들은 서로 상충되지 않는다. 그보다는 서로 협력하여 보다 완벽한 온전성의 의미를 전달한다. 조직은 다층적 구조로 구성되어 있기 때문에 관계의 측면이 중시된다. 하지만 다른 의미들, 이를테면 일관성이나 포괄성 또는 가치있는 목적추구 등이 경시되는 것은 아니다. 조직 내에서 가장 중요한 5단계 차원이란 문화적, 대인적, 조직적, 시민적 그리고 자연환경적 측면들이다. 이 5단계 차원들이 때로 배타적으로 또는 협력적으로 기업의 온전성을 구성한다.

기업의 온전성을 구성하는 5단계 차원

5단계 차원 중에서 문화적 차원이 가장 중요하다고 할 수 있다. 왜냐하면 문화는 모든 것을 함께 묶기 때문이다. 문화를 구성하는 언어나 의식(儀式) 또는 커뮤니케이션 유형 등은 사람과 경험 그리고 사물 등을 연결하는 중요한 환경을 제공하기 때문이다. 두 번째의 대인적 차원은 자기 자신을 규정하는 관계에 중점을 둔다. 세 번째로 조직의 차원은 기업을 한 행위자 또는 객체(agent)로 본다. 객체는 자신들의 행동이 가치 있다고 여기는 목적과 연합될 때 온전하게 된다. 이 단계에서는 온전성의 일관성이 중요하며 자신이 속한 조직(기업)이 관계된 사회 및 자연환경에 포함된다는 소속감이 의미를 갖는다. 기업이 사회 및 자연환경과 갖는 관계가 네 번째와 다섯 번째의 차원을 형성한다.

환경에 대한 폐해가 점점 더 심각해짐에 따라 어쩌면 기업과 환경과의 관계가 5단계 가운데 가장 중요한 부분일는지도 모른다. 그러나 이는 문화적 차원에서의 온전성이 전제되어야만 환경에 대한 열린 자세를 취할 수 있음을 고려할 때 이러한 단계구분이 불가피하다. 실제로 기업의 온전성을 위해서는 높은 차원에서 이 다섯 가지의 통합이 필요하다.

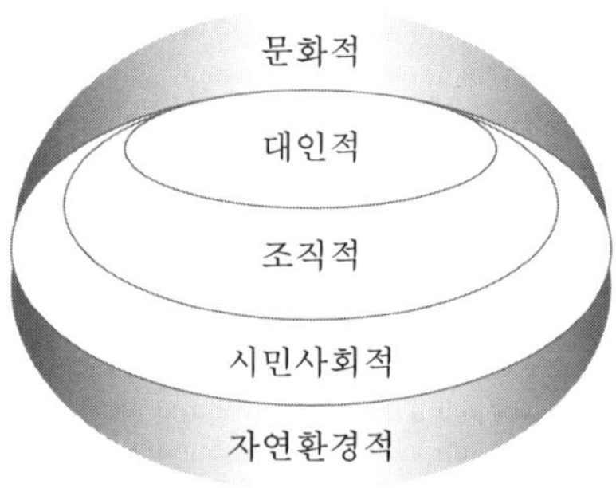

〈도표 1.1〉 온전한 기업의 5단계 차원

〈도표 1.1〉은 5단계 차원의 상호적 관계를 보여 준다. 그림에서 보여주듯이 문화와 환경은 나머지 3개 요소—대인, 조직(기업) 그리고 사회—를 포함하고 있다. 뿐만 아니라 사회는 조직을, 조직은 대인을 감싸 안고 있다. 이 다섯 개의 단계는 상호 관련 및 연계되어 있으면서 각각의 과제를 안고 있다.

온전한 기업이 당면한 다섯 가지 단계 과제 | 다섯 가지의 각 단계는 온전한 기업 또는 기업의 온전성을 위한 각각의 과제가 있다. 문화적 단계에서의 과제는 다름과 불일치에 대한 개방이다. 어떤 의미에서 문화란 이미 전체적이라 할 수 있다. 그것이 문화가 갖는 의미이기도 하다. 하지만 복합적인 사회에서는 지속적으로 다른 문화를 접하게 되어서 복합문화사회에서 문화는 전체의 부분이 되기도 한다. 전체로서의 온전성은 나와 다른 문화에 대한 가치를 인정하는 것이다. 제2장은 바로 이 다른 문화를 탐구하는 틀과 다른 문화를 받아들이는 전략에 관하여 논의하게 된다.

대인적 관계의 차원에서는 자신이 구축하고 있는 관계성에 관한 도전에 주목한다. 극단적인 개인주의는 이를 주시하는 데 방해가 된다. 이는 사람을 상호의존적이라기보다는 개별화된 개체로 보기 때문이다. 뿐만 아니라 개개인이 존재하는 환경을 간과하게 만든다. 문화적 편견을 거부하는 개인주의는 역설적이게도 이 때문에 문화에 대한 편견을 낳게 된다. 우리 모두는 각자가 개성있는 존재로서 각자 독특한 시간과 장소에서 독특한 관계를 맺고 살아가고 있는 것이다. 전체로서의 온전성은 각자가 타인과의 관계를 인식하고 자신을 자기와는 다른 사람들과의 관계 속에서 인정하는 것이다.

예를 들면 작업장에서 각자는 직원인 동시에 한 가정의 구성원이며 한 사회의 시민인 것이다. 각자는 직장 이외에도 가정과 사회에 속해 있으므로 이런 복합적인 관계가 직장 내에서의 관계에 영향을 미친다는 사실을 인지해야 하는 것이다. 가정과 직장과 사회라는 3단계의 관계를 모두 끌어안음으로써 가정의 안전과 시민으로서의 권리를 비로소 작업장에서의 상호성을 이해하는 데 복합적으로 투영할 수 있는 것이다. 이러한 관계는 뒤의 제3장에서 보다 깊이 논의하게 될 것이다.

조직 곧 기업의 차원에서 과제는 조직의 목적과 행위 간에 일관성을 유지하는 것이다. 다시 말해서 기업의 미션은 목적을 정당화 할 수 있어야 한다. 그리고 모든 의사결정은 이러한 미션에 부합해야 한다. 기업이 온전하기 위해서는 의사결정에 지침이 될 수 있는 가치있는 목적을 견지해야만 한다. 기업의 목적은 매우 복잡 미묘해서 제4장에서는 기업의 목적을 그 구성인인 개인과 나아가 기업이 속한 사회의 목적 등과 연결해서 논의해 보게 될 것이다. 기업의 사회적 관점에서 맞이하게 되는 네 번째 과제는 기업이 여타의 기업 또는 정부와 같은 비영리 기관들과 협력적 관계를 구축해 나가느냐 하는 것이다. 사업이란 자유로운 의사결정과 혁신이 가능해야 하며 부당한 간섭과 방임으로부터 법적으로 보호받을 수 있어야 한다. 시민사회가 바로 그러한 환경을 제공한다. 법은 최소한의 보호를 의미한다. '작은 정부' 가 의미하는 것은 기업윤리가 준수된다는 가정하에 법의 역할을 의미한다. 어떤 경우에도 조직은 영리와 비영리를 떠나서 다른 조직과의 조화로운 관계를 전제로 해야만 한다. 제5장에서는 기업과 사회 간의 여섯 가지 다양한 모델과 각각을 기업이 어떻게 사회 속에 포함되어야 하는 가의 평가측면에서 논의하게 될 것이다.

마지막 다섯 번째 과제로는 기업이 환경에 대해서 갖는 과제로 자신의 운명을 지구라는 관점에서 고민해 보는 것이다. 많은 기업들이 지속적인 발전의 추구라는 슬로건 하에 환경파괴를 괄목할 만한 수준으로 줄여가고 있지만 환경은 여전히 위험에 노출돼 있다. 장기적으로 볼 때 자연의 손상은 경제의 발전으로 복구될 수 없는 지경에 이르게 될 것이다. 장차 경제가 온전성을 회복하려면 반드시 자연환경에 맞도록 추구되어야 한다. 이 단계에서 기업의 온전성은 인간과 자연 모두를 포함하게 되는 것이다. 제6장에서는 이즈음에 회자되는 지속성을 다루고 세계무역과 자연의 온전성 등에 관하여 논의하게 될 것이다. 다섯 단계의 모든 과제들을 하나에 담은 것이 〈도표 1.2〉이다. 단계별 과제의 심각성은 다음의 각 장들에서 새로운 분석과 평가 그리고 변화하는 기업의 커뮤니케이션 관점 등을 바탕으로 보다 세밀하게 논의하게 될 것이다. 마지막 제7장은 이러한 각 단계에서의 과제를 극복하고 최종적으로 기업의 경영진이 갖추어야 할 그리고 온전한 기업을 위해서 설계해야 할 요건들에 관하여 다루게 될 것이다.

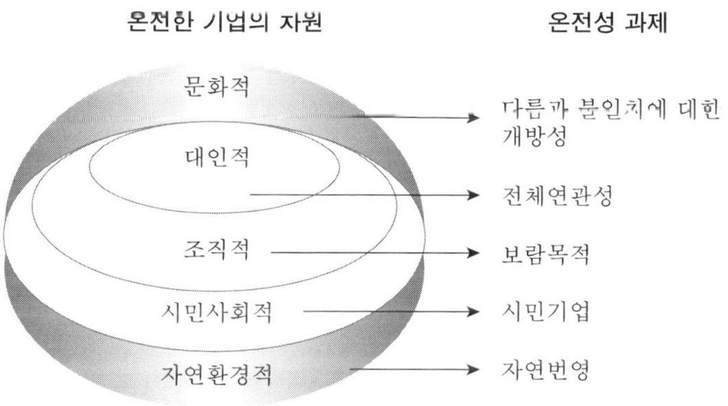

〈도표 1.2〉 다섯 가지 온전성 과제

이 책에서 견지하는 시민적 관점은 개개인을 기업의 구성원인 동시에 한 시민사회의 구성원으로 보는 것이다. 이처럼 고용주 또는 피고용인과 사회 구성원으로서의 동시적 관점은 세 가지 장점이 있다. 기업시민(企業市民, corporate citizenship)을 위한 다음 과정을 제시한다. 기업의 책임과 독점 사이의 균형점을 찾아간다. 아리스토텔레스의 윤리와 공중 그리고 시민사회에 대한 새로운 관점을 제시해 준다. 일단 우리가 기업의 윤리를 시민과 공중 차원에서 출발하면 보다 긍정적인 환원을 기대할 수 있다. 이하의 절에서는 기업의 책임에 관한 논의를 시작으로 이상의 세 가지 관점이 시사하는 바에 대하여 다루어 보기로 한다.

기업의 사회적 책임에 관한 이론들

기업의 사회적 책임이란 화두가 여러 가지로 해석되면서 동시에 오늘의 경영환경에서 중요한 의미로 등장하고 있다. 드조지(Richard DeGeorge)가 지적했듯이 그 의미란 도덕적 또는 도덕 외적인 의무를 뜻한다.[12] 여기에는 자발적인 또는 의무적인 영역이 모두 포함된다. 그러한 다양한 해석에도 불구하고 다음과 같은 코스타리카의 노이바 그룹(Group Nueva) 회장인 모우라(Julio Moura)의 언급은 현재 이러한 용어들이 어떻게 쓰여지고 있는지를 보여 준다.

기업으로서 우리는 사회의 일부분이다. 우리에게는 자원을 활용해서 개발할 수 있는 자격이 주어졌다. (사회로부터) 우리에게 신뢰가 주어진 만큼 우리 또한 우리가 속한 사회가 좋아지도록 기여할 어떤 의무가 있는 것이다.[13]

---

12) Richard T. De George, *Business Ethics, fifth edition* (Upper Saddle River, NJ: Prectice Hall, 1999), p. 207.

여기서 책임이란 회사가 사회의 일부분으로서 기능해야 할 역할을 의미한다. 이는 도덕적 의무를 말하는가? 만일 회사가 사회의 성장을 위해 무엇인가 기여하지 않는다면 이는 도덕적 잘못인가? 이에 대한 대답은 각자의 기업관에 따라서 달라질 것이다. 이하에서 나는 '기업의 사회적 책임'이라는 표현보다는 '기업의 책임' 이라고 표기하겠다. 왜냐하면 기업의 책임은 그 구성원들과 사회 및 환경에 대한 도덕적 책임을 내포하기 때문이다.[14] 분석은 앤덜(Georges Enderle)이 개발한 3단계, 소형과 중형 그리고 대형의 구조를 기초로 한다.[15] 소형이란 구성원간의, 중형은 조직적 차원의, 그리고 마지막 대형은 사회적 관점을 말한다. 이하에서는 고전적, 계약자, 이해집단, 기업의 구성원(행위자) 그리고 조직책임으로서의 기업시민정신 등의 다섯 가지 측면에서 기업의 책임을 논의하고자 한다.

기업책임의 고전적 이론 | 비록 미국에서의 최초의 기업활동은 공공을 위한 활동에서 비롯됐지만 오늘날 고전적인 관점은 프리드만(Milton Friedman)과 같은 경제학자의 시각일 것이다.[16] 그는 자신의 유명한 기업책임에 관한 글에서 기업의 유일한 사회적 책임은 이윤을 내는 것이라고 주장

---

13) Chalres O. Holiday, Jr., Stephan Schmidheiny, and Philip Watts, *Walking the Talk: The Business Case for Sustainable Development* (San Francisco, CA: Berrett-Koehler, 2002), p. 103.

14) 이에 대한 관련 자료로는 Sandra Waddock "Parallell Universe: Companies, Academics, and the progress of Corporate Citizenship," *Business and Society Review*, vol. 109. no.1(Spring, 2004), pp. 2~42 등을 참조할 것.

15) Georges Enderle, "Towards Business Ethics as an Academic Diciplines," *Business Ethics Quarterly*, vol.6, no.1 (January, 1996), p. 47.

하였다.[17] 개인, 조직 및 사회의 3단계 가운데 프리드만은 오직 개인적 행동에만 초점을 맞추었다. 그에게 있어서 조직의 관리자들이란 기업 소유주의 관리인이며 그들에게 주어진 임무는 소유주가 원하는 것이 무엇이며 여타의 그것을 만족시켜 주느냐이다. 이러한 관점에서 책임이란 단지 조직 구성원들의 몫이지 조직, 곧 기업 그 자체와는 무관하다. 이렇게 볼 때 사회에 대한 기업의 책임이란 실정법에 대한 복종이나 준수를 의미하는 듯 보이나 좀더 자세히 살펴보면 기업은 그 실체가 없는 만큼 아무런 책임도 없게 되는 것이다. 실제로 기업의 고전적 관점에서 보면 기업이란 소유주의 수단이나 도구에 불과하기 때문에 그 자체로는 아무런 책임이 없다는 뜻이다. 사회적 관점에서 볼 때 고전적 이론은 관리자들이 시장상황에 대응하고 법과 사회적 규범에 대해 책임을 지게 되는 것이다.

지난 수 십년에 걸쳐서 이러한 고전적 관점은 사회적 책임이 있는 투자활동에 적잖은 왜곡을 가져왔다. 2003년 보고서에 의하면 2조 1600억 달러에 달하는 사회적 책임과 관련한 투자가 검증(screening)과 이익집단 보호 그리고 지역 투자에 집중되어 왔다는 것이다. 뿐만 아니라 미국에서 책임 있는 경영 가운데 적어도 9달러마다 1달러씩은 사회적 책임과 관련한 투자행위란 것이다.[18] 의심할 것도 없이 사회적 책임에 관한 투자와 뮤추얼 펀

---

16) 고전적 사례는 John Boatright의 *Ethics and the Conduct of Business*, fourth edition(Upper Saddle River, NJ: Prentice-Hall, 2003)과 Joseph DesJardins의 *An Introduction to Business Ethics* (Boston: McGraw Hill, 2003) 등에서 찾아볼 수 있다.

17) Milton Friedman, "The Social Responsibility of Business Is to Increase its Profits," in *Ethical Theory and Business*, sixth edition,ed.Tom Beauchamp and Norm Bowie(Upper Saddle River, NJ: Prentice-Hall, 2000), pp. 51~5.

드(주식발행을 통해 투자자를 모집하고 모집된 투자자산 운용수익을 투자자에게 배당금 형태로 되돌려 주는 투자회사) 그리고 기타의 재정적 기관들은 오늘날시장에서 매우 중요한 위치를 점하게 됐다는 것이다.

하지만 이 기관들은 하나같이 자신들을 재무와 관련된 경제단체로 인식하고 있다.

이러한 사회적 투자와 때로 무관하게 또는 연관돼서 일어나는 또 다른 움직임은 정부와 같은 비영리 집단에서의 활동강화를 들 수 있다. 할리와 윌리엄스(James Hawley & Andrew Williams)는 이러한 움직임을 구태의 '관리자본주의' 로부터 '신뢰의 자본주의' 로의 이동으로 보고 있다. 나아가 자신들이 신뢰의 자본주의에 관해서 쓴 책의 부제목으로 "기관투자가들이 미국을 더욱 민주화할 것" 이라고 적고 있다.[19] 이들이 주장하는 핵심은 다음과 같다. 다양한 종류의 연금이나 여타의 투자를 관리하는 금융기관들은 이미 미국 전체의 절반 이상의 자산을 담당하고 있다. 이들이 담당하고 있는 재정적 규모나 영향력은 할리와 윌리엄스의 표현대로라면 말 그대로 '총괄적 소유주(universal owners)' 라는 것이다.[20] 총괄적 소유주라는 의미는 그만큼 광범위한 영역에 걸쳐서 투자를 하고 있다는 말이다. 때문에 이들은 (자신들이 투자한)기업으로 하여금 보다 장기적이고 보편적 이익을 위한 투자압력을 가할 수 있는 것이다. 기업의 입장에서 보면 보다

18) 참조사이트 www.socialinvest.org

19) James P. Hawley and Andrew T. Williams, *The Rise of Fiduciary Capitalism: How Institutional Investors Can make Corporate America More Democratic* (Philadelphia: University of Pennsylvania Press, 2003).

20) 상게서, p. 15.

건강한 경영여건이 마련된 셈이라 할 수 있다. 즉 투자가들이 지속가능한 경제를 원하기 때문에 기업들은 보다 사회적 책임에 충실할 수 있게 된 것이다.

신뢰의 자본주의는 투자가들로 하여금 단순히 이윤만을 추구하는 기업의 의사결정에 대해 더 큰 목소리를 내게 할 수 있다. 이 저자들의 주장을 요약하면 어느 기업이 좋은 기업이냐의 판단을 떠나서 어떻게 하면 이들의 사회에 대한 영향력을 통제하느냐의 문제라고 할 수 있다. 신뢰자본주의는 미국이라는 기업에 민주주의를 더욱더 반영하게 될 것이다. 그래서 나는 할리와 윌리엄스가 자신들의 책에 쓴 부제를 '대중민주주의' 라기 보다는 '개인민주주의' 라고 고쳐 쓰고 싶다. 왜냐하면 이 기관투자가들은 각각의 은퇴한 개인들의 모임이며 결국 이 개개인의 바람을 대변하기 때문이다. 반면에 대중민주주의는 불특정 다수의 모든 시민에게 해당된다. 결국 이들의 자본주의란 전통적인 개념에 따라 소유주와 고용인으로 이분화될 수밖에 없다. 이는 기업을 특정인이 아닌 불특정의 조직으로만 여길 뿐이다.

기업책임의 계약이론 | 기업책임에 관한 두 번째 주장은 앞에서와 마찬가지로 구성원의 책임에 주목하지만 기업에 대한 좀 다른 관점을 견지한다. 계약이론에 따르면 기업조직이란 개인 또는 집단들이 자신들의 만족을 위하여 합의한 다양한 계약들의 합일체라는 것이다. 얼핏 보면 모든 계약이 동등한 가치를 지니는 듯하지만 사실은 주주와 그들 이익의 극대화가 최우선이다. 보아트릿(Boatright)이 지적했듯이 이윤추구야말로 부를 창출하는 최적의 조건이므로 주주들이 최우선시되어야 한다는 것이다.[21] 이 이론은 기업의 사회적 책임을 단순히 소유주의 이익증대뿐만 아니라 사회발전에

대한 책임까지 확장한다는 것이다. 사회적 차원에서 '보이지 않는 손' 은 시장거래의 중재자역할을 담당하게 된다. 이들 기제는 최저임금제와 같은 개인의 권리와 같은 사회적 책임으로 기능한다. 도날슨과 던피(Thomas Donaldson & Thomas Dunfee)는 기업을 다양한 이해집단간의 계약과 합의에 의한다기 보다는 정교한 계약 이론을 제시하고 있다.[22]

사회 계약의 핵심은 단순한 가정, 곧 기업이나 정부 등 다양한 집단간의 '계약' 이 공정한 한 별문제될 것이 없다는 단순한 가정에 기초하고 있다.[23]

도날슨과 던피 주장의 핵심은 일반적인 상황과 특수한 상황에 따라서 달라지는 동의의 차이다. 그들은 일반적이고 보편적인 동의를 '초월적 기준(hypernorms)' [24]이라고 부른다. 이들 초월적 기준은 특수한 상황을 판정하는 표준이 된다. 초월적 기준에 대해서는 논란의 여지가 있지만 기업의 책임과 관련해서는 의미하는 바가 크다. 책임이란 세부적인 특수계약들의 명시적 또는 암시적 내용의 타당성을 명확히 하는 것을 의미한다.

지역사회에 영향을 미치는 특수계약들을 초월적 기준의 관점에서 검토하는 과정에서 기업의 책임을 보다 더 명확히 할 수 있게 된다. 이 과정에서 개인과 기업 그리고 사회의 3단계가 모두 검토된다. 유일한 관점은 계

21) Boatright, *Ethics and the Conduct of Business*, p. 387.

22) Thomas Donaldson & Thomas Dunfee, *Ties That Bind: A Social Contracts Approach to Business Ethics* (Boston, MA: Harvard Business School Press, 1999).

23) 상게서, pp. 16~17.

24) 상게서, p. 50.

약의 내용이 얼마나 인간적인 측면을 고려하느냐이다. 예를 들면 하트만(Edwin Hartman)은 사회적 계약은 기업에 대한 모든 조항을 명시할 수 없다고 주장한다. 그에게 있어서 가장 중요한 문제는 '양질의 삶을 위한 양질의 사회' 개발이며 양질의 삶이란 단순히 계약만을 준수하는 것이 아니라 그에 해당하는 미덕을 함께 구축해 나가는 것이다.[25] 다시 말해서 양질의 사회가 양질의 삶을 촉진하면 그 구성원들의 삶은 계약에 명시된 것보다 훨씬 더 풍요롭게 된다는 것이다. 작업현장에서 구성원 간의 역동성을 구분해 주는 기준은 계약에 의한 것이냐 아니면 동료애(membership)에 의한 것이냐의 차이다. 이러한 동료애와 계약 간의 차이는 다음의 기업 이해 집단 이론에도 마찬가지로 적용된다.

기업책임의 이해관계자 관점 | 세 번째 이해관계자의 관점은 기업을 각기 상이한 이해를 갖는 관계자들의 집합체로 보는 것이다. 프리먼(R. Edward Freeman)은 〈도표 1.3〉과 같은 기업의 다양한 이해 관계자를 나타내는 도식을 개발했다.[26] 만일 이들 가운데 어느 한 관계자라도 제외시킨다면, 예를 들어 소비관계자 같은 기업은 더 이상 존속할 수 없게 된다. 다시 말해서 모든 관계자들은 전체를 위해서 모두가 필요하다. 이해관계자에 대한

---

25) Hartman, *Organizational Ethics and Good Life*. Timothy L. Fort makes a similar critique of contractual in his Ethics and Governance: Business as Mediating Institution (New York: Oxford University Press, 2001).

26) R. E. Freeman, "A Stakeholder Theory of the Modern Corporation," in *Ethical Theory and Business*, sixth edition, ed. T. Beauchamp and N. Bowie (Upper Saddle River, NJ: Prectice Hall, 1997).

관점은 계약이나 동료애의 관점에서 모두 해석이 가능하다. 각기 다양한 이해관계자의 관점에서 서로 다른 계약 또는 동료애의 유형을 그려볼 수가 있다. 어느 쪽을 취하든지 간에 의사결정의 주체로서 기업을 바라본다는 관점에서는 뒤에 소개할 기업주체보다는 앞서의 계약이론에 더 근접하다고 할 수 있다.

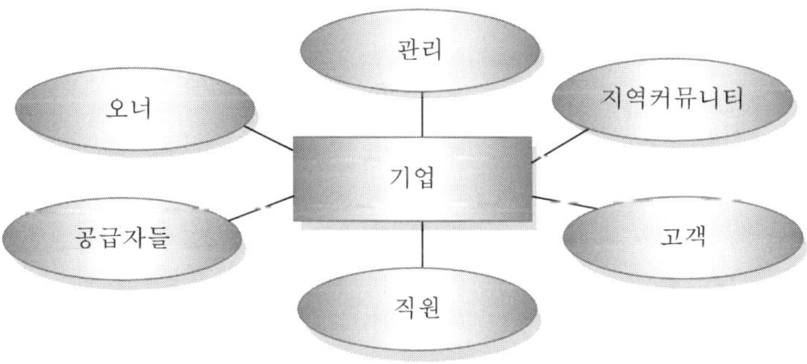

〈도표 1.3〉 이해관계자들

기업책임의 관리인이론 | 만일 기업이 의사결정의 주체로 비춰지지 않을 경우 그들의 행위나 작업으로 인한 결과에 대한 책임을 어떻게 물을 수 있을 것인가? 기업의 관리인(corporate agency)이라는 개념 또한 기업윤리에 관한 담론에서 매우 빈번하게 다룬 표현이기도 하다. 이에 대한 상세한 논의는 뒤의 제4장에서 기업의 목적을 다루면서 탐색하게 될 것이다. 그 결론을 미리 말하면 관리인의 자격은 매우 단순하다는 점이다. 만일 기업이 다음의 세 가지 조건만 준수한다면 관리인으로서의 자격을 갖춘 셈이다. 의사결정을 할 수 있는 능력, 선택가능한 조건의 전제 그리고 선택에 대해

정당화 할 수 있는 능력 등이 그것이다. 기업이란 그 구성원들로 하여금 기업에 필요한 결정을 할 수 있도록 구조화된 것이다. 기업 또한 선택권을 갖는다. 그들은 기업의 사훈이나 사시 등을 통해서 자신들의 결정을 정당화하는 표현을 한다. 따라서 기업 스스로 결정을 하며 그에 대한 책임을 감내해야 하는 것이다.

이러한 관점과는 반대로 기업관리인의 관점은 각 개인보다는 조직의 차원에 초점을 맞춘다. 이 이론은 개인을 각자 또는 그들의 집합－기업의 구성원으로서 관리자 또는 직원으로 활동하는－으로 나눈다. 개개인의 집합체로서 그들은 개인적인 이유보다는 기업의 관점에서 결정을 하며 따라서 이 경우 기업이 책임을 져야 하는 것이다.

비록 기업 스스로의 기업관리인 관점이 다른 시각들을 넘어선다 하더라도 그들을 대체할 수는 없다. 이해관계자/동료애 이론은 기업을 하나의 커뮤니티로 바라보는 시각이다. 기업의 관리인 관점은 기업 그 자체를 또 하나의 관리인으로 보는 것이다. 이들 관점을 수용하는 것이 다음의 기업 시민에 관한 이론이다.

기업책임에 관한 기업시민이론 | 기업시민이론은 이해관계자 및 관리인 이론에 기업이 존재하는 시민사회의 관점이 더해진 토대 위에 성립한다.[27)]

---

27) Donna J. Wood and Jeanne M. Lpgsdon, "Business, Citizenship: From Individuals to Organizations," in *Ethics and Entrepreneurship*: The Ruffin Series No. 3, special issue of Business Ethics Quarterly(2002) pp. 59~94, and Jeanne M. Logsdon and Donna J. Wood, "*Business Citizenship: From Domestic to Global Level of Analysis,*" *Business Ethics Quarterly* vol.12, no.2(April, 2002), pp. 155~87.

이러한 관점은 기업을 일반시민들과 마찬가지의 의무와 권리를 갖는 시민사회의 구성원으로 보는 것이다.[28] 최근에 출간한 『기업시민정신(*Corporate Citizenship*)』이라는 책에서 저자들은 기업을 다양한 유형의 시민정신으로 묘사하고 있다.

> *우리는 기업을 한편(법적 제재를 받는 조직으로서의 기업)에서는 최소한의 시민에서부터 다른 한편의 권리와 책임이 상호 복잡하게 엉켜 있는 관계(기업과 그 기업이 속한 지역사회와의 상호 관련된)에 이르기까지 연속적인 다양한 존재로 인식하고 있다.*[29]

기업시민정신이론은 기업의 책임이 그들이 처한 지역사회에서 비롯되기 때문에 이 이론은 온전한 기업을 위한 강력한 시민적 관점을 띠고 있다. 그러나 명확히 어찌해야 되는지에 대한 구체성은 아직까지 분명치 않다. 아마도 의무보다는 자선을 뜻할 것이다. 아무튼 이 주장은 앞서의 기업관리인과 이해관계자이론과 함께 우리로 하여금 온전한 기업을 향하여 시민적 관점에서의 항해를 지속할 것을 강조하고 있다.

〈도표 1.4〉는 이제까지 소개한 다섯 가지 관점의 공통과 상이점을 요약

---

28) Noel M. Tichy, Andrew R. McGill, and Lynda St. Clair(eds.), *Corporate Global Citizenship: Doing Business in the Public Eye* (San Francisco: New Lexington Press, 1997), p. 28.

29) Malcolm McIntosh, Deborah Leipziger, Keith Jones, and Gill Coleman, *Corporate Citizenship: Successful Strategies for Responsible Companies* (London: Financial Times Management, 1998), p. 111.

해서 보여 주고 있다. 각각이 개인과 조직, 사회에 대한 책임영역을 묘사하고 있다. 기업의 책임에 관한 이와 같은 상이한 관점은 온전성의 네 가지 의미 곧 일관성, 관계알기, 내포성 그리고 의미있는 목적의 추구 등과 더불어서 기업의 책임은 이해관계자와 관리인 그리고 시민적 관점 등에 관한 지역사회를 포용해야 함을 의미한다. 다시 말해서 온전한 기업이란 이러한 일련의 이론들과 그리 멀지 않다는 점이다.

기업 이론	분석 수준			책임의 개념
	개인수준	조직수준	시스템수준	
고전적	자기관심 자기개인	오너의 번영	개별능력, 법률,규범	오너의 약속 지키기
계약상	자기관심 자기개인	계약의 연쇄	제도적 규범과 규칙	명예계약
이해관계자	이해관계자 그룹 멤버	이해 관계자에 의한 구성	이해관계자 이익네트워크	이해관계자의 결정청구 포함
기업 관리자	사람과 개인	내부의사 결정자 조직에 의한 결정	시스템네트워크	사회시스템에서 기업의 기능을 충족한 의사결정
시민	사람과 개인 그리고 시민	시민으로서의 기업 의사결정자	시민사회	시민사회의 기타 관리자와 기업공동

〈도표 1.4〉 기업의 사회적 책임모델

비록 기업의 시민정신이론이 우리들이 주장하는 기업과 다른 조직들과의 관계에 가장 밀접하다고 해서 다른 이론들이 갖고 있는 강점들을 결코 간과하려는 것이 아니다. 고전적 관점은 우리에게 소유주나 투자가들 역시 주주들의 가치를 늘리려는 데 노력하고 있음을 일깨워 준다. 계약이론은 시장거래에 있어서 사회구성원으로서의 역할을 중시한다. 이해관계자의 관점은 어떻게 기업의 책임이 현존하는 관계에 충실하고 있는지를 보여 준다. 기업관리인 관점은 결코 다른 시각들과 충돌되지 않으며 오히려 신선한 접근을 더해 준다. 뿐만 아니라 책임범위에 대한 자신의 한계를 명확히 이해하는 데 도움을 준다.

기업을 시민으로 보는 다섯 번째의 시각은 기업을 시민으로 설정하고 온전한 기업이 되기 위해서 필요한 조건들을 시민적 자세에서 정교하게 다룬다. 뿐만 아니라 이러한 시각은 우리들로 하여금 증가하는 기업의 책임과 지배력의 충돌이 빚는 유리한 점들을 바라보게 한다.

기업의 책임과 지배력

지난 20년간 우리들은 기업 안팎에서 기업윤리와 사회적 책임에 관한 폭발적인 확산을 주목해 왔다. 이전까지 기업들이 이렇게 선(善)한 적이 결코 없었다. 동시에 우리는 정부에서 공립학교에 이르기까지 비상업적 기관에 대한 기업의 지배력에 대한 강력한 저항을 목격하고 있다. 어떤 면에서 기업의 힘은 시민사회를 위협하는 수준에 까지 이르렀다. 또 다른 측면에서는 9.11테러가 반증하듯 기업파워의 글로벌 상징인 세계무역센터(WTC)가 표적이 되기도 했다.

전자의 징후는 기업윤리를 위해서 매우 바람직하다고 할 수 있다. 페인(Lynn Sharp Paine)은 『가치 이동(*Value Shift*)』에서 몇 해 전만 해도 뜨거운 논쟁거리였던 기업이 도덕적 존재이어야 한다는 주장은 이제는 완전히 정착되었다고 지적한다.[30] 그녀의 책 제목이 시사하듯이 일련의 『가치이동』이 벌어지고 있으며 그러한 증거는 도처에서 쉽게 발견된다. 1500개 이상의 기업들이 UN이 주창하는 인권과 노동 그리고 환경에 관한 윤리적 원칙을 준수하는 '글로벌 콤팩트(Global Compact)' 에 서명했다.[31] 미국에서만 '기업윤리임원협의회(EOA, Ethics Officer Association)' 에 가입한 회원 수가 900명을 넘어섰다.[32] 전세계적으로 윤리를 담당하는 조직들도 늘어나고 있다. '윤리실천을 위한 전문가협의회(Association for Professional and Practical Ethics)' 는 800여 회원을 거느리고 있다.[33] 산타클라라대학 마쿨라응용윤리학센터(Markkula Center for Applied Ethics)는 다른 윤리 관련 기관 250여 개와 연결되어 있다.[34] 기업의 안과 밖에서 점점 더 많은 윤리 관련 프로그램과 단체들을 만날 수 있다. 환영할 만한 변화가 아닐 수 없다.

문제는 후자의 변화이다. 코턴(David Korten)이 몇 해 전 암시했듯이 기업은 이제 완전한 장악력을 구축했는가?[35] 때로는 그렇게 보이기도 한다. 미국의 이라크 침공에 대해 분분한 해석이 있지만 기업의 이해관계가 관련

---

30) Lynn Sharp paine, *Value Shift: Why Companies Must Merge Social and Financial Imperatives to Achieve Superior Performance* (New York: McGraw-Hill, 2003).

31) 참조사이트 www.unglobalcompact.org/Portal/Default.asp

32) 참조사이트 www.eoa.org/home.asp.

33) 참조사이트 www.indiana.edu/~appe/.

34) 참조사이트 www.scu.edu/ethics/links/links.cfm?cat=BUSI.

35) David Korten, *When Corporations Rule the World* (San Francisco, CA: Berrett-Koehler, 1995).

됐다는 지적에 대해서는 별이의가 없다. 또 다른 증거들도 있다. 미국 내 선거에서의 기업의 영향력, 인적 자원의 전지구적 장악력, 주식시장에서의 연금자본의 위력 등이 그것들이다. 이러한 변화들로 인한 가장 우려할 점은 민주제도의 무력화와 시민으로서의 정체성 침몰을 들 수 있다. 네이스(Ted Nace)가 확실하게 지적했듯이 기업의 세력화는 '민주주의의 무력화(disabling democracy)' 를 초래한다.[36] 여기서 위험한 점은 기업윤리와 기업의 책임에 의한 모든 선의에도 불구하고 이른바 민주주의의 사유화로 치우칠 수 있는 위험이 도사리고 있다는 것이다.이것이 앞서 내가 지적한 바 있는 신탁자본주의 발전에 대한 해석이다. 여타의 발전논리들도 이를 지원하는 듯 보인다. 예를 들면 기업과 비영리조직 간의 파트너십은 더 없이 바람직해 보이지만 이는 동시에 공적 자원과 공적 서비스의 위축을 초래한다. 뿐만 아니라 이에 참여하는 시민과 사기업들은 일련의 우월적 지위를 갖게 된다는 사실이다.

사유민주주의(private democracy)에서는 개개인은 시민이 아닌 소비자 아니면 투자가이며 그들의 힘은 구매력 또는 투자능력에 비례할 뿐이다. 그들의 주장이 얼마나 합리적인가는 중요시되지 않는다. 새고프(Mark Sagoff)는 공적 자아를 사적 자아와 구분하는 데 이는 사적 그리고 공적 민주주의와 매우 흡사하다.

영향력있는, 즉 경제력있는 자아는 모든 가치의 원천이 될 수 있는 데 반해서 공

---

36) Ted Nace, *Gangs of America: The Rise of Corporate Power and the Disabling of Democracy* (San Francisco: Berrett-Koehler, 2003).

적 자아, 곧 겉으로 단순히 드러난 존재로는 힘을 행사할 수 없게 된다. 힘은 진실로 사적일 수밖에 없다 개인의 선호를 만족시키는 것은 결국 힘이다. 독자적인 힘이 있을 경우 공동의 가치추구를 위해서 타인의 힘에 가담하거나 종속될 필요가 없는 것이다.[37)]

공공의 민주주의에 있어서 진정한 힘은 관련된 모든 이들의 공동의 신념과 희망의 크기에 비례한다. 이 때 사람들은 공동의 목적을 추구하는 시민단체의 구성원, 곧 시민이 되는 것이다. 이 때의 참여도는 구매나 투자능력에 따른 것이 아니라 시민으로서의 동료애에 의한 것이다.[38)]

비록 소비자 주권주의나 이해관계자 대표제 등이 부분적으로 기업의 행동에 영향을 미치지만 민주적인 정책을 펼치기에는 매우 미흡한 수준이다. 이처럼 기업에 영향을 미칠 수 있는 힘이 소수로 남아 있는 한 경제의 우월적 지위는 민주적인 제도 개선을 저해하기 마련이다.

기업시민정신이라는 표현은 공과 사의 구분을 녹여 주는 의미가 담긴 듯하다. 하지만 문제는 그리 간단하지 않다. 예를 들면 지난 2002년 다보스에서 개최된 세계경제포럼(World Economic Forum in Davos Switzerland)에 참가한 CEO들은 '글로벌 기업시민정신: 경영진을 향한 도전(Global Corporate Citizenship: The Leadership Challenge for CEOs and Boards)' 이라

37) Mark Sagoff, *The Economy of the Earth: Philosophy. Law, and the Environment* (Cambridge: Cambridge University Press, 1988), p. 47.

38) Michael Walzer, *Spheres of Justice: A Defense of Pluralism and Equality* (New York: Basic Books, 1983).

는 행사의 개막식에서 다음과 같이 선언한 바 있다.

인류 역사상 최초로 지구상 대다수의 인류가 정치적 안정과 경제적 번영 위에서 민주주의와 시장경제의 토대 위에 살게 되었다. 그럼에도 적지 않은 인구가 자원의 궁핍과 열악한 환경으로 인한 불평등과 불안정에 노출되어 있다. 9.11사태 이후 세계는 보다 상호 연관되어 있으며 재난을 극복하는 데 있어서 서로가 서로에게 자유롭지 못함을 확인하게 되었다. 전세계의 모든 지도자들은 여타의 구분에 상관없이 이러한 재난을 극복하고 지속가능한 인류발전을 위해서는 협력이 불가피하다. 기업경영의 관심은 지역사회와 기업을 위한 이러한 관점에 집중되어야 한다.[39]

또한 브라질에서 개최된 세계사회포럼(World Social Forum)에서는 만여 명이 참가해서 다음과 같은 노선을 천명했다.

세계사회포럼은 자본 제국주의에 의한 신자유주의에 반대하고 지구상 전인류의 공동발전을 추구하는 관계자와 모임들이 참여해 생각과 의견, 경험 등을 자유롭게 의논하고 교환 할 수 있는 장을 열기 위한 모임이다.[40]

이들 두 모임은 내 생각에는 같은 주제를 다루고 있는 것으로 보인다. 하지만 미묘한 관점 차이를 보이는데, 이를테면 '시민기업(civic corporation)'

39) 참조 사이트 www.weforum.org/pdf/GCCI/GCC_CEOstatement.pdf.

40) 참조 사이트 www.wsfindia.org/charter.php.

과 '기업시민(corporate citizen)' 은 관점과 또 어떻게 쓰이는가에 따라서 그 의미가 다를 수 있다. 매킨토시(McIntosh, Leipziger, Jones & Coleman) 등이 쓴 『기업정신』이라는 책에서 이들 관점의 차이를 살펴보기로 하자.

시민정신의 의미는 개인과 사회 간의 상호 관계 강화를 담고 있다. 개인은 자신들의 필요 일부가 지역활동을 통해서 가능하므로 시민으로서의 책임에 충실해야 한다. 예를 들면 책임있는 시민이란 쓰레기를 이웃집 문간 앞에 버리기보다는 지정된 장소에 처리함으로써 이웃들도 그렇게 하도록 해야 한다. 기업시민정신 역시 사회와 기업 간의 상호 관계에서 출발한다. 기업의 필요성 가운데 일부는 지역사회의 그 것을 만족시키는 데서부터 비롯되기 때문이다.[41]

이러한 정의는 시민사회제도가 사람들 간의 필요에 따른 교환과 같다는 것인가? 아마도 이러한 가정은 민주적이라기보다는 시장의 원리에 더 가까운 듯 보인다. 바버(Benjamin Barber)의 정치에 관한 다음의 정의에 주목해 보자.

정치는 행동을 제도화하지만 모든 행동이 다 정치적인 것은 아니다. 우리는 정치를 공중의 행위로 몰아갈 수 있다. 즉, 공중에 의해서 행해졌거나 공중의 행위결과에 대해서 이를 정치적인 것으로 대입시키는 것이다.[42]

---

41) McIntosh, Leipziger, Jones & Coleman, *Corporate Citizenship*, p. 111.

42) Benjamin Barber, *Strong Democracy: Participatory Politics for a New Age* (Berkerley, Los Angeles, and London: University of California Press, 1984), p. 123.

정치적이란 다시 말해서 전체 지역사회를 위해서 요구되는 의사결정과정에 공중을 대입시키는 것을 말한다. 물론 세계경제포럼에서의 CEO들의 선언이 공공정책에 반영되기에는 아직은 요원하다.

결국 그들은 자신들의 사업에 충실할 수밖에 없기 때문이다. 그러고도 남는다. 시장구조는 공공의 이익과는 사뭇 다르다. 우리는 양쪽 모두를 필요로 한다. 재화와 서비스의 분배를 위한 현재의 공적인 그리고 사적인 영역은 새로운 균형잡기가 불가피하다. 하지만 양쪽의 차이에도 불구하고 점차 그 간격은 좁혀지고 있다. 기업의 관심은 점차 사회에 대한 책임으로 넓어져 가고 있으며 제도 또한 기업의 지배력을 제한해 감으로써 양측은 장차 온전한 기업을 향하여 전진하고 있다고 할 수 있다. 이러한 간극을 좁히고 앞당기기 위해서는 서로에게 귀 기울이고 서로를 이해하려는 노력이 요구된다.

기업의 책임에 관해 연구하는 일부 사람들이 그러한 노력을 리드하고 있다. 예를 들면 자덱(Simon Zadek)은 그의 책 『시민기업(*The Civic Corporation*)』에서 기업시민정신의 개발을 위한 3단계를 제안하고 있다.[43] 제1단계는 기업의 책임이 수익에 기여한다는 논의에서 출발한다. 즉, 좋은 기업일수록 경영성과 또한 좋다는 것이다. 제2단계는 보다 장기적인 성장에 초점을 맞춘다. 앞서의 1단계에 이어서 기업시민정신은 서로에게 윈윈(win-win)할 수 있음을 강조한다. 장기적으로 지속가능한 환경에서 건강한 사회는 건전한 기업을 필요로 한다는 것이다. 이 두 단계논쟁의 핵심은 향후 기

43) Simon Zadek, *The Civic Corporation: The New Economy of Corporate Citizenship* (*London and Sterling, VA: Earthscan Piblications*, 2001), p. 73.

업의 이익은 기업의 시민정신과 결코 무관할 수 없다는 점이다.[44)]

의심할 것도 없이 이러한 원칙을 준수한 기업들이 가치있는 프로젝트를 수행하고 있다. 하지만 자덱은 이러한 수준이 만족할 만한지에 대해서는 여전히 의문을 갖는다. 그는 "기업시민정신은 기업이 이러한 가치를 능동적으로 구현하고자 할 때 비로소 유의미해진다"고 말한다. 그리고 그의 이러한 주장은 로그덴과 우드(Jeanne Logsdon and Donna Wood)의 다음과 같은 지적에 의해 동의를 받는다.

만일 기업에 있어서 시민정신이 자기의 이해를 결여한 채 단순히 '자원성(voluntary)' 인 개념이라면 이는 불균형을 극복하기 위함이 아니라 단지 자신을 방어하기 위함에 지나지 않는다. 자유와 정의에 대한 준엄한 가치는 모든 제도, 곧 사업이나 국가경영, 교육, 가족, 개인에게 동일하게 요구된다. 왜냐하면 이는 개개인의 삶과 자본주의 모두를 위해서 필요한 가치이기 때문이다.[45)]

이것이 바로 자덱이 3단계에서 제시하는 사업을 넘어 선 '새로운 글로벌 지배 구조' 를 뜻한다.

여기서 나는 온전한 기업이 되기 위해서는 '회사의 일' 이 '시민의 일' 로 전환되는 기업시민정신의 자세를 요구한다. 이러한 시민의 일에 대한 자세는 멀리 아리스토텔레스의 시민윤리로 거슬러 올라간다.

---

44) Holiday, Schmidheiny, and Watts, *Walking at Talk* 참조.

45) Logsdon and Wood, *Business Citizenship: Fron Domestic to Global Level of Analysis*, p. 181.

아리스토텔레스의 시민윤리

비록 아리스토텔레스가 윤리, 특히 가치의 윤리에 관한 원천으로 알려져 있지만 윤리가 사실은 정치적이라는 그의 주장은 그다지 주목받지 못해 왔다. 아리스토텔레스나 동시대의 그리스 사람들에게 있어서 사람이 사는 사회를 벗어난 도덕이란 있을 수 없었다. "도덕적이란 사람들 사이에서나 가능한 얘기지 혼자서 은둔생활을 하는 사람에게는 아무런 의미가 없다."[46] 아리스토텔레스에게 있어서 윤리란 공중 또는 정치적 틀 안에서만 존재하는 것이다. 라드너(harry Radner)가 보여 주듯이 이러한 시민적 윤리는 법의 준수, 정의의 중요성 그리고 정부나 국가에의 헌신 등을 의미한다.[47] 따라서 아리스토텔레스에게 있어서 윤리는 정치에 종속된다.[48] 때문에 누구든 오늘날 아리스토텔레스의 윤리를 사업에 적용한다면 내가 주장하듯 반드시 이러한 공공적 관점을 취하여야 한다. 하지만 오늘날 우리는 이러한 아리스토텔레스의 철학이 오히려 사적으로 전락하는 경우를 더 자주 목격한다.

예를 들면 아리스토텔레스 학파의 한 사람인 하트만(Hartman)은 사람들 사이의 질을 논할 때 공공재로서의 기업보다는 오히려 정치적 관점을 더

---

46) Martin Ostwald, "Translator' s Introduction," in *Aristotle Nicomachean Ethics*, trans. Martin Ostwald (Englewood Cliffs, NJ: Prentice Hall, 1962), p. 1115.

47) Harry Radner, *Ethical Life: The Past and Present of Ethical Cultures* (Lanham: Rowman and Littlefield, 2001).

48) Aristotle, *Nicomachean Ethics, trans.* martin Ostwald (Englewood Cliffs, NJ: Prentice Hall, 1992), pp. 4~5.

중시하는 경향을 보인다.

아리스토텔레스가 말하는 윤리가 정치의 최고봉이라는 의미는 곧 경영이야말로 윤리의 완성이라는 뜻이다. 때문에 우리가 양질의 삶을 창출한다고 할 때 기업윤리의 도구나 경험을 사용하지만 기업인보다는 정치가를 먼저 떠올리는 것이다.[49]

여기서 문제는 기업인은 시민사회의 구성원인 한 시민이라기보다는 하트만이 지적하듯 아리스토텔레스의 윤리는 공적인 영역에서 사적인 것으로 몰락해 버린다는 사실이다.

기업윤리에 관한 또 다른 아리스토텔레스 전문가인 솔로몬은 이런 모든 공적 윤리를 무시한 채 기업의 가치에만 의미를 부여한다. 그의 책 『윤리와 미덕(*Ethics and Excellence*)』에서 다음과 같이 말한다.

우리가 사는 사회의 구조는 재화와 서비스를 생산, 유통, 교환하는 등의 경제활동에 의해 만들어진다. 좋든 나쁘든 우리 사회의 가치는 자유로운 거래에 의한 경제 가치, 곧 필요와 충족에 의한 거래에 의해 창출된다. 그렇다고 해서 만인의 만인에 의한 세상, 곧 물고 뜯기는 세상만을 의미하는 것은 아니다. 그보다는 오히려 모두에게 이로울 수 있는 상호 이해와 신뢰를 전제로 하는 묵시적 이해와 암묵적 규칙에 의해 정의된다.[50]

---

49) Hartman, *Organizational Ethics*, pp. 7~8.

아마도 미국은 다른 나라들보다도 강력한 기업가치를 지녔을 것이다. 그러나 기업가치는 문화를 완전히 지배하지는 못한다.[51] 이를테면 우리 정부는 기업의 배려나 기업시민정신이 아닌 민주헌법의 토대 위에 기초한 공화적 가치위에 세워졌다. 나아가 우리의 자유는 기업에 의해 보호되는 것이 아니라 시민과 지역, 국가와 전세계의 민주주의가 지탱하는 것이다. 그리고 비록 미국의 문화가 기업의 지배를 받는다 하더라도 그러한 견해가 그대로 수용되는 것은 결코 아니다.

아리스토텔레스적 기업윤리는 시민적 관점으로 회귀해야 한다. 그렇게 함으로써 솔로몬과 하트만과 같은 아리스토텔레스 학파에 속한 학자들의 기여도는 더욱더 빛을 발하게 될 것이다. 예를 들어 솔로몬은 "아리스토텔레스에 의하면 각자는 보다 큰 사회의 구성원－곧 이웃과 기업과 지역사회와 정부 등－의 일원으로서 자신을 돌아보아야 한다. 그렇게 함으로써 자신뿐만 아니라 공익을 위해서 무엇이 최선인가를 추구해야 한다"고 쓰고 있다.[52] 나 또한 이에 동의한다. 여기에 좀더 덧붙인다면 우리 스스로를 기업이나 사회의 한 구성원에서 나아가 국가와 자연환경의 일부로서 자신을 인식해야 한다는 점이다.

하트만과 솔로몬과는 대조적으로 아리스토텔레스 당대에는 이러한 정치적 윤리기준을 소규모경제에는 적용하지 않았다. 경제는 정치영역으로 간

50) Robert C. Solomon, *Ethics and Excellence*, pp. 123-4.

51) Michael J. Sandel, *Democracy's Discontent: America in Search of a Public Philosophy* (Cambridge, MA: Harvard University Press, 1996)의 제5장 참고.

52) Solomon, *Ethics and Excellence*, p.103.

주되지 않았던 것이다. 오늘날은 그렇지 않다. 기업의 크기나 영향력이 우리의 의사와는 상관없이 정치적 범주에 들어와 버린 것이다. 문제는 경제를 정치에 맞추느냐이다. 나의 견해는 경제나 정치의 관계를 상황적으로 이해해야 한다는 것이다. 관계자 구성원(원래 시민의 뜻은 시의 구성원이다)으로서의 시민적 관점은 기업을 분리된 존재가 아니라 시(지역사회)의 한 구성원으로 본다는 것이다.

〈도표 1.5〉는 두 개의 동그라미가 겹쳐진 것과 상황적으로 관련된 두 가지 모습의 차이점을 나타낸다.

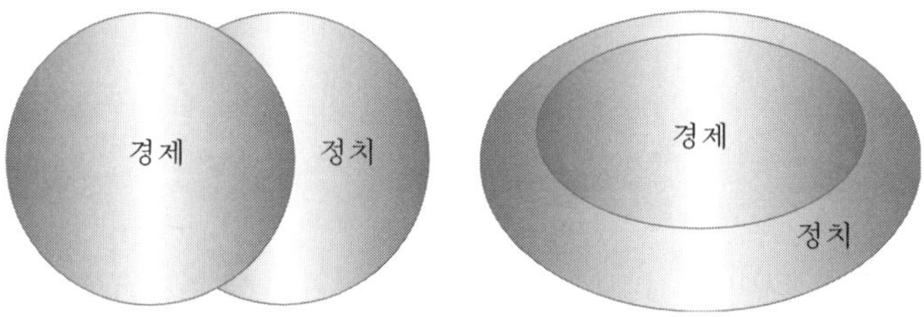

〈도표 1.5〉 경제와 정치간의 관계

왼쪽 그림은 경제가 정치영역을 가리고 있는 것으로 보인다. 이는 사적인 그리고 공적인 민주주의를 의미한다. 오른쪽 그림은 경제가 정치 안에 들어가 있다. 경제가 정치에 속해 있으며 기업은 사회의 부분인 것이다.[53)]

이는 울리치(Peter Ulrich)가 제안했듯이 우리는 비로소 개개인을 독립된 시민으로 보기 시작한 것이다.

---

53) 자덱은 이 동그라미들을 통해서 경제와 사회 그리고 환경의 상관관계를 보여 준다. 하지만 이들을 시민과 정부로 구분하지는 않았다. *The Civic Corporation*, p. 112 참조.

경제인들은 무엇보다도 충성스러운 조직구성원이기 이전에 일정한 도덕적 의무를 인식하고 있는 시민; 사려깊은 소비자 그리고 자본투자가로 이해되어야 한다…… 그렇게 할 때 공화적 기풍이 빛을 발휘한다. 또한 이 때 비로소 자유롭고 균형있게 질서가 잡힌 사회의 정당한 환경에서 개인적 목적을 추구하고자 하는 자발성이 발현되는 것이다.[54)]

기업인이거나 아니거나를 떠나서 '자유롭고 평등한, 시민들의 질서가 잘 잡힌 사회' 를 논하는 것은 기업이 사회의 한 부분으로 자리하고 있음을 보여 준다. 물론 일부 기업주들은 사회문제에 참여하는 데 전혀 관심이 없을 수 있다. 어쩌면 일부는 자유롭고 평등한 질서가 잘 잡힌 사회규범을 해칠 수도 있다. 만일 이들 기업들이 법에 의해 통제될 수 없다면 마치 마약과 같은 해로운 물건을 만드는 조직이 제재를 받듯이 그 사업자격을 박탈해야 한다. 결론적으로 기업은 사회의 일부분이지 사회가 기업에 속하는 것이 아니다. 오히려 적지 않은 기업들이 시민사회의 한 구성원으로서 온전성을 지향하고 있으며 그들의 노력이 다음 장들에서 소개될 것이다. 사회 속에서 자신의 역할을 설계함으로써 다른 기업들도 동일한 노력을 하고 이들이 모여 결국에는 온전성을 완성하게 된다. 이러한 설계의 과정은 지속적인 커뮤니케이션 유형의 시행착오 과정이라고 할 수 있다.

---

54) Peter Ulrich, "Ethics and Economics," in *Ethics in the Economy: handdbook of Business Ethics*, ed. Laszlo Zsolnai (Oxford: Peter Lang, 2004), p. 28.

지속적인 커뮤니케이션 주체로서의 기업

우리 마음 속에 처음으로 떠오르는 기업의 이미지는 커뮤니케이션이 아닐 수 있다. 그 보다는 오히려 사무실이나 빌딩 등을 떠올릴 수 있다. 또는 원자재가 상품으로 전환하는 모습일 수도 있다. 모두가 물질적인 세계이다. 이러한 물질은 볼 수도 또는 만질 수도 있다. 원시사회에서 나무는 신성시 여겨졌지만 지금은 목재일 뿐이다. 심지어 사람까지도 자원이 되고 있다. 사람에 대해서 그런 표현을 쓰기 때문이다. '인적 자원' 이란 일반기업이나 작업장에서 일상적으로 쓰이는 표현이다. 하지만 병원의 환자나 장례식장 등에서는 전혀 어울리지 않는 표현이다. 기업에서 통용되는 커뮤니케이션 유형에 부합될 때 비로소 의미가 살아난다. 기업을 일련의 커뮤니케이션 유형 관점에서 바라볼 때 비로소 그것이 사회의 한 영역임을 실감하게 된다.[55] 이를테면 '재산' 이라는 표현도 그것이 법적으로 보호되는 소유권인지 일상적인 소속을 의미하는지 역시 그 상황에 따라서 해석이 달라질 수 있다.

뿐만 아니라 이와 같은 커뮤니케이션 유형이란 우리가 무의식중에 사용하기 때문에 마치 물속에 사는 물고기가 물을 의식하지 못하듯 그렇게 쉽

55) 기업을 지속적인 커뮤니케이션으로 파악하는 것은 캡틴과 웸피(Kaptein & Wempe)의 기업에 대한 정의와 관련이 깊다. 곧 "기업은 내 · 외부적으로 다양한 의사표시를 통해서 자신의 존재를 드러낸다. 기업의 표현은 그 구성원인 경영진이나 종업원의 언어나 시각 또는 행동에 의한다. 이 때 드러나는 커뮤니케이션의 유형은 한 조직을 다른 조직과 구분하는 기준이 된다. 즉, 기업의 정체성은 그 기업이 표출하는 다양한 내 · 외부적 커뮤니케이션 유형의 집합체인 것이다."(Kaptein and Wempe, *The Balanced Company*, P.146)

게 바꿀 수 없다. 우리는 상황에 필요한 말보다는 우리가 하고 싶은 말을 먼저 하며 우리가 동원하는 언어나 문화 역시 이러한 습관적인 선택범주 안에 놓여 있다. 그리고 이러한 유형이 바로 우리가 살아가는 현실이 된다.

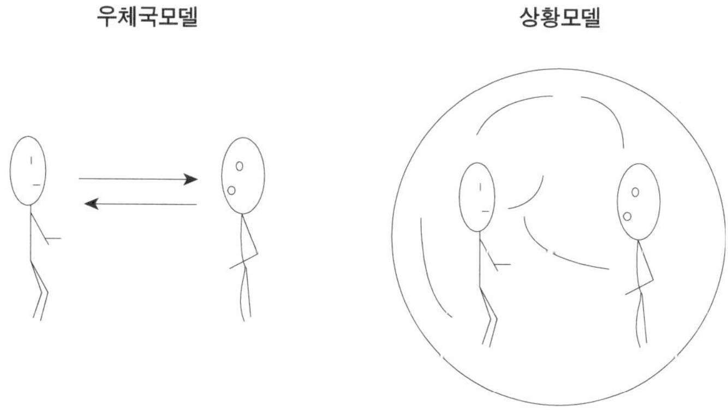

〈도표 1.6〉 커뮤니케이션 모델

우리 생활 속의 언어적 구조를 좀더 이해하기 위해서는 커뮤니케이션을 상황적 구조 하에서 바라볼 필요가 있다. 그렇게 함으로써 커뮤니케이션을 그 사용보다는 생활의 차원으로 노출시킬 수 있게 된다.

〈도표 1.6〉은 커뮤니케이션의 상황모델을 우체국모델과 대비함으로써 이러한 차이를 극명하게 보여 주고 있다.[56]

우체국모델에서 고립된 한 개인은 자기 머리속에 떠오른 아이디어를 적어서 타인에게 보낸다. 타인은 그 메시지를 해석해서 회신한다. 마치 우편

---

56) W. Barnett Pearce, *Communication and Human Condition* (Carbondale and Edwardsville: Southern Illinois University Press, 1989).

물을 주고받는 것과 같다. 커뮤니케이션이란 한 사람의 시각을 접수하거나 상호교환하는 과정이다. 반대로 상황적 모델에서는 개개인은 커뮤니케이션에 참여하며 상황은 이러한 과정을 통합하는 영역이 된다.[57] 사람들 사이의 간극은 우체국모델에서는 빈 공간인 듯 보이지만 상황적 모델에서는 의미의 공유영역이다. 화자와 청자는 끊임없이 상호작용하며 변화를 주고받는 것이다.

우리는 영어에서 이러한 상황적 구조의 참여의 예를 쉽게 찾아볼 수 있다. 제2외국어를 배워 본 사람이라면 외국어에 익숙해지기 위해서는 그 언어의 밖이 아닌 내부에서의 사유가 필요하다는 사실에 쉽게 공감할 것이다.

이 두 가지 모델의 차이점은 인간관계에서의 상이점도 극명하게 보여 준다. 우체국모델은 상황보다는 개인 간의 관계에 주목한다. 상황모델은 개개인이 속한 관계에 주목함으로써 그 연관성을 보여 준다. 같은 상황에 처했더라도 가족이냐 회사냐 또는 사회냐에 따라서 그 소속감은 달라진다. 우리가 알다시피 사람들 간의 대화도 단순한 계약이냐 아니면 특별한 소속이냐에 따라서 매우 달라지기 마련이다.

경영학을 공부하는 학생들에게 있어서 기업이나 경영을 어떤 상황에 속하는 것으로 생각한다는 것이 때로 이상하게 여겨질 수 도 있다. 나는 내가 가르치는 학생들에게 상황을 이해시키기 위하여 만일 자신들이 달나라에 가서 사업을 시작한다고 상상해 보도록 한다. 그럴 때 필요한 것들을 나열해 보라고 하면 제일 먼저 사업계획, 자금, 상품, 시장 그리고 소비자 등을

57) 상게서, p. 192.

적는다. 이들 모두는 사업을 영위하기 위해서는 매우 필요하다. 그 이상을 생각해 내는 데 많은 학생들이 어려움을 겪는다. 잠시 후에 어떤 학생이 산소와 물 그리고 나머지 사업을 하는 데 필요한 기반시설이나 환경조건 등을 떠 올린다. 아주 가끔씩 정부나 법적 제도의 필요성을 지적하는 학생도 있다. 의미있는 삶을 영위해 나가는 데 필요한 도덕이나 도덕적 사회를 지적하는 학생은 매우 드물다. 하지만 눈에 보이지 않는 사업의 영역을 다룰 수 있는 언어의 중요성을 지적하는 학생을 나는 이제까지 한 사람도 보지 못했다.

사업에 필요한 이러한 다양한 요구들을 이해한 뒤에야 비로소 이들을 개선할 수 있는 여지가 마련된다. 그뿐이 아니다. 우리는 매우 다 차원적인 역사의 구조 속에 살고 있다. 철학자 가다마(Hans-George Gadamer)는 다음과 같이 말한다.

역사는 우리의 것이 아니다. 우리가 오히려 역사의 것이다. 우리가 스스로를 파악하기 이전에 이미 우리는 가족과 사회 그리고 국가 속에서 자신을 발견했다. 주관성이란 왜곡된 거울이다.자기 깨달음이란 아주 긴 역사에서 볼 때 작은 깜박임에 불과하다. 이것이 개인의 판단보다는 편견이 역사를 구성하는 이유이다.[58)]

여기서 가다마는 편견이란 단어를 결코 경멸적인 의미로 사용하지 않았다. 흔히 편견이란 우리가 속한 시간이나 장소를 반영할 뿐이며 다른 곳과

58) Hans-George Gadame, *Truth and Method*, rev. trans. J. Weinsheimer and D. Marshall(New York: Crossroad, 1989), pp. 276~7.

다름을 의미한다. 뿐만 아니라 우리는 다원적인 문화 속에 살고 있기 때문에 끊임없이 다른 편견과 부딪치며 그런 과정에서 우리 스스로를 알아간다. 우리가 편견에 묶여 있지 않음은 끝없이 타인과 대화하면서 서로 다름을 알아가기 때문이다. 우리는 우리와 다른 유형의 사람들과 커뮤니케이션하면서 이러한 차이점을 인식하고 좁혀 나간다. 결국 온전한 기업을 지향한다는 것도 이러한 다양한 커뮤니케이션 유형을 아우를 수 있는 꾸준한 노력의 과정이라고 할 수 있다.

『위대한 기업으로(*From Good to Great*)』라는 책에서 콜린스(Jim Collins)는 훌륭한 기업에서 위대한 기업으로 도약하기 위해서는 먼저 사명(使命, mission)을 개발하고 직원들을 거기에 헌신하도록 할 것이 아니라 좋은 사람을 먼저 확보하고 그들로 하여금 사명을 실천하도록 해야 한다고 권하고 있다.

좋은 기업에서 위대한 기업으로의 도약을 꿈꾸는 임원이라면 목적지를 먼저 결정하고 사람을 태우는 버스가 아니라 먼저 사람을 버스에 태우고(적절하지 않은 사람들은 내리게 하고) 그리고 나서 어디로 차를 몰지 결정해야 한다. 그러면 차에 탄 사람들(부적한 사람들은 이미 하차한)은 "어디로 이 버스를 몰고 가야 할는지 모르지만 우리 모두가 모두 제 자리에 앉았다면 이 버스는 틀림없이 목적지를 제대로 찾아 가게 될 거야"라는 고백을 듣게 될 것이다.[59]

비록 콜린스가 '제대로 된' 사람이라는 단서를 달았지만 누구를 버스에

---

59) Jim Collins, *From Good to Great; Why Some Companies Make the leap…… and Others Don't* (New York: Harper Business, 2001), p. 41.

태우든 버스는 여전히 버스일 뿐이다. 결국 온전한 기업이란 이 버스를 개조하는 일이다. 어떻게 좌석을 배치할 것인가? 몇 개나 설치할 것인가? 어떤 관계를 형성할 것인가? 사회와 환경에 맞추려면 어떠해야 하는가? 누가 설계의 주도적인 역할을 할 것인가? 시민사회의 관점에서 보면 제대로 된 버스는 제대로 된 사람만큼이나 중요하다. 만일 그 버스가 온전하다면 시민들이 타고내리는 데 그리고 사회와 자연환경 모두에 적합할 것이다.

실제 기업에 있어서는 물론 버스가 아닌 커뮤니케이션 유형을 만들어 간다. 제대로 된 사람이란 우리가 살아가는 사회의 관계를 넓혀가며 우리의 커뮤니케이션이 우리의 관계를 어떻게 개선해 나가는지 아는 사람들이다. 이들은 기꺼이 타인과의 대화에 동참하는 사람들이다. 철학자 바버(Matin Buber)는 대화에 대해 말하기를 "여기에는 재능이란 없으며 단지 자신을 내 주느냐 아니면 감추느냐의 차이뿐이다"라고 한다.[60)]

다음의 제2장에서는 온전한 기업이 되기 위해서 대화가 얼마나 중요한지를 보여 준다. 우리가 대화에 참여할 때 온전한 기업에 필요한 5단계 유형에 필요한 커뮤니케이션 유형을 만들어 갈 수 있다. 이하의 다섯 장에서는 다음 각 항의 질문에 답하면서 그 상세한 방법을 논의해 나아가게 될 것이다:

- 다름과 불일치를 아우를 수 있는 개방적인 조직 내 커뮤니케이션 분위기를 위해서는 어찌해야 할 것인가?
- 관계강화를 위한 상호 참여적인 조직 내 커뮤니케이션 환경을 구축하

60) Martin Buber, *Between Man and Man,* tran. R. Gregor-Smith (London and new York utledge, 2002), p. 40.

려면 어떻게 해야 할 것인가?

- 기업목적에 부합하는 유익한 결정과 일치하는 조직 내 커뮤니케이션 환경을 구축하려면 어떻게 해야 할 것인가?
- 다른 시민단체나 기관들과 협조적인 조직 내 커뮤니케이션 환경을 구축하려면 어떻게 해야 할 것인가?
- 자연친화적인 발전을 위한 조직 내 커뮤니케이션 환경을 구축하려면 어떻게 해야 할 것인가?

이론에서 실행으로

복습을 위한 질문 |

1. 온전성의 네 가지 의미에 우선순위를 부여한다면?
2. 오늘날 사업을 위한 환경을 어떻게 정의할 수 있는가?
3. 온전한 기업을 방해하는 다섯 가지 장애요인을 꼽아 본다면?
4. 오늘날 기업들이 당면한 기업의 책임이론은?
5. 기업의 책임과 관련한 사업과 사회의 시각차이는?
6. 우체국모델에서 상황적 모델로 대화스타일을 바꿀 경우 눈에 띄는 차이점은?

별첨의 워크시트를 위한 활용방안 | 온전한 기업을 전제로 5단계 차원에서의 대화경험을 평가할 때 워크시트 #1을 활용하여 각각의 단계에서 어떻게

의미가 전달 · 공유되는지 확인할 수 있다. 워크시트 #2를 활용하여 온전한 기업을 위해서는 작업현장에서 어떻게 대화가 변화해야 하는지, 변하지 않는지를 점검해 볼 수 있다. 워크시트 #3은 기업의 윤리나 책임을 평가하는 데 활용할 수 있다. 이러한 작업을 위해서는 기업윤리와 관련된 웹 사이트들, 이를테면 기업윤리에 관한 조직(Institute for Business Ethics)인 www.ibe.org.uk나 또는 www.scu.edu/ethics 그 밖에 세계지속가능발전기업협의회(WBCSD, World Business Council for Sustainable Development)의 www.wbcsd.org 등을 참고하기 바란다.

2 개방을 추구하는 문화적 온전성

서문에서 언급했듯이 기업 온전성은 시민사회의 관점에서 관계에 초점을 맞추고 커뮤니케이션 유형을 검토하여 변화시킴으로써 이룰 수 있다. 이 장에서는 커뮤니케이션 유형을 검토하고 변화시킬 수 있는 방법을 제시하고자 한다. 우체국모델에서는 커뮤니케이션을 검토하고 향상시키는 방법이 매우 단순해 보인다. 보다 명확하게 말하고 더 나은 피드백을 얻어라. 상황적 커뮤니케이션 모델에서는 좀더 복잡하다. 커뮤니케이션에 참여할 때 벌어지는 일들을 어떻게 변화시킬 수 있는가? 그것은 인식하지 않고서는 불가능하며 그 인식은 반영(reflection)되어야 한다. 어떤 일이 일어나는지에 대해 의식적으로 인식할 때 반영이 가능하다. 그러한 인식으로 커뮤니케이션 유형에서 벗어나는 것이 아니라 커뮤니케이션 유형에 대한 태도를 변화시킬 수 있다. 이러한 새로운 인식에 도달하면 커뮤니케이션 유형을 시험할 수 있고 변화시킬 수도 있다.

대부분의 상황에서 사람들은 자신들이 살고 있는 세상을 고려하여 옳다고 생각하는 것을 행한다. 사물들이 특정환경에서 어떻게 작동하는지를 밝

히면 대부분의 사람들은 꽤 잘 해 나간다. 무엇이 옳은지는 상황에 달려 있다. 이는 무엇이 옳은지는 문화에 달려 있다고 가정하는 도덕적 상대주의와 비슷하다. 여기서 제시하고자 하는 방법론에서는 사람들은 그들의 문화를 구성하는 여러 가지 커뮤니케이션 유형을 갖고 있다고 가정하려 한다. 따라서 여기서 제시하고자 하는 방법론은 다른 문화적 표준의 타당성을 판단내리는 추상적이고 절대적인 입장에서는 벗어나고자 한다. 한편 "대부분의 사람들은 그들이 살고 있다고 생각하는 세상을 고려하면서 자신이 생각하는 대로 행하는 것이 옳다는 것을 받아들인다"고 해서 실제로 해야 할 옳은 일을 결정하지는 않는다. 잘 생각해 보지 않고 옳고그름을 알 수 있는 사람은 없다. 단지 그렇다고 가정할 뿐이다. 따라서 여기에서는 주로 문화상대주의적 관점에서 커뮤니케이션 참여자들이 현재의 커뮤니케이션 유형을 반영하고 개인과 커뮤니티가 온전하게 살 수 있도록 하는 새로운 유형을 설계할 수 있도록 하는 반응의 유형(the type of reflection)을 검토하는 과정으로서의 방법론을 제시하고자 한다. 온전성이 요구하는 것은 기업의 차원마다 다를 것이며 이는 다음 장에서 상세히 다룰 것이다.

커뮤니케이션 유형에 대해 검토하고 재설계하기 위해서는 차이와 불일치에 대한 개방성과 커뮤니케이션 유형을 변화시킬 수 있는 능력이 있어야만 한다. 그런 자원의 유용성(availability)은 넓게는 문화에 달려 있다. 문화는 우리가 세상을 해석하는 데 사용하는 스토리와 이미지를 제공한다. 사물의 의미를 상술하는 용어를 규정한다. 버크(Kenneth Burke)는 "사람들은 충실하게 현실을 반영해 줄 어휘를 찾는다. 이 때문에 사람들은 현실에서 선택할 어휘를 발전시켜야만 한다. 어떤 상황에서는 현실의 선택이 현실편향(deflection)으로서의 역할을 해야만 한다."[1] 부족이나 국가문화에서와 마찬가지로 기업문화 역시 그러하다. 예를 들어서 만약 비판을 반론으로만 받아들이는 기업문화에서는 기업의 어떤 차원에서의 온전성을 설계하기는 어려울 것이다. 반면에 다름과 불일치에 대해 열려 있는 기업문화는 기업시스템을 통해 온전성을 평가하고 향상시킬 가능성이 있다.

이 장에서는 다름과 불일치를 처리하는 여러 다양한 커뮤니케이션 문화유형들을 제시하고자 한다. 그리고 문화적 개방성을 향상시킬 여러 가지 전략들을 전개할 것이다. 주요한 전략은 대화의 실천이다. 마지막으로 대화할 시간을 갖는 데 따르는 현대적 · 기술적인 문제에 대해 탐구한다. 첫 번째 단계는 피어스(W. Barnett Pearce)가 제시한 커뮤니케이션 문화유형을 이해하는 것이다.

피어스의 여러 가지 문화유형학

『커뮤니케이션과 인간조건(Communication and Human Condition)』에서 피어스는 사회구성론적 시각에서 문화를 분석했다. 사회구성론적 시각은 어떻게 해석적 실천들이 사회적 실천들을 만들고 유지하는가를 탐구하는 것이다.2) 이러한 시각은 조직을 지속적인 언어적 · 비언어적 커뮤니케

1) Kenneth Burke, *A Grammar of Motives* (Berkeley and Los Angeles: University of California Press, 1969), p. 59.

2) Pearce, *Communication and the Human Condition.*

이션 유형으로 보는 제1장에서의 개념에 부합한다. 물론 어떤 커뮤니케이션 유형은 보다 더 기본적이며 문화적 유형이 다른 모든 것들을 위한 맥락이 되기도 한다. 피어스는 사람들이 어떻게 결합(coherence), 조화(coordination), 신비(mystery)를 이뤄내는지, 어떻게 타인들과 자신의 자원들을 처리하는지, 어떻게 행동의 시간적 논리를 해석하는지에 따라 네 가지 다른 문화유형들을 분류했다.

결합, 조화, 신비의 관계 | 모든 인간공동체는 구성원을 결합시키는 뭔가가 있어야만 한다. 또한 함께 일하는 어떤 방식을 가져야만 한다. 피어스는 이러한 요건들을 결합(coherence)과 조화(coordination)라고 지칭했다. 이 두 가지 요건에 세 번째 요건을 덧붙였는데 신비(mystery)에 대한 접근이 그것이다.

커뮤니케이션이 일어나는 방식은 인간의 세 가지 보편적인 상태에 근거를 두고 있다. 즉, 사람들은 그들의 환경과 경험을 해석하며 동료들과 상호작용한다. 또한 즉각적인 순간보다 더 긴 인생이 있다는 사실을 상기한다. 나는 이것을 각각 결합, 조화, 신비라고 부른다. 이는 사람들이 취하거나 취하지 않아도 되는 '옵션' 이나 어느 정도까지는 존재하는 변수가 아니다. 오히려 구조적인 측면이다. 모든 인간은 어디에서나 항상 조화를 이루고 결합하며 신비를 경험하면서 커뮤니케이션한다.[3)]

3) 상게서, p. 31.

따라서 모든 문화에서는 여러 가지 활동들을 조화시키고 결합을 이뤄내고 신비를 경험하기 위한 커뮤니케이션 유형들을 제공해야만 하는 데 문화마다 각각 다른 방식을 갖는다. 또한 서로 다른 문화에서는 자신의 문화에 속하지 않는 사람들을 인지하기 위해서 그리고 전해 내려오는 전통을 해석하는 데 있어서도 서로 다른 커뮤니케이션 유형을 갖는다. 피어스는 이 두 가지 문화적 요소를 각각 타인을 대하는 방식(the treatment of others)과 자원의 처리(the treatment of resources)로 구분하였다.

타인을 대하는 방식과 자원의 처리방식 | 자원의 처리란 사람들이 결합을 위한 이야기, 신화, 의식들과 조화를 이루기 위한 패턴과 활동 등을 어떻게 관련시키는가를 말한다. 어떤 문화에서는 커뮤니케이터들이 그들의 자원을 주어진 것으로서 무비판적으로 받아들인다. 이들은 '진짜 믿는 자들' 이다. 또 어떤 커뮤니케이터들은 보다 비판적인 시각에서 자원을 취하고 더욱 능률적이거나 만족을 줄 것 같은 새로운 자원들로 교환할 수도 있다. 피어스는 이를 자원을 위험한 상태에 두는 것으로 해석한다. 자원을 위험상태에 두는 것은 전통적인 이야기와 현대적 상황 사이의 간극에 대한 인식을 하게 한다. 이 간극으로 인해 전통의 적절성이나 타당성에 대한 문제를 제기하게 된다. 이로 인해 전통과의 연결이 끊어질 수도 있기 때문에 그런 문제제기들은 위험하다. 그런 경우에 믿던 자들이 그들의 신념을 잃을 수도 있다.

타인을 대하는 방식은 커뮤니케이터들이 그들 자신의 집단에 속하지 않는 사람들을 어떻게 대하는가를 나타낸다. 타인을 그들 자신들과 마찬가지라고 취급하는 커뮤니케이터들은 그 사람들이 자신들과 같은 자원들에 접근한다고 가정한다. 그들은 타인들을 그들 자신이 원하는 것처럼 다루거나 그들 자신의 집단 내에서와 마찬가지로 대한다. 타인들을 그들 자신과 다르게 대하는 커뮤니케이터들은 타인들이 서로 다른 자원들, 즉 그들과는 다른 전통을 갖고 있다고 생각한다. 피어스는 전자를 '타인을 자국인으로 대하기(treating others as others)' 로, 후자를 '타인을 이방인으로 대하기(treating others as non-natives)' 로 구분했다. 〈도표 2.1〉은 자원의 처리와 타인을 다루는 방식이 연결될 때 나타날 수 있는 네 가지 유형의 예를 제시한 것이다.

	자원을 위험하게 두지 않음	자원을 위험한 상태에 둠
타인을 자국인으로 대하기	① 어린 자녀에게 말하는 부모	② 새로운 이론을 배우는 학생
타인을 이방인으로 대하기	③ 종교근본주의자	④ 이종교인들 간의 대화

〈도표 2.1〉 타인과 자원의 처리

자신의 자녀들에게 말하는 부모의 경우 아이들이 이야기의 진실에 대한 질문을 하지 않게 하고(자원을 위험상태에 두지 않음) 아이들이 자신의 문화에 속한다고 가정하기 때문에 ①번의 유형에 속할 수 있다. 새로운 이론을 읽는 학생들은 ②번의 유형에 적합한데 왜냐하면 학생들은 전통에 대해 질문할 수 있지만 모든 사람들이 동일한 배움의 과정에 관련된다고 가정하기 때문이다. ③번의 유형은 종교적 근본주의자들을 둘 수 있는데 그 사람들은 자신과 신념을 공유하지 않는 사람들을 그들과 다른 사람으로 생각하지만(외국인) ①번의 유형의 아이들처럼 그들 자신의 신념에 대한 의문을 갖지 않는다. 마지막으로 ④번의 유형에는 초교파적 세계교회주의 종교지도자들을 둘 수 있는데 그들은 타인을 다르게 여길 뿐만 아니라 기꺼이 그들의 신념을 그만두려고 하거나 위험상태에 둘 용의를 보인다.

이 네 가지 유형을 보다 더 잘 이해하면 당신의 커뮤니케이션 실천들에 반영할 수 있다. 모든 사람들이 집단에 속해 있는 것으로 여겨지고 아무도 의문을 갖지 않는 대화는 첫 번째 유형에 속한다. 사람들이 질문하는 것을 제외하고는 ①번의 유형과 같으며 '새로운' 방식을 위해 '옛' 방식을 기꺼이 버리려고 하는 대화는 어떤가? 그것은 아마도 ②번의 유형에 맞을 것이다. ③번의 유형에는 타인을 이방인으로 취급하고 그들이 보는 방식이 옳은 방식이라고 옹호하는 대화가 해당될 것이다. 마지막으로 서로의 차이를 깨닫고 이뤄져야 하는 방식을 검토하는 사람들을 경험하게 되는 경우는 ④번의 유형에 해당할 수 있다. 대부분의 사람들은 각각 강점과 약점을 가진 이 모든 유형의 대화를 경험한다. 이러한 여러 다른 경험들을 살펴보면 그 경험들은 또한 피어스가 말한 커뮤니케이션 유형에서의 ③번의 유형인 서로 다른 시간의 논리 중 하나에 해당할 수도 있음을 보게 된다.

시간의 논리 | 피어스에 따르면 모든 커뮤니케이션에는 어떤 시간적 지향성이 있는데 그는 이를 '의미와 행동의 논리(logic of meaning and action)'로 지칭한다.[4] 그는 어떤 진술의 논리나 영향력은 그 유인(motivation)이 과거, 현재, 미래 중 어디에 근거하는가에 따라 다르다고 말한다. 피어스가 의미하는 바를 알기 위해서 다음 질문에 대한 답을 검토해 보라.

4) 상게서, p. 40.

"당신은 왜 그 직업을 택했습니까?"

"사람들이 항상 해 오던 것이기 때문이다."

"이러한 상황에서 나 같은 사람이 해야만 하기 때문이다."

"나의 잠재력을 개발하길 원했기 때문이다."

"내가 원하는 것을 얻기 위해서이다."

피어스는 이러한 네 가지 대답들이 서로 다른 시간적 태도를 나타낸다고 보았다. "사람들이 항상 해 왔던 일이기 때문이다"는 행동의 근거를 과거에서 찾고 있다. 피어스는 이를 '예상적 영향력(prefigurative)' 으로 지칭했는데 항상 이뤄져 왔던 방식에 의해 특징지어 동기를 나타내기 때문이다. 두 번째는 '상황적 영향력(contextual force)' 으로 상황의 정의나 그런 경우에 행해졌어야 할 방식에서 비롯되었기 때문이다. 이는 과거 대신 현재를 근거로 하지만 현재를 미리 정해진 행동을 가진 특정한 상황의 한 유형으로 본다. 세 번째 시간적 논리 '함축적 영향력(implicative force)' 으로 현재에 초점을 맞추기는 하지만 상황에서 요구하는 것 대신 상황의 변화 가능성을 본다. 마지막으로는 이루고자 하는 일의 미래상태에 호소하는 '실제적 영향력(practical force)' 을 들 수 있다. 〈도표 2.2〉는 네 가지 '논리들' , 직업을 택한 이유의 종류, 시간적 지향성을 나타내고 있다.

이러한 네 가지 유형의 다른 논리에 상응하는 시간지향성은 서로 다른 커뮤니케이션 형식을 구분하는 데 유용한 잣대를 제공해 준다. 과거, 현재, 미래에 해당하는 이유와 특정한 방식에서 뭔가를 해야 한다는 압박감을 느꼈던 때를 기억할 수 있는가? 우리 대부분은 아마도 네 가지 유형을 모두

논리적 영향력	예상적	상황적	함축적	실제적
선택이유	항상 그래왔었다	내 상황의 확인	내 상황의 변화	목적을 위해
시간논리	과거	현재	현재	미래

〈도표 2.2〉 시간논리

경험해 왔을 것이다. 결합, 조정, 신비의 범주, 타인과 자원의 처리에 관한 문제, 시간적 지향성(orientation)을 함께 결합하여 피어스의 네 가지 커뮤니케이션 문화를 구분하기 위한 전체적인 틀을 만들 수 있는데 이는 직장에서의 서로 다른 커뮤니케이션 유형을 이해하는 데 이용될 수 있다.

네 가지 커뮤니케이션 문화유형

피어스의 네 가지 문화유형을 이해하기 위해서 우리는 그가 다섯 번째 시간의 논리라 지칭한 회상(reflexive)을 해 볼 필요가 있다. 회상은 커뮤니케이터가 커뮤니케이션 과정을 인식할 때 가능하며 회상을 통해 커뮤니케이션 유형을 면밀하게 살필 수 있다. 면밀한 점검을 위해 피어스의 틀을 살펴보도록 한다. 먼저 단일문화 커뮤니케이션에 대해 살펴보자.

단일문화 커뮤니케이션(Monocultural Communication) | 단일문화권에서는 커뮤니케이터가 결합과 조화를 위해 자신이 속한 공동체의 이야기를 사용한다. 그 이야기들은 이의없이 진실하고 신성하게 경험된 것이다.

이방인들을 마치 한 문화구성원으로서 동일한 이야기를 공유하고 동일한 지식을 가진 것처럼 '자국인' 으로 취급한다. 단일문화 커뮤니케이터들은 타인을 그들 자신과 다르다고 보지 않는다. 단일문화 커뮤니케이션은 '예상적(prefigurative)' 시간논리를 갖는다. 즉, 사람들이 옳은 행동들을 설명할 때 과거에 기댄다. 피어스의 다른 요인들을 통해 살펴보면 단일문화 커뮤니케이션은 〈도표 2.3〉에서 나타낸 특성들을 갖고 있다.

결합	조화	신비	타인 대하기	자원처리	시간논리
이야기에 대한 믿음	공유된 믿음	이야기에 간직됨	자국인	위험상태에 두지 않음	과거

〈도표 2.3〉 단일문화 커뮤니케이션

단일문화에서는 타인을 자기 집단의 구성원으로 간주하고 아무도 공동체의 기본신념에 대해 진지하게 문제제기하지 않는 전통문화의 전형적인 특징을 보인다. 이러한 커뮤니케이션 유형을 가진 직장에서는 해야 할 옳은 일은 항상 지금까지 해 오던 일이라고 생각한다. 사람들은 타인들이 자신의 가치나 신념을 공유하기를 기대할 때, 자신에게 동의하지 않는 사람들을 무지하고 미숙한 것으로 취급할 때 그런 커뮤니케이션 행동경향을 나타낸다.

현대사회에는 두 가지 전혀 다른 유형의 단일문화 커뮤니케이터, 즉 '정통 단일문화주의자(original monoculturalist)' 와 '반작용적 단일문화주의자(reactionary monoculturalist)' 로 지칭할 수 있는 커뮤니케이터가 있다. 정통 단일문화주의자는 부족문화 또는 전통문화의 구성원일 것이다. 자신의 가정들이 마치 유일한 현실인 것처럼 다음 세대에게 전하는 문화를 가진 공동체에서는 모든 사람들이 의심할 나위 없이 그 집단의 신념들을 받아들이고 회원과 비회원 간의 차이들을 간과한다. 이러한 단일문화적인 커뮤니케이션 형태의 예로는 어린 아이들의 세계를 들 수 있다. 성장 첫 단계에서 아이들은 가족들이 제시하는 세계를 받아들이고 거기 갇히게 된다. 그들에게 있어 자신들이 받아들인 그 '세계'는 자신이 아는 유일한 세계이다.

반작용적 단일문화주의자의 예가 될 수 있는 것은 근대 다원주의에 반대하는 종교근본주의자들이다. 자신의 믿음을 모든 사람들이 수용하는 하나의 신념으로 부흥시키길 바라는 집단으로 설명할 수 있다. 그들은 조화(coordination)나 결합(coherence)을 위해서만 가능하다고 믿을지도 모른다. 그러나 문제는 모든 사람들이 그들의 신념에 동의하지 않는다는 것이다. 따라서 많은 경우, 종교근본주의자들은 모든 사람들을 동일하게 보는 단일문화 커뮤니케이터가 되는 대신에 세계를 '우리'와 '그들'로 구분한다. 이러한 특징은 자민족 중심주의적인 커뮤니케이터들의 기본특징이다.

자민족 중심적인 커뮤니케이션(Ethnocentric Communication) | 자민족 중심적인 커뮤니케이터들은 자신의 자원들을 위험에 처하지 않게 한다는 점에서 단일문화와 비슷하다. 그들은 결코 자신들의 규범이나 가설들에 의문을 품지 않는다. 단일문화와 다른 점은 자신의 집단에 속하지 않은 다른 사람들을 '외국인'으로 간주한다는 것이다. 자민족 중심주의 커뮤니케이터들은 외국인들을 자신과 다를 뿐만 아니라 열등하다고 본다. 자민족 중심적인 이야기에서는 대개 자신들과의 차이점에 대해 이야기할 뿐만 아니라 다른 문화의 자원이 틀렸기 때문에 자신들이 옳다는 '사실'을 전한

다. 단일문화에서 이야기에 신성함을 부여하는 신비(mystery)는 자민족 중심주의에서도 유사하게 나타난다. 예를 들어 냉전기간 '반공' 커뮤니케이션 유형은 자민족 중심주의를 나타냈다. 그들은 공산주의를 그들 자신을 '반공주의자'로 규정하기 위해 이용했지만 결코 사회주의자들의 자본주의 이데올로기에 대한 비판은 허용하지 않았다. 또한 신의 존재를 부인하는 공산주의자와 신을 두려워하는 기독교도를 구분하기 위해서 종교를 이용했다. 가끔 직장에서의 경쟁 활동에서 자민족 중심주의적인 커뮤니케이션 유형이 나타나는데 특히 경쟁자가 뭔가를 얻게 되면 자신은 잃게 된다고 믿는 경우에 나타난다.

자민족 중심주의적 커뮤니케이터들은 자신들과 경쟁자를 구분짓고 자신들이 일하는 방식만이 옳다고 여긴다. 피어스는 사람들이 항상 만족스럽지 못한 결과를 가져오는 동일한 커뮤니케이션 구조에 갇히게 되는 양상을 가리켜 '반복되는 원하지 않는 유형(URPs, Unwanted Repetitive Patterns)'이라 지칭했는데 그러한 유형으로 전개되기 쉽다.[5] 사람들이 그런 패턴을 깨뜨리고 싶어도 대부분의 경우 그런 패턴은 개인의 의도보다 더 강해서 피하려고 애썼던 원래의 자리로 되돌아가게 한다. 자민족 중심주의 문화에서는 정확한 행동 패턴을 강조하기 때문에 "이러한 상황에서는 이것이 더 반응하기에 적절한 방식이다"는 식의 예상적(prefigurative) · 상황적 시간논리를 갖는다. 〈도표 2.4〉는 자민족 중심주의 문화의 특징을 요약한 것이다.

때로는 자민족 중심주의에서 커뮤니케이션 패턴을 유지하기 위해 우리

5) 상게서, p. 128.

결합	조화	신비	타인 대하기	자원 처리	시간 논리
우리와 그들의 이야기에 대한 믿음	공유된 이야기	이야기에 호감	자국인이 아님	위험상태에 두지 않음	과거와 현재

〈도표 2.4〉 자민족 중심적인 커뮤니케이션

와 그들이 협력하는 모습을 볼 수 있다. 경쟁적인 스포츠에서 쉽게 볼 수 있는데, 예를 들어 테니스 경기에서 우리와 그들은 게임을 흥미롭게 만드는 경쟁을 하게 된다. 그러나 경기에 참가한 선수들은 테니스 규칙을 알고 따라가면서 협력하기 때문에 경쟁하게 되는 것이다. 달리 말하자면 그들의 협력은 경쟁을 위한 것이다. 이러한 경쟁과 협력의 결합은 비록 협력이 항상 인식되지는 않지만 매일 이뤄지는 경제에서의 거래 또한 설명한다.

사회에서의 특권과 권력구조 측면에서는 자민족 중심주의 커뮤니케이션으로 다소 다른 목적을 충족시킬 수 있다. 자민족 중심주의적인 행동은 식민 지배자와 피식민주의자와 같은 지배집단 구성원이 그들 자신을 종속 집단과 구분하는 방식을 떠올리게 하지만 때로는 종속집단이 권력을 얻기 위해 자민족 중심적인 행동을 하기도 한다. 예를 들어 1970년대의 여성운동에서 여성들은 남성의 지배로부터 해방하는 수단으로서 자민족 중심적인 커뮤니케이션을 사용했다. 여성들은 다른 해방운동들과 마찬가지로 그들의 자원을 위험상태에 두기보다는 보호했으며 남성을 이방인(nonnative)으로 취급했나. 남성작가들이 무시했거나 침묵했던 여성의 문화역사를 되찾기 위해서 전개했던 새로운 이야기에는 우리와 그들이 구분되어 있었다.

집단들이 사회적 · 정치적 권력부여를 위해 자민족 중심주의적인 커뮤니케이션을 사용하고, 성공하면 그들은 곧 다른 문제에 직면하게 되는데, 즉 한때는 적절했었으나 이제는 그 이상의 발전을 방해하는 상호작용의 반복 패턴의 함정을 피하는 문제이다. 자유해방운동조차도 상황의 변화에 따라 변화하지 못하게 하는 패턴에 갇히게 될 수 있다. 변화를 기꺼이 받아들이는 커뮤니케이션 유형을 찾기 위해서 세 번째 문화유형인 근대적 커뮤니케이션에 대해 살펴본다.

근대주의적 커뮤니케이션(Modernistic communication) | 단일문화와 자민족 중심적인 커뮤니케이션과는 대조적으로 근대주의적 커뮤니케이터들은 기꺼이 그들의 자원을 위험상태에 둔다. 그들은 이야기와 전통을 평가하고 버릴 수 있는데 전통들이 신성한 지위를 잃었기 때문이다. 세계는 "환상에서 깨어났다",[6] 또한 신비를 잃어왔다. 이는 17세기 서유럽문화에서 경험과학의 대두, 자연자원을 통제하기 위한 기술의 이용, 종교의 사유화(privatization)와 함께 시작되었다. 자연과 전통이 인간을 위한 '가정(home)' 이 아니라 재건을 위한 '집(house)' 이 되었다.

'각성(disenchantment)' 은 또한 전통적인 권위에 대한 태도에 영향을 끼쳤다. 이러한 변화의 공식화를 더욱 잘 드러내는 것 중의 하나가 18세기 '고대와 근대 간의 전쟁' 이었다. 그 논쟁은 근대가 고대의 '우수한 지혜(superior wisdom)' 를 계속해서 따라야만 하는지, 고전적인 텍스트들을 비판적으로 검토할 분석방법들을 개발할 수 있는지에 관한 것이었다. 달리 말하자면, 고전적인 텍스트가 우리를 평가해야 하는가, 아니면 우리가 고

---

6) 상게서, p. 137.

전 텍스트를 평가해야 하는가? 경험과학의 대두에 뒤이어 근대 텍스트 비평주의의 확립이 이겼다. 새로운 지식은 옛지식보다 우세해졌다.

근대주의적 커뮤니케이터들은 새로움과 진보에 대한 그들의 믿음을 강조함으로써 결합을 이뤄낸다. 이는 자신들의 자원을 기꺼이 위험에 두고자 하는 의지와 부합한다. 새로운 것이 더 낫기 때문에 낡은 이야기와 신념들은 미련 없이 버릴 수 있다. 새로움에 대한 공동의 추구뿐만 아니라 관계와 과업의 계속적인 재협상 가능성에 따라 조화가 가능하다.[7] 몇 년 전의 닷컴 경제는 근대문화의 핵심을 나타냈는데 특히 근대주의의 새로움에 대한 매료란 점에서 그렇다.

근대주의자들은 자민족 중심주의자들처럼 타인을 이방인(nonnative)으로 대하지만 열등하나고 보지는 않으며 새로운 경험에 대해 열려 있고 타인의 풍습과 신념을 즐긴다. 이러한 관점에서 볼 때 근대주의를 이끄는 논리는 예상적이거나 상황적인 것이 아니라 오히려 함축적이며 실용적이라는 사실이다. 새로운 것이 좋은 것이며 무엇이든 행하는 것이 좋은 것이다. 〈도표 2.5〉는 근대주의적 커뮤니케이션을 요약한 것이다.

결합	조화	신비	타인 대하기	자원처리	시간논리
진보에 대한 믿음	변화에 대한	세계에 대한 각성	자국인이 아님	위험상태에 두기	미래

〈도표 2.5〉 근대주의적 커뮤니케이션

7) 상게서, p. 147.

피어스는 근대적인 문화가 모든 사람을 만족시키지는 않았음을 지적한다. 어떤 사람들은 근대성의 모험으로 혜택을 받는 반면에('행복한 근대주의자'), 어떤 사람들은 지치고 환멸을 느끼게 되었다.[8] 환멸을 느낀 자들에게 있어서는 처음에는 '새로운' 것으로 보였던 것이 나중에는 결국 동일한 듯 여겨진 것이다. 또한 자연과 전통에서 멀어짐으로써 근대주의적 커뮤니케이터가 자신들의 희망과 꿈을 표현하기에는 빈약한 언어를 갖게 되었다.

오늘날 서유럽문화에서 증대하고 있는 주제인 근대문화에 대한 불만은 두 가지 반응을 이끌어내고 있다. 어떤 사람들은 단일문화나 자민족 중심주의적 기본을 회복하려고 시도했는데, 종교근본주의자들과 신보수주의자들은 전통적인 가치를 단언하고 모든 사람들이 동일한 이야기와 가치를 믿어야 한다는 설교를 통해 결합을 이루려 한다. 또 다른 집단은 근대주의의 틀을 벗어나 피어스가 문화의 코스모폴리탄 형태라고 지칭한 네 번째 유형에 속하는 커뮤니케이션을 실행한다.

코스모폴리탄 커뮤니케이션(Cosmopolitan communication) | 코스모폴리탄 커뮤니케이션의 눈에 띄는 특징은 결합보다는 조화를 더 중요시한다는 점이다. 나머지 세 문화는 결합을 통해서 조화를 추구한다. 코스모폴리탄 커뮤니케이터들은 커뮤니케이션 참여자들이 서로 다른 자원을 존중하고 동시에 그들 자신의 자원의 실재에 대한 연결을 유지하는 조화를 이루려한다. 피어스가 말하듯이 코스모폴리탄 커뮤니케이션은 "여러 다양

8) 상게서, p. 147.

한 사회적 현실의 이야기와 실천들 간의 관계적 차이들을 비교하고 평가하는 방식들을 구성하려는 의지와 능력으로 이루어져 있다."[9]

코스모폴리탄은 타인들도 이야기를 갖고 있다는 점에서 자국인으로 간주하기도 하며, 갖고 있는 이야기가 서로 다르다는 점에서 이방인으로도 여기는 조화를 중요시한다. 말하자면 이야기들 간에는 코스모폴리탄들에게 누구나가 말할 수 있는 것 이상을 의미하는 신비라는 것이 존재한다. 신비는 여러 이야기들이 서로의 완성도를 부인하지 않고 자신의 완성도를 표현하게 한다. 왜냐하면 신비란 한 문화의 완성도보다 더 큰 포괄적인 전체성을 의미하기 때문이다.

결합	조화	신비	타인 대하기	자원처리	시간논리
조화에 대한 의지	패턴변화 시키기	말해 줄 수 있는 것 이상	자국인/이방인	위험상태에 두기와 보호	미래와 회상

〈도표 2.6〉 코스모폴리탄 커뮤니케이션

코스모폴리탄의 논리는 실용적이며 동시에 회상적인데 이는 대화과정 그 자체를 인식하는 데 따라 어느 정도 달라진다는 것을 의미한다.[10] 〈도표 2.6〉에서는 코스모폴리탄 커뮤니케이션의 특성들을 나타내고 있다. 코스모폴리탄 커뮤니케이션의 가장 의미있는 측면은 아마도 회상적인 특성일 것이다. 이는 대화참여자들이 커뮤니케이션 유형을 인식하게 한다. 이러한

9) 상게서, p. 171.
10) 상게서, p. 181.

인식으로 인해 대화유형을 변화시킬 수 있는 능력을 획득하게 된다. 회상적인 관점은 또한 네 가지의 문화유형 간의 중요한 차이를 이해할 수 있도록 한다. 〈도표 2.7〉은 그 차이들을 요약한 것이다. 코스코폴리탄적인 삶을 위한 커뮤니케이션 문화의 중요성을 이해하기 위해 기업자원에 대한 협의회에 참석했다고 가정해보자.

기업자원협의회

협의회장에 들어서면 네 가지의 기업전시회를 볼 수 있다. 첫 번째 A 기업은 작은 회사에서 큰 기업으로 성장한 회사의 발전모습을 보여 주는 스토리 보드를 전시하고 있다. 부스 안의 진행자들은 모두 회사 스웨터를 입고 있으며 다소 닮은 듯한 미소를 띠고 있다. 당신은 그들이 진실한 신뢰자 그룹이라고 말할 수 있다.

B 전시장으로 가 보면 회사의 이야기뿐만 아니라 주요 경쟁사와 하위의 경쟁자들에 대해서도 이야기하고 있는 스토리 보드가 있음을 발견한다. 거기에는 경쟁구도에서 자사의 우위를 나타내는 차트와 그래프도 있다. 진행자들은 방문자들에게 구경하는 방법을 알려 주면서 전시장을 안내한다. 진행자들은 진실한 신뢰자이지만 첫 번째 전시장의 진행자들보다 더 경쟁적인 것처럼 여겨진다.

우리는 답을 한 사람들이 옳을 수도 있고 틀릴 수도 있기 때문에 B 전시장에서 제시한 조사결과에 동의하지 않고 자리를 떠난다. 그리고 최신 기

	단일문화	자기민족중심주의	근대주의	세계주의
일관성/결합력	이야기 내의 믿음	이야기에서 우리 그들을 믿음	진보와 새로움에 대한 믿음	일관성보다는 조정에 초점
조화	조정이 일관성을 통해 달성됨	반복적 패턴의 제정	변화, 진부, 새로움 강조	커뮤니케이션 패턴변화능력
신비	이야기에 깊숙히 내재됨	이야기 지지	세계에 실망	말할 수 있는 것 이상을 인식
타인에 대한 대우	네이티브로서의 타인	자국인이 아님	자국인이 아님	둘다
자원에 대한 취급	위험에 처하지 않았다	위험에 처하지 않았다	위험에 처했다	둘다
시간에 대한 논리 속세 논리	예상되는 문맥상의	예상되는 문맥상의	함축적인 실제적인 회상적인	실제적이고 회상적인

〈도표 2.7〉 피어스의 네 가지 커뮤니케이션 모형

계장치로 가득한 C 부스로 이동한다. 스토리 보드는 없고 대신에 벽에 진보의 상징이 있다. 진행자들은 노트북 앞에서 바쁘게 일한다. 우리는 그들이 보여 주는 짧은 파워포인트 프리젠테이션을 볼 수 있다. 디스플레이를 통해 기술을 검토하다가 더 빠른 컴퓨터가 필요한지에 대해 논쟁하고 있는 두 진행자의 말을 우연히 듣게 된다. 당신은 그 논쟁에 끼어들지 않고 D 전시장으로 향한다.

D 전시장에는 기업의 자원들을 샀고 일했던 자신들의 경험과 이야기를 서로 나누고 있는 사람들이 작은 원형으로 놓인 의자에 앉아 있다. 나이 든

사람들은 젊은 사람들에게 그들의 경험을 전해 주고 젊은 사람들은 그 일들이 어떻게 변화했는지에 관해 질문하고 있다. 당신은 대화에 참여하여 지금까지 제시된 생각들에 대한 질문을 받게 된다. 모든 사람들이 환경의 변화 속에서 지속성을 유지하는 방법에 관하여 대화에 참여하기 때문에 진행자와 방문자들을 구분하기 어렵다.

위의 네 군데 전시장을 모두 방문하고 각각의 대화유형의 차이에 관해 알고 나면 우리는 다름과 불일치를 다루는 능력이 매우 다르다는 사실을 깨닫게 된다. 피어스가 제시한 문화유형에서는 이 사실에 관해서 검토하지 않았지만 각각의 문화유형에서 다름과 불일치를 어떻게 다루는지 기업의 커뮤니케이션 유형에서 각각 대비되는 다른 유형이 있다는 사실을 이해할 수 있다.

다름과 불일치에 대한 문화적 반응

다원주의 사회에서는 계속해서 문화적 다양성에 직면하게 된다. 많은 경우 이러한 다양성으로 인한 차이들을 인식할 기회를 얻게 되고 다른 것과 우리 것에 대해 많이 배우게 된다. 달리 말하자면 다름은 꼭 불일치를 의미하는 것은 아니다. 때로는 단지 다를 수 있다. 그러나 만약 결정을 내려야만 할 때는 다름으로 인한 의견불일치를 초래할 수 있다. 그런 경우 가장 좋은 결정을 내리기 위해서는 불일치를 이용하는 방법을 배울 필요가 있다. 다름과 불일치에 대한 개방성은 속해 있는 문화에 따라 다르다.

네 가지 문화유형 중에서 단일문화권의 커뮤니케이터들은 차이의 인식에서조차도 큰 어려움을 느낀다. 단일문화주의자들은 타인을 자국인으로 보기 때문에 타인을 그들과 같다고 여긴다. 모든 사람들이 본질적으로 동일하다는 관점에서는 훈련 부족이나 상식 부족으로 인해 차이가 난다고 여기려 한다.

자민족 중심적인 문화에서는 완전히 다른 견해를 가진다. 그들은 다름을 불일치로 간주하며 차이를 우리와 그들의 이야기로 구분할 수 있는 증거라고 여긴다. 또한 '이분법적' 사고를 하는 경향이 있다. 그들을 우리와 함께 하든지 아니면 우리에게 반대하는 것으로 본다. 자문화 중심적인 커뮤니케이션에서 불일치는 자신의 자원을 보호하려는 동기를 유발하는 경쟁을 야기한다. 즉, 불일치는 옳고그름 간의 충돌로 여기며 대부분의 차이점들 또한 불일치로 해석되기 때문에 다른 점들 또한 '옳고그름'으로 여긴다.

근대주의자들은 차이점들을 올바르게 인식하고 특히 차이점이 '새로운' 어떤 것을 나타낸다면 적어도 그 새로움이 점점 사라져 없어질 때까지는 그에 열광적으로 반응한다. 소비자들은 새로운 모든 것에 열중하는 경향이 있고 열광 후에는 그 다음의 새로운 경험을 찾게 된다. 근대주의자들은 불일치를 다른 점과 별개로 본다. 불일치를 해결해야 할, 빨리 풀수록 더 좋은 문제로 여긴다. 진보나 새로움에 대한 관심을 고려할 때, 불일치를 고려하지 않고 혁신과 미래 계획에 대한 장애물로 해석하는 경향이 있다.

코스모폴리탄 커뮤니케이터들은 불일치를 현실을 구성하는 다른 방식들을 학습할 기회로 여기며 불일치가 조화를 이루는 데 있어 방해를 하지 않는 한 자원으로서 판단한다. 해야 할 일에 관한 불일치는 무엇이 옳은 가에 대한 다른 시각들 간의 충돌로 보며 다른 시각들의 배경을 탐구하고 더 적절한 '옳은' 것이나 충돌을 해결할 제 3의 방식이 있는지를 알아내려는 지식을 증대시키려 한다. 〈도표 2.8〉은 각각의 문화유형에서의 타인, 자원, 다름, 불일치에 대한 주요한 반응들을 제시해 놓은 것이다.

	타인	자원	다름	불일치
단일문화	자국인	보호	무시	상식의 결여
자민족 중심적 커뮤니케이션	이방인	보호	투쟁	옳고그름
근대적 커뮤니케이션	이방인	위험상태에 두기	이용	고려에 넣지 않음
코스모폴리탄 커뮤니케이션	자국인과 이방인	보호/위험상태에 두기	인정	옳음 대 옳음

〈도표 2.8〉 커뮤니케이션 유형 간의 차이

이 도표를 보았을 때 당신이 속한 집단의 커뮤니케이션 유형은 어디에 해당된다고 보는가? 속해 있는 직장이나 살고 있는 지역에 따라 다름과 불일치를 다르게 취급할 수도 있다.

만약 우리가 온전성을 전체성으로 이해한다면 코스모폴리탄 커뮤니케이션 유형이 가장 온전성을 잘 표현한다고 본다. 나머지 세 유형과는 달리 코스모폴리탄은 전체의 모든 부분들을 진지하게 인식하고 받아들인다. 대부분의 사람들은 자신이 틀렸다기보다는 옳다고 생각하는 대로 행동한다고 인정하면서 실행에 있어서의 불일치는 학습을 위한 자원이 될 수 있다고 받아들인다. 그러나 이것이 코스모폴리탄 커뮤니케이터들이 모든 가치와 윤리규범들을 상대적으로 받아들인다는 사실을 의미하지는 않는다. 그들은 원리들과 행동들을 구분한다는 것을 의미한다. 나아가서 다른 사람들을 존중하는 원리에 근거한 커뮤니케이션 실천들의 포괄성을 상징하려 한다.

동시에 코스모폴리탄 커뮤니케이터들은 옳은 해결책에 관해 서로 의견이 맞지 않을 때 가장 좋은 해결책을 찾기 위해 다른 사람들을 참여시킨다.

그러나 코스모폴리탄 커뮤니케이션은 이상적인 유형이다. 우리들 대부분은 이상적인 커뮤니케이션 유형에 못 미치는 커뮤니케이션 유형에 속할 것이다. 따라서 중요한 문제는 만약 커뮤니케이션 유형이 나머지 세 유형에 속할 때 다름과 불일치에 대해서 대화의 개방성을 어떻게 증대시킬 수 있는가 하는 것이다. 달리 말하자면 어떻게 온전성을 증대시킬 수 있는가 하는 것이다. 코스모폴리탄 커뮤니케이션으로 향하기 위해 여러 가지 전략들을 개발하는 것이 한 방법이다.

코스모폴리탄 커뮤니케이션으로 향하기 위한 전략

단일문화, 자문화 중심주의, 근대적 커뮤니케이터들은 다름과 불일치에 대한 개방성을 가로막는 각각의 방식들을 갖고 있기 때문에 각각 다른 특정한 대응 전략이 요구된다. 단일문화 커뮤니케이터들은 타인에 대해 보다 호기심을 가질 필요가 있다. 자문화 중심주의 커뮤니케이터들은 그들이 상상하는 것보다 더 유용한 자원들이 있다는 사실을 깨달을 필요가 있으며, 근대적 커뮤니케이터들은 정세를 인식할 필요가 있다. 〈도표 2. 9〉를 보자.

단일문화 환경에서 호기심 촉진하기 | 호기심은 다른 사람들의 경험이 단순히 그 사람들의 경험이나 그 집단의 경험을 반복하는 것이라고 가정하는

단일문화 유형에서 벗어나기 위해	→	호기심을 촉진할 것
자문화 중심적 유형에서 자유롭게 되기 위해	→	보다 많은 자원을 상상할 것
근대적 유형의 재편성을 위해	→	경계를 발견할 것

〈도표 2.9〉 코스모폴리탄 커뮤니케이션 문화를 형성하기 위한 전략

단일문화주의자들의 '예상적인' 사고방식에서 벗어날 수 있게 해 줄 것이다. 이는 생각만큼 쉽지 않다. 한 가지 예를 살펴보자. 며칠 전에 나는 직장에서의 다양성 문제에 관하여 신용조합의 백인남성 CEO와 함께 일했다. 그는 은행직원에서 출발하여 그 위치까지 올라갔다. 몇몇 여성들과 유색인종들은 그가 자신들의 경험에 대해 이해하지 못한다고 말했다. 그도 인정했다. 어쨌든 그는 그들의 입장이 되어 보았다. 전형적인 단일문화에서 그는 모든 사람들이 그 자신과 같을 거라고 생각했다. 사실 그는 자신이 다른 사람들을 그가 원하는 대로 다룰 수 있다고 자부했다. 그러나 사실상 여성들과 유색인종들은 그가 겪었던 것과 다른 경험을 갖고 있다. 그러나 CEO가 이미 자신들이 경험했던 것을 알고 있으리라 생각했기 때문에 결코 그에게 말할 기회를 갖지 않았다. 몇 차례의 회의 끝에 그는 내게 "알았다. 내 직원들은 내가 직장에서 겪었던 것과 다른 경험을 한다" 고 말했다. 이는 그에게 있어 꽤 뜻밖의 사실이었다. 그는 그가 알아야 할 모든 것을 알고 있다고 생각하는 대신에 그가 알아야 할, 해 보지 않았던 일이 있는지를 궁금하게 여겼다. 그는 변화가 가능하다고 설명했지만 당연하게 여기지는 않았다. 때때로 호기심은 불안을 야기하는 데, 이는 단일문화 커뮤니케이터 뿐만이 아니다.

자문화 중심주의자들 또한 호기심이 부족한데, 여기에는 다른 이유가 있

다. 다른 것에 대한 호기심은 자문화 중심적인 커뮤니케이터들의 지위를 위협하는 타당성을 인정할 수도 있다. 이러한 설명은 한정된 자원의 양을 가정하는 이기고 지는 성향을 근거로 한다. 자문화 중심적인 커뮤니케이터들은 만약 다른 사람이 뭔가를 얻는다면 그 때문에 자신은 뭔가를 잃게 된다고 믿는다. 스크무클러(Andrew Schmookler)는 이를 '결핍의 신화'라고 지칭했다.[11] 결핍의 신화는 모든 거래가 제로섬 게임이라고 가정한다. 모든 사람이 동시에 무엇인가를 얻을 수는 없다. 이러한 성향을 가진 자민족중심주의자들이 변화하려면 전체 자원의 증대가능성을 상상해야 하는 데 이것이 코스모폴리탄적인 커뮤니케이션이 되기 위한 두 번째 전략이다.

자문화 중심적인 환경에서 더 많은 자원을 상상하는 것 | 어떤 상황에서는 자원이 한정되어 있다. 예를 들어 만약 500달러를 나눌 때 상대의 점유율이 늘어나면 내 몫은 줄어든다. 그러나 한 사람의 이익이 다른 사람의 손해가 아닌 상황이 있다. 예를 들어서 누군가의 커뮤니케이션 기법이 향상된다고 해서 나의 능력이 감퇴하지는 않는다. 사실 나는 상대로부터 더 배울 수 있고 두 사람 모두 전보다 더 나아질 수 있다. 자문화 중심적인 커뮤니케이터들은 자원이 부족하다고 여기기 때문에 이러한 사실을 이해하는 데 어려움이 있다.

미국총기협회(NRA, National Rifle Association)는 자문화 중심적인 커뮤니케이션의 예를 보여 준다. 이 단체는 모든 유형의 총기, 심지어 공격용

---

11) Andrew Schmookler, *Out of Weakness: Healing the Wounds That Drive Us to War* (New York: Bantam Books, 1988).

무기에 대한 규제에 대항하여 '그들' 이 이기면 '우리' 가 잃는다는 생각으로 투쟁한다. 1980년 근로자와 환경론자들 간의 대화에서도 유사한 패턴을 볼 수 있다. 환경론자들의 '승리' 로 근로자들은 직업을 잃게 된다. 물론 어느 정도는 사실이지만 모든 경우 그렇지는 않다. 몇몇 사례에서 알 수 있듯이 사실 오늘날 근로자들과 환경론자들은 환경을 보호하는 일자리를 창출한다든가 환경을 보호함으로써 노동자의 건강을 보호하면서 함께 일해 왔다.[12] 결핍의 신화를 극복하면 커뮤니케이터들은 공동의 문제와 공동해결책의 접합을 용이하게 하는 협력적인 대화를 할 수 있다. 그러한 대화에 참여하기 위해서 자문화 중심적인 커뮤니케이터들은 그들이 처음 생각했던 것보다 더 많은 이용 가능한 자원들이 있다는 것을 상상할 필요가 있다. 직관에 반하는 것처럼 보이기는 하지만 자원에 대한 인식을 변화시키는 것이 자민족 중심주의자의 입장을 비판하는 것보다 더 도움이 된다. 충분하거나 풍부하기까지 한 자원이 있다고 믿으면 그들은 다름과 불일치에 대해 더 개방적이 될 수 있다. 근대주의적 커뮤니케이터들 역시 자원을 강조함으로써 개인적 · 사회적 경계를 인식하게 할 수 있는데 코스모폴리탄 커뮤니케이션을 행하기 위한 세 번째 전략을 알아보자.

근대적 상황에서의 경계 짓기 | 자원과 실행들을 구분함으로써 근대적 커뮤니케이션 문화의 딜레마를 명확하게 할 수 있다. 자원은 이야기와 의식

12) 기업과 환경론자들의 연합에 관한 최근의 프로젝트는 다음을 참조할 것. Livio D. DeSimone and Frank Popoff, *Eco-Efficiency: The Business Link to Sustainable Development* (Cambridge, MA: MIT Press, 2000).

그리고 결합을 이루게 하는 암묵적인 지식 등이다. 반면에 실행이란 이들 자원들을 근거로 하여 표현하는 행위들을 말한다. 근대주의적 커뮤니케이터들은 실행에 초점을 맞추고 실행에 의미를 부여하는 자원을 무시하는 경향이 있다. 그들은 자원에 관심을 두지 않고 실행을 복제할 수 있는 '재미있는 경험' 으로 간주하여 소비한다. 예를 들자면 현대인들은 선실행(Zen practices)이 표현하는 자원에 대한 이해 없이 선명상을 '실행' 해 볼 수 있다.

이러한 차이에 대한 접근으로 인해 모든 것이 '재미있는' 뭔가가 되는 표면적인 호기심을 갖게 한다. 자민족 중심주의와는 매우 대조적으로 근대주의자는 무제한 가능성의 신화 아래 움직인다. 그런 까닭에 서로 다른 문화들 간의 경계를 놓치는 경향이 있다. 그들은 문화적 차이를, 좋아하는 옷을 발견할 때까지 다른 옷들을 입어 보는 식의 새 옷을 사는 것처럼 접근하려 한다. 그러나 문화적 차이를 진정으로 이해한다는 것은 오히려 외국어를 이해하는 것에 더 가깝다. 언어로 표현된 특정의 문화자원을 학습함으로써만 이해될 수 있다는 것이다. 근대주의자가 차이에 대해 개방적이 되기 위해서는 자원을 더 깊이 인식해야만 하며 이러한 자원들이 특정한 취향을 단조롭게 하는 것을 막는 경계가 되도록 해야 한다. 그러면 차이를 단순히 '재미있는 것' 으로 여기기보다는 실제적으로 인정할 수 있게 된다.

세 가지 전략, 즉 호기심 촉진, 자원의 증대, 경계 세우기 등은 모두 코스모폴리탄 커뮤니케이션에 속한다. 이러한 전략들은 온전성을 조성할 수 있는 개방성을 증대시키는 데 도움이 된다. 호기심 없이 질문을 하는 사람은 아무도 없을 것이다. 너 많은 자원을 상상하지 않고는 다른 사람들에 관해 물어 볼 여유는 없다. 경계 없이는 질문에 대한 대답을 충분히 들을 수 없을 것이다. 이 세 가지 전략은 기업의 리더들에게 조직 커뮤니케이션의 대인관계, 조직차원, 시민적 차원, 환경적 차원에서의 온전성 개발을 방해하거나 한정짓는 커뮤니케이션 패턴에 대응할 수 있는 믿을 만한 방법을 제공해 줄 수 있다. 조직생활의 모든 차원에서 온전성을 이루기 위해서는 호기심, 안전감, 적절한 경계의 인식이 필요하다.

변화를 촉진시키기 위한 방법으로 이 세 가지 전략이 각각 이용될 수 있기는 하지만 대화의 요소로 사용될 때 가장 효과적이다. 대화는 변화를 위한 전략 그 이상이다. 이는 대화참여자들이 그들 자신과 공동체를 새롭게 이해하도록 할 수 있는 생활의 한 양식이다. 어느 정도는 대화의 역동성으로 인해 서로 말하는 방식을 전환하기 위한 여지를 만들면서 변화를 위한 전략에 힘을 더해 준다. 커뮤니케이션 유형을 변화시킬 수 있는 대화능력을 이해하기 위해서는 먼저 대화의 특성을 알아야 할 필요가 있다.

대화과정의 특성

대화의 독특한 특성은 담화를 통해 나타나는 관계의 특성에 있다. 아이작(William Isaacs)은 대화에 대한 책을 통해 그리스어로 'dia-logic' 에서 'logos' 의 의미는 영어로 '관계' 로 해석된다고까지 말하고 있다.[13] 사실 대화적 관계는 대화의 첫 번째 특성일 뿐만 아니라 나머지 모든 특성의 전

13) William Isaacs, *Dialogue and the Art of Thinking Together* (New York: Currency, 1999), p. 19.

제조건이다. 유대교 신학자인 부버(Martin Buber)는 다른 사람들보다 훨씬 더 대화적 관계의 중요성에 대해 잘 파악했었는데, 그는 이를 '사이(between)' 영역이라 지칭했다.

인간에 대한 근본적인 사실은 인간이 개인 그 자체로만 존재하는 것도 아니고 총체적 존재도 아니라는 사실이다. 그 자체만을 고려한다면 각각은 대단히 추상적…… 인간세계를 독특하게 특징짓는 것은 무엇인가가 한 존재와 다른 것 간에 어떤 것이 있다는 것이다. 나는 이를 여전히 개념적으로 잘 이해하지 못하지만 인간존재를 인간이 되게 하는 '사이' 영역이라 지칭한다. 다른 정도에서 이해되는 사고하는 존재, 그것이 인간 실재의 근본적인 범주이다.[14]

'사이' 는 개인들이 서로를 향하고 서로의 존재를 인정할 때 생긴다. 부버에게 있어 그것은 인간존재의 신비를 갖고 있다. 나는 이것이 코스모폴리탄 커뮤니케이션에서 누군가 말할 수 있는 것 '이상(more)' 으로 설명되었던 신비에 대한 피어스의 이해와 비슷하다고 생각한다.

부버는 인간존재에서의 이러한 관계적 측면을 연구하여 '나와 너(I-Thou)' 관계라고 불렀다.[15] 그는 대명사를 항상 한 쌍으로 여겼다. "나와 너의 나, 나와 그것의 나처럼 나는 그 자체로서만 쓰이지 않는다."[16] 즉

---

14) Buber, *Between Man and Man*, pp. 240~1.

15) Martin Buber, *I and Thou*, trans. R. Gregor-Smith (New York: Charles Scribner' s Sons, 1958.

16) 상게서, p. 4.

'나' 는 항상 관계의 한 부분이다. 만약 '나와 그것' 에 관련이 되면 다른 것은 무언가가 되며 '나' 는 한 개인이 된다. 만약 내가 '나와 너 '에 관련되면 나는 다른 사람에 관계된 사람이 된다.[17)]

대화 관계는 관련된 사람들이 서로를 향하고 서로를 특정한 사람, 즉 '당신' 으로 인정하고 서로에게 반응할 때 생겨난다. '당신' 은 호칭대명사이다. '나' 를 고립시키고 다른 사람들을 '그' 나 '그녀' 로 간주하는 대신에 대화과정을 통해 대화참여자들은 서로의 호칭에 대답하게 되면서 서로의 '당신' 이 된다.

부버는 '사이' 에 대한 인식을 이미 대화의 한 형식인 것으로 여겼다. 왜냐하면 다른 사람을 한 사람이 되게 하기 때문이다. 대화는 사이에 참여함으로써 진행되어 간다. 어떻게 우리가 그러한 대화 실천에 참여하는가는 무엇이 가능한지에 대한 기대에 의해 결정되며 무엇이 가능한지는 얼마나 대화가 변화와 부흥을 위해 인간의 자원들과 잘 연결되고 표현되는지에 달려 있다. 대화가 어떤 정해진 방법에 따라 이뤄지는 것은 아니지만 일반적인 특성은 갖고 있다. 다음 특성들은 대화의 가능성들을 설명하는 것이다.

- 다른 사람들을 다르게 보는 것
- 질문하기
- 다른 자원을 인정하는 것
- 알려지지 않은 것을 탐구하기

---

17) 상게서, p. 62.

• 사고의 발전
• 자기이해의 획득

이러한 여러 특성들이 모두 서로 밀접하게 관련되어 있지만 아마도 가장 중요한 것은 다른 사람들을 다르게 볼 가능성이다.

타인을 다르게 보는 것 | 다른 사람을 우리와 같고, 같은 배경을 가졌고, 동일한 가치를 공유한다고 가정하는 한 우리는 마치 우리가 우리 같은 누군가에게 말하는 것처럼 그들에게 말한다. 사실상 우리는 결국 우리 자신에게 말하는 것이 된다. 이는 단일문화 커뮤니케이터들의 상태이다. 호기심 역시 대화에 속한다. 사실 대화는 우리가 서로를 특정한 사람으로서 간주하길 요구한다. 부버는 다음과 같이 얘기하고 있다.

참된 대화를 하기 위해 중요한 것은 서로가 상대를 바로 그 사람이라고 여기는 것이다. 나는 그를 인식하게 되고 그가 다르다는 것을 깨닫게 되고 그에게는 분명히 독특한 방식에서 본질적으로 나 자신과 다르다는 것을 깨닫게 되며 나는 그를 받아들이며 내가 얘기하고 있는 그를 그의 존재 그 자체로서 진실하게 대한다.[18]

타자를 인식하기 위해서는 그 사람에 대한 특정한 이미지를 갖게 되는 것보다는 그 사람으로부터 나와는 구분되는 분명한 말을 듣는 것이 필요하

---

18) Martin Buber, *On Intersubjectivity and Cultural Creativity*, ed. S. N. Eisenstadt (Chicago and London: University of Chicago Press, 1992), p. 73.

다. 그러기 위해 중요한 것은 올바른 질문을 하는 것이다.

질문하기 | 모든 질문이 같지 않다. 어떤 때는 판단을 위한 질문을 하고 또 어떤 때는 조사를 위한 질문을 한다. 우리가 판단을 위한 질문을 할 때는 이미 답을 알고 있으며 다른 사람들도 같은 생각인지를 알고자 하는 것이다. 아버지가 자녀에게 가게로 가는 길을 물을 때는 자녀가 알고 있는지를 확인하고 싶어하는 것이다. 그리고 매니저가 자신의 팀구성원들에게 회사의 사명에 관하여 질문할 때는 자신의 비전을 팀원들이 공유하고 있는지를 알고 싶기 때문이다. 이런 질문들은 분명 타당하지만 대화를 하게 하지는 않는다. 조사를 위한 질문은 다르다. 조사를 위한 질문은 답을 알지 못해서 하는 것이다. 조사를 위한 질문은 대화를 활성화시킨다. 판단에 의해서가 아니라 들음으로써 가능하다. 다른 사람들이 하는 말을 다르게 들음으로써 전에는 듣지 못했던 것을 들을 수 있다.

다른 자원의 인정 | 사람들이 서로 듣기 시작하면 그 자신이 갖지 못한 경험, 재능, 기능, 열망 등에 대해 듣게 된다. 대화를 통해 서로의 자원을 인정하기 시작할 때 자민족 중심주의 커뮤니케이터의 반응에서 형성된 결핍의 신화가 사라지기 시작한다. 모든 사람들이 모든 것을 알기 때문이 아니라 모든 것을 아는 사람이 없기 때문이다. 예를 들어서 젊은 남자직원과 나이 많은 여자직원 간의 대화에서 다음과 같은 진술문을 예상해 볼 수 있다.

- 그녀는 남성 주도적 직장에서 여성으로 지내는 것이 무엇인지를 알고, 나는 그렇지 않다.

- 그는 1970년대에 성장하는 것이 무엇인지를 알고, 나는 그렇지 않다.
- 그녀는 경리부 20명의 직원들을 관리하는 것이 무엇인지를 알고, 나는 그렇지 않다.
- 그녀는 해고되는 것이 무엇인지를 알고, 나는 그렇지 않다.

한 쪽이 알지 못한다는 것을 인정하는 것이 과소평가되어서는 안 된다. 이는 대화에 있어 가장 중요한 점이다. 모르는 입장이 되어 봐야 진짜 질문을 명확하게 말할 준비가 되며 상대가 말해야만 하는 것을 들을 준비가 된다. 이러한 다른 사람들과의 관계유형으로 변화해보는 것은 사람들 간의 경계를 무시하는 경향을 가진 근대적 커뮤니케이터들의 경세문제를 설명할 수 있다. 차이를 인정힘으로써 인간관계의 신비를 차례로 드러내는 타자의 구체성(concreteness)을 존중하게 된다. 다른 사람의 자원을 인정한다고 해서 내가 가진 가치가 저하되는 것은 아니다. 전혀 그렇지 않다. 자원의 부족 대신에 예전엔 알지 못했던 풍부한 무엇을 발견한다. 대화를 통해 아는 것을 공유할 뿐만 아니라 알려지지 않은 것 또한 공유할 수 있다.

알려지지 않은 것에 대한 탐구 | 대화는 서로로부터뿐만 아니라 어떤 주제나 사물에 관해 더 많이 배우려고 하는 것이다. 질문하기와 다른 사람을 인정하는 것 또한 사물의 의미를 발견하는 데 적합하다. 대화에 관련된 사람들 간에 서로 차이점들을 인정하면 전에는 듣지 못했던 새로운 지식을 창출하게 할 수 있는 것을 듣는 진정한 경청자가 될 수 있다. 대화에 있어 핵심적인 사항은 사고의 진개(the development of thought)이다.

사고의 전개 | 대화를 하게 하는 사고의 유형은 이미 생각했던 것에 의해 제한되는 것이 아니라 오히려 생각해 본 적이 없는 것을 하는 것이다. 피어스의 개념, 현재 그 '이상' 으로서의 신비개념을 기억하는가? 피어스는 신비를 '정해진 답이 없는 세계' 를 깨닫는 것이라고 정의 내렸다.[19] 항상 하나의 특정한 개념이나 상황적 자원들, 이슈를 보는 방식, 이슈에 대하여 말하는 방식들 이상의 것이 있다. 이는 이슈에 대해 이해하기 위해 공동의 노력을 하려는 대화자들에게 주어진다. 대화과정은 우리로 하여금 '시사하는 바가 많은' 것에 반응하게 한다. 이러한 움직임은 우리를 전에는 생각해 보지 않았던 것을 생각할 수 있게 하는 사고의 낯선 영역으로 끌고 간다. 이러한 과정에서 사물에 대해서 뿐만 아니라 우리 자신에 대해서 더 많이 배우게 된다.

자기이해 획득 | 마지막 대화과정의 요소는 대화과정에서 반영되는 우리 자신을 보는 것이다. 이를 통해 우리 자신에 관해 더욱 잘 이해하기 시작한다. 가장 중요한 것은 어쩌면 우리가 공동 창작한 커뮤니케이션에서 스스로를 본다는 사실일 것이다. 가다마가 썼듯이 "대화를 통해 파트너를 이해한다는 것은 전체 자기표현에 관한 문제와 자신의 견해를 성공적으로 주장한 것뿐만 아니라 교감으로의 변형, 과거의 우리로 남아 있지 않는 교감을 나누게 된다는 것이다."[20] 친교의 형성으로 차이를 받아들이고 새로운 조화를 이룰 수 있는 코스모폴리탄 커뮤니케이션 문화로 향할 수 있다.

---

19) Pearce, *Communication*, p. 84.

20) Gadamer, *Truth and Method*, p. 341.

이러한 특성은 직장에서가 아닌 학문이나 종교적인 상황에서만 가능할 듯하다. 직장에서 이런 커뮤니케이션을 기대할 수 있을까? 이러한 실천 없이 기업 온전성의 개발을 상상할 수 있을까? 그게 진짜문제이다. 만약 기업 온전성을 향상시키고자 한다면, 그리고 온전성의 가장 중요한 측면이 다름과 불일치에 대한 문화적 개방성이라면 어떻게 직장에서 대화를 하지 않을 수 있을까? 이는 대화를 하기 전에 직장환경에 관심을 갖지 않았거나 또는 변화될 필요가 있는지를 검토하지 않고 대화에 들어갈 수 있다는 것을 의미하지는 않는다. 특히 현대기술이 어떻게 수많은 일터를 지배했는지에 대해 생각해 볼 때 우리는 단순히 모든 사람이 의미 있는 대화를 할 준비가 되어 있다고는 가정할 수 없다. 직장에서 대화가 어떻게 가능할 것인가를 이해하기 위해 직장의 세계와 여러 다른 커뮤니케이션 문화와의 관계를 검토할 필요가 있다.

직업의 세계와 커뮤니케이션 문화

물론 시인의 세계부터 군인들의 세계까지 여러 가지 다른 직업의 세계가 있다. 근무 중에 대화에 참여하고 싶어하는 많은 사람들을 방해하는 직업

21) Martin Heidegger, *Discourse on Thinking,* trans. J. Anderson and E. H. Freund (New York: Harper and Row, 1966).

22) Andrew Feenberg, *Questioning Technology* (London and New York: Routledge, 1999).

의 세계는 '계산적인 사고'[21]나 '과학기술의 합리성'[22]에 의해 지배되는 세계이다. 이는 가장 능률적이거나 가능한 한 효과적인 방식으로 사물을 통제하려는 것을 목적으로 하는 대화를 나타낸다. 그러한 대화는 조립 라인이나 프로그램화된 학습 같은 기법이나 방식에 지배되는 세계를 구성한다. 기술은 상상의 계획을 실현시키기 위해서 뿐만 아니라 능률과 효과를 향상시키기 위해 사용된다. 더 나은 신제품을 생산하기 위해 지속되는 세계이다.

피어스의 네 가지 커뮤니케이션 유형에서 이러한 기술의 세계에 가장 잘 맞는 유형은 근대주의 문화이다. 근대문화는 새로운 것을 더 좋은 것으로 간주하며 실용적인 미래관을 가진 것으로 정의되었음을 기억해라. 역사적으로 이러한 문화는 근대사회와 기술의 발전과 함께 발전했다. 새로운 장치나 공정이, 특히 능률을 향상시킨다면 예전에 해 오던 방식을 대체했었다. 기술의 발전, 진보에 대한 믿음, 능률의 가치, 자본주의는 근대주의와 상호조화된 양상으로 경험되었다.

때때로 근대주의는 비즈니스의 특성과 근대경제를 구분하는 것으로 여겨져 왔다. 이것은 특히 효율성의 기술적 가치로 여겨져 왔다. 예를 들어 프레드릭(William C. Frederick)은 비즈니스를 능률의 가치나 그가 지칭한 '경제적 사용의 가치' 라는 말로 특성화했다.[23] 그는 경제적 사용이란 근본적인 진화과정이며 비즈니스는 경제적으로 사용하기 위해 존재한다고 주

23) William C. Frederick, *Values, Nature, and Culture in the American Corporation* (New York: Oxford University Press, 1995), p. 9. Muel Kaptein and Johan Wemper, *The Balanced Company*, 이 또한 효율성을 기업의 존재이유로 본다.

장한다. 비즈니스에 능률이 중요하다 하더라도 비즈니스와 시장경제를 기술적 능률성과 동등하게 다루면 경험상의 증거를 추상적인 이론으로 대체하기 쉽다. 오늘날 경제는 효율적이지 않다는 것이 사실이다. 예를 들어서 5000 파운드의 SUV(Sports Utility Vehicle)를 180파운드의 사람을 수송하기 위해 사용하는 것의 능률성은 어떠한가? 자연을 100% 능률성으로 간주하고 비교할 때 미국 경제는 6%의 능률성을 갖는 것으로 추정되었다.[24] 이에 관해서는 제6장에서 더 상세히 알아볼 것이다. 비즈니스를 효율성과 동일시하는 시각에서 간과하고 있는 것은 군대, 공중위생 체계, 대학연구기관 같은 조직들은 비즈니스 외에서도 기술적인 혁신과 효율성을 갖는다는 사실이다. 주정부의 재정보조를 받는 고등교육기관에서 기술혁신이 일어나고 이는 나중에 시장을 통해 유통된다. 비즈니스나 경제를 기술혁신을 위한 유일한 '엔진'으로 여기는 것은 단순히 역사적 기록을 무시하는 것이다. 마지막으로 세 번째 중요한 사실은, 많은 비즈니스 상의 커뮤니케이션 유형을 살펴보면 근대주의적 커뮤니케이션 문화의 특성인 효율성과 혁신의 가치를 전제로 하고 있더라도 근본적인 기업문화가 종종 근대주의가 아닌 단일문화, 심지어 자문화 중심적인 특성을 보인다는 사실이다. 적어도 미국에서는 근로자와 관리자 간의 관계는 관리자가 정당한 이유없이 고용인을 해고할 권리를 갖는 주종관계를 바탕으로 한다. 그러나 근대주의 문화는 평등과 인간개인의 권리에 보다 더 기본을 둔다. 때때로 기업문화는 자문화 중심적인데 특히 경쟁자에 대해서 그러하다. 이러한 기술의 세계와

24) Paul Hawken, Amory Lovins, and Hunter L. Lovins, *Natural Capitalism: Creating the Next Industrial Revolution* (Boston: Little Brown and Company, 1999), p. 14.

기업문화 간의 차이는 조직 내에 일관성이 부족할 뿐만 아니라 차이를 만들어 낼 수 있는 구분을 나타낸다. 만약 기술의 세계가 다른 기업문화에 존재할 수 있다면 과학기술세계를 위한 문화로서 코스모폴리탄 커뮤니케이션 문화와 대화를 위한 조건을 개발 할 수 있게 된다.

달리 말하자면 기술의 세계는 문화 내에 내재되어 있을지라도 문화 외의 무엇인가를 지칭하는 것으로 볼 수 있다. 구분하는 한 가지 방법은 '세계'라는 용어를 사용하는 것인데 세계는 장치, 도구, 방법, 전략을 포함한다. 여기에서 문화는 '세계'를 해석할 때 주어지는 전제조건이 되는 가정이나 믿음을 지칭할 수 있다. 직장을 잃고 집이 불탔고 누군가가 당신 차에 뛰어들었다고 가정해 보자. 당신의 '세계'가 무너져 내리고 있다고 말해도 된다. 반면에 당신의 문화는 그대로 있거나 최소한 그럴 수 있다. 당신은 이러한 사건들을 과거행위에 대한 벌이나 다만 불운 때문이라고 해석할 수 있다. 세계와 문화가 서로 얽혀 있지 않다는 것을 의미하는 것이 아니라 동일하지 않다는 것을 의미한다. 근대주의 문화에서는 그러한 구분없이 근대기술을 위한 환경만을 남겨두었다. 그런 구분을 하는 다른 문화들은 그런 환경을 제공할 수 있다. 기술의 세계를 근대문화와 분리함으로써 근대문화가 간과하는 사회적 환경적 경계를 강조하는 문화를 창조할 수 있다. 이를 위해서는 기술의 세계와 문화적 다원성 간의 관계를 탐구하는 대화가 필요하다.

기술의 세계와 문화적 다원주의

여러 가지 점에서 우리는 이미 기술의 세계에서 문화적 다원성을 경험하고 있다. 항공여행의 세계인 국제공항 대합실에 앉아 있는 몇 분 동안을 상상해 보라. 거기 앉아 있으면서 이 '세계'에 참여하고 있는 다양한 문화를 가진 사람들을 관찰할 수 있다. 예를 들어 불교의 승려와 세속의 컴퓨터 프로그래머가 비행기를 기다리면서 나란히 앉아 있을지도 모른다. 그 둘은 '비행기여행의 세계'에 있지만 매우 다른 문화에 속해 있을 수 있다. 항공여행의 세계가 전통문화에서가 아니라 근대문화에서 발전했음에도 불구하고 전통문화에 속한 사람은 그들의 문화를 버리지 않고 비행여행의 세계에 참여한다.

세계와 문화의 관계는 사실상 매우 복잡하다. 근대기술세계에는 일을 하는 방식뿐만 아니라 일에 대해서 생각하는 방식이 있다. 기술통제의 비법을 알아차리기는 쉽지만 불필요하다. 핀버그(Feenberg) 등이 주장했듯이 기술의 발전은 항상 사회역사에 속하며 역사를 인식하게 됨으로써 역사에서와 같지 않을 때는 오늘날 다른 선택을 할 수 있다.[25] 스칼브(Richard Sclove)는 기술과 민주주의 간의 관계라는 측면에서 유사한 지적을 했다. 기술발전이 비민주적 구조를 가져왔다고 주장하는 기술비판가들에게 동의하기는 해도 이것이 부득이하다고 믿지는 않는다. 그는 기술이 민주제도

25) Feenberg, *Questioning Technology*, p. 83.

26) Richard Sclove, *Democracy and Technology* (New York and London: The Guilford Press, 1995).

에 맞춰질 수 있다고 믿는다.[26] 문제는 기술의 시대라기보다는 인간의 시대인 우리 시대를 만들기 위한 자원을 계속 공급하는 커뮤니케이션 문화를 유지할 수 있는가 하는 것이다.

오늘날 우리가 직면하고 있는 선택사항들 중 하나의 좋은 예는 시간경험에 대한 근대기술의 영향에 어떻게 대응하는가 하는 것이다.[27] 전통문화에서는 서두르지 않고 일했다. 예를 들어, 네 시간 동안 가족식사시간을 가질 수도 있었다. 근대기술의 세계에서 운전은 시간을 없애는 것이다. 시간이 덜 걸리는 것이 좋은 것이다. 만약 빨리 쉽게 뭔가를 할 수 있다면 완벽한 것이 된다. 가족식사 대신에 패스트푸드 음식을 사러 가는 것은 어떠한가? 기술적인 시각에서는 먹는 목적이란 필요로 하는 영양분을 섭취하는 것이며 섭취하는 데 걸리는 시간이 적을수록 좋은 것이다. 패스트푸드는 능률적이며 효과적이다. 임무를 수행한 것이다. 가족들 간의 저녁식사시간에는 서로 다른 의견들을 주고 받으며 음식과 잡담을 나눈다. 영양분을 얻기도 하지만 식사시간의 의미는 능률이 아니라 함께하는 시간이 얼마나 좋은가에 있다.

가족이 정기적으로 패스트푸드를 먹으면서 전통적인 식사에서처럼 계속 시간을 공유할 수 있을까? 아니면 패스트푸드점이 그들로부터 전통적인 방식을 자동적으로 지워버리게 할까? 꼭 그런 것은 아니다. 한 예로서 유럽에서 일어난, 함께 식사를 즐기는 데 걸리는 시간을 회복하려는 '슬로푸드'

---

27) Lorenzo Simpson, *Technology, Time and the Conversations of Modernity* (New York: Routledge, 1995).

28) 참조 사이트 www.slowfood.com.eng.

운동을 들 수 있다. 이탈리아의 브라(Bra)에 본부를 두고 있는 슬로푸드 운동 회원은 6만 명이 넘는다. 회원들은 잘 먹는 즐거움뿐만 아니라 환경과 관련된 이슈들에도 관심을 가져왔다.[28] 또한 이탈리아 사람들은 슬로 타운 운동도 시작했는데 이는 기술세계에서 인간의 시간회복을 목표로 한다.[29] 이러한 운동과 그 외 유사한 시도들은 사람들이 함께 살아가는 여러 가지 방식들과 함께 시간을 구성하는 여러 가지 방식에 대해 깨달을 수 있다는 것을 보여 준다.[30] 달리 말하자면 현대직업의 세계는 날씨와는 다르다. 창조할 수 있기 때문에 창조한 것에 관해 뭔가를 할 수 있다. 문화와 세계 간의 차이점을 인식함으로써 함께 발전시켜 나가고자 하는 삶의 유형이 무엇인지에 관해 서로 평가할 수 있는 능력을 향상시킬 수 있다.

거리를 두고 바라보면 현대기술과 전통문화의 묘한 혼합을 상기해낼 수 있다. 예를 들어서 종교근본주의자들은 수사학상의 뚜렷한 충돌을 경험하지 않고 수백만 명의 추종자들을 움직이기 위해 최신정보기술을 이용한다. 비즈니스에서도 이와 유사한 불일치를 볼 수 있다. 비즈니스는 미래를 전망하기 위해 기술적 재정적 언어를 사용하지만 고용인과 피고용인의 관계를 구성하기 위해서는 전통적인 어휘들을 사용한다. 대인관계에 관한 다음 장에서는 그러한 불일치에 관하여 설명할 것이다. 기업문화와 기술세계 간의 구분이 차이점과 불일치에 대응할 능력을 향상시키고 대화할 기회를 만

29) 참조 사이트 www.matogmer.no/slow_cities_citta-slow.

30) 미국에서 일어난 단순한 삶 운동은 사람들이 근대주의에 대한 대안을 찾는 또 하나의 예이다. Lisa H. Newton, *Ethics and Sustainability: Sustainable Development and the Moral Life* (Upper Saddle River, NJ: Prentice Hall, 2003) 참조.

들어 냄으로써 기업의 온전성을 향상시키기 위한 장을 제공하고 있다.

대화를 통한 문화적 온전성 디자인

기술철학자인 심슨(Lorenzo Simpson)은 다음과 같은 질문을 던졌다. "우리의 기술적 합리성에 대한 헌신과 그리고 우리 자신에 대해 말할 수 있는 방식, 우리 자신에 대해 얘기할 수 있는 이야기의 종류, 요약해서 말하면 인간의 대화형태와 관련된 제반사항들과의 관계는 무엇인가?"[31] 그 대답은 "직장에서 다름과 불일치에 대해 열린 자세로 온전성의 의미를 탐구하는 대화적 실천을 바탕으로 한 대화를 나눌 수 있다"는 것이다. 이러한 대화는 현대기술에서 분리될 필요는 없지만 기술의 이용에 관해 말하는 대화틀을 준비할 필요는 있다.

최소한 오늘날 기업을 구성하는 여러 다른 목소리들과 불일치들에 대응할 수 있는 코스모폴리탄 커뮤니케이션 문화에 생각없이 기술적 경향을 지지하는 근대주의적 커뮤니케이션 유형을 벗어날 필요는 있다. 세 가지 구성 요소의 결합, 즉 새로움에 대한 근대문화의 믿음, 효율성을 추구하는 기술, 다른 무엇보다도 수익 극대화를 강조하는 자본주의의 결합으로 강한 이데올로기가 형성되었다. 극복할 수 없는 것은 아니라고 해도 만만치는

31) Simpson, *Technology, Time*, p. 3.

않다. 물론 이데올로기의 주요 약점은 온전성이 부족하다는 것이다. 그것은 다만 전체의 한 부분을 보기만 할 뿐 이 부분을(역학관계) 전체로 받아들인다. 근대주의와 마찬가지로 적절한 경계를 깨닫지 못한다. 그런 까닭에 근대주의를 넘어 코스모폴리탄적 커뮤니케이션으로의 활동을 장려할 수 있는 리더가 필요하다.

기업이 문화적 수준에서 온전성을 갖기 위해서는 차이와 불일치에 대해 열려있는 대화를 설계할 필요가 있다. 기술의 세계가 그런 문화를 육성하지 못할 수 있지만 근대기술이 열린 문화를 불가능하게 만드는 것도 아니다. 만약 호기심의 부족, 결핍에 대한 두려움, 경계의 부재와 같은 개방성에 대한 장애를 이해하고 이를 극복할 수 있는 능력을 갖춘다면 가능하다. 장애 극복을 위한 능력은 각 개개인에게 있다기보다는 협력자들과의 대화과정에 있다. 대화를 통해 사람들은 변화를 필요로 하는 커뮤니케이션 유형을 알아챌 수 있으며 코스모폴리탄 문화를 만드는 포괄적이고 개방된 대화유형을 경험할 수 있다.

경제적 시각이나 재정적 시각에서는 그런 문화를 창출하려는 노력이 가치 없어 보일 수도 있다. 그러한 노력은 생산성과 수익성 외의 것을 중요시 한다는 것을 의미하기 때문이다. 물론 많은 사람들은 기업이 관심의 범위를 확대하는 것이 수익성에 긍정적인 영향을 끼칠 수도 있으며 많은 경우 그것이 사실이라고 주장할 것이다. 그러나 여기서 강조하고 싶은 것은 문화적 개방성에 관한 경영사례를 만드는 것이 아니고 시민적 관점에서의 사례이다. 시민들은 사회제도 내에서 일할 뿐만 아니라 사회제도에 영향을 받기 때문에 어떻게 사회 조직이 다름과 불일치를 다루는가에 관심을 가져야만 한다.

긴 안목으로 보면 코스모폴리탄 커뮤니케이션 문화만이 민주주의 제도와 실천들을 지지한다는 것을 알 수 있다. 시민들은 기업 내에서 자신들의 시민권을 방치해서는 안 된다. 시민들은 기업의 내 외부에서 무시, 두려움, 부주의한 기업운영을 참을 필요가 없다.

기업에게 있어서 온전성 문제는 예, 아니오로 단순하게 답을 내릴 수 있는 것이 아니다. 적당한 답은 어느 정도 찾을 수 있다. 기업의 온전성은 항상 창조되는 과정에 있다. 피어스의 코스모폴리탄 커뮤니케이션 개념은 기업문화의 온정성에 대한 비전을 제시해 준다. 피어스가 제시한 커뮤니케이션 온전성을 향상시키기 위한 문화적 틀과 전략들은 기업의 대인간, 조직적 · 시민적 · 본질적 차원에서의 온전성에 관한 문제에 대처하는 데 있어서 유용한 도구이다.

이론에서 실행으로

복습을 위한 질문들 |

1. 피어스의 네 가지 커뮤니케이션 문화유형의 주요한 차이점은 무엇인가?
2. 직장, 가족, 이웃과의 통합, 조화, 신비를 이루게 하는 것은 무엇인가?
3. 사람들을 동일하게 그리고 다르게 여기는 이유는 무엇인가?
4. 당신이 구성원으로 속해 있는 집단에서는 주로 어떤 부분에서 불일치가 일어나는가?
5. 일의 세계와 문화유산 간의 관계를 어떻게 해석하는가? 그리고 다른

유산은?

6. 대화에 참여할 때 경험했던 장애들은 무엇이 있는가? 그것을 어떻게 극복했는가?

별첨의 워크시트를 위한 활용 방안 | 소속된 곳의 커뮤니케이션 문화를 검토하기 위해 워크시트 #4를 이용하여 첫째 커뮤니케이션 파트너를 기입하고 피어스의 시간논리를 통해 대화를 평가할 수 있다. 워크시트에 기입한 후 왜 유형이 다른지, 그리고 어떻게 하면 코스모폴리탄이 될 수 있는지에 대해 서로 대화를 나눌 수 있다.

워크시트 #5는 당신과 당신 조직의 구성원들이 대화에 참여하는 개인의 능력을 평가하는 것이다. 대부분의 사람들이 발견하는 것은 다른 사람들과 다른 경험을 갖는다는 것이다. 마치고 나면 이 워크시크에서 가장 낮은 점수를 받은 사람이 누구인지를 상상할 수 있다. 가장 높은 점수를 받은 사람도 있을 것이다. 각각의 다른 숫자들은 개개인의 능력을 반영하는 것이 아니라 커뮤니케이션 유형을 반영한다. 각각의 유형에서 개개인의 능력에 더 가깝게 커뮤니케이션을 실행하기 위해서는 어떻게 해야 하는지 생각해 볼 수 있다.

마지막으로 제3장을 읽기 전에 워크시트 #6에서 각 칸에 여러 다양한 관계에 대한 이미지를 그려 넣을 수 있다. 단어를 이용하지 말고 이미지를 그려야 한다.

3 관계를 중시하는 대인간 온전성

앞장에서는 커뮤니케이션 유형을 검토하고 변화시키는 방식을 제시했으며 다름과 불일치에 대한 열림과 공유를 향한 문화적 온전성의 의미를 고찰했다. 이 장에서는 두 가지의 관련된 기능, 관계에 초점을 맞추고 있는 이 책의 취지를 알리고 동시에 관계된 전체로서의 구성원 문제를 검토하고자 한다.

상황적 커뮤니케이션 모델에 의하면 직원들 간의 관계, 그리고 직원과 고용주 간의 관계는 다양한 언어적 · 비언어적 커뮤니케이션 유형을 통해 구성된다. 이 유형들은 건강보험과 연금, 고용보장, 정당한 법절차, 산업안전, 공정한 임금, 인종차별, 성별의 차이, 고용기회의 균등, 업무와 가정생활의 균형, 사생활, 모니터링, 정직, 신뢰, 이해의 상충, 종업원의 경영참여 등 직장의 질에 영향을 주는 여러 가지 이슈들을 다루거나 피하게 되는 상황을 보여 준다. 이러한 이슈들에 대한 대화는 회사의 사명(mission)신인과 윤리 규정에 포함된 다수의 윤리적 원리와 정의규범에 의존하여 이루어진다. 이러한 이슈들에 대한 반응이 윤리적 원리들을 대화에 적용할 수 있는 경우도 있다. 어떤 것이 윤리적으로 적절하게 간주되는지, 어떤 윤리적 분석이 실제로 행해지는지는 특정한 상황에서 논의될 것으로 기대되는 것과 논의의 한계를 갖게 하는 커뮤니케이션 유형에 달려 있다. 예를 들어 정당한 법절차에 대한 대화는 종속관계 이미지를 가진 업무에서는 일어나지 않는다. 그러한 대화는 적어도 시민권을 가진 존재로서의 노동자개념이 있어야 가능하다. 대부분의 다른 직원과, 고용주 이슈들에서도 마찬가지다. 달리 말하자면 질문의 유형과 윤리적 영향력을 가지는 자원의 유형은 넓게는 업무관계에 대한 이해에 따라 다르게 나타난다.

현재 업무관계는 주종관계("나는 주인이고 너는 내가 말하는 대로 한다")에서부터 파트너십 관계("우리가 여기서 할 수 있는 것을 결정하자")까지 아주 다양하다. 이들 관계 중 일부는 기업 온전성의 두 번째 차원인 관계된 전체로서의 구성원에 가깝기 때문에 직원과 고용주 간의 관계문제를 설명하는 데 적절하다. 여기서는 이를 밝히는 것을 목적으로 한다.

상황적 커뮤니케이션 모델에서는 고립된 개인의 이미지에 대한 조사에서 시작해서 그 다음에 그 이미지를 적용할 관계유형이 무엇인지를 탐구하는 대신, 인간관계에 대한 조사부터 먼저 한다. 달리 말하자면, 직원을 전체적으로 살펴보기 위해서는 개인이 그 정체성을 갖게 되는 관계부터 파악하고 그 다음에 이 관계의 핵심의미를 직장에서의 관계에 대한 이해를 하는 데 사용한다. 각 개인들은 의미가 다를 수도 있는 갖가지의 업무 외적인 관계를 갖고 있는데 대부분의 경우, 기본적인 두 가지는 가족관계와 시민관계이다. 따라서 구성원 차원의 온전성에 대한 탐구에서는 업무관계의 온전성을 이해하기 위해 가족관계와 시민관계를 탐구하고자 한다. 그 전에 '관계이미지'의 의미를 이해할 필요가 있다.

관계의 이미지

직장에서나 다른 곳에서의 관계를 검토하는 방법에 대해 궁금할 것이다. 무엇보다도 관계를 본 사람이 있는가? 오직 개인들 그리고 그 개인들의 행동과 반응만이 직접적으로 관찰될 수 있을 뿐이다. 나는 가끔 만약 관계만 눈에 보이고 개인들이 보이지 않는다면 세상이 어떻게 달라질지 궁금하다. 적어도 상황적 커뮤니케이션 모델을 통해서는 이해할 수 있다. 실제로는 관찰이 아니라 관계에 대한 이해에 달려 있는데, 관계는 다양한 인간의 상호작용에 의미를 주는 이미지나 정신적인 모델에 따라 다르다. 길리간(Carol Gilligan)은 관계의 이미지에 대한 연구를 통해 이 이론을 확인해 주고 있다.

관계의 이미지에 대한 길리간의 연구 | '관계의 이미지'는 길리간의 저서 『다른 목소리(*In a Different Voice*)』 제2장에 나온 문구이다.[1] 여기서는 아내에게 약이 필요하나 가진 돈은 없고 너무나 중요한 그 약을 훔칠지 말지에 대한 윤리적인 갈등상황에서 6학년 남녀학생들이 나타내는 반응에 대해 살펴보고 있다. 소년들은 절도가 나쁘기는 하지만 누군가를 죽게 내버려 두는 것이 더 나쁘기 때문에 남편 하인츠가 약을 훔쳐야 한다고 생각했다. 길리간은 소년들이 남편과 약사의 관계이미지를 투쟁 관계로 해석한다고 보았다. 그들은 이 갈등상황을 도둑질을 해서는 안 된다와 사람을 죽게

1) Carol Gilligan, *In a Different Voice* (Cambridge, MA: Havard University Press, 1993).

쳐선 안 된다는 두 가지의 다른 윤리원칙 간의 충돌로 생각했다. 생명을 구하는 것이 남의 재산을 탐하지 않는다는 원칙보다 우위에 있기 때문에 남편이 약을 훔쳐야 한다고 보았다.

소녀들은 그들과는 달리 해석했다. 소녀들은 남편 하인츠가 훔치지 않아야 한다고 믿었다. 여학생들은 이 이슈를 개인들 간의 투쟁문제로 해석하는 대신, 약사와 하인츠의 아내 간에 강한 연결의 부재문제로 보았다. 해결책으로 제시한 것은 약사에게 사태의 중대함을 알려서 적절한 대응을 할 수 있게 하는 것이었다. 소녀들은 딜레마를 다른 원리들 간의 충돌로 보지 않고, 대응의 실패로 여겼다. 필요한 누군가가 있었는데 적절하게 대응하지 못했다는 것이다.

길리간은 이슈의 플레밍에 대한 남녀 간의 이러한 차이에 대한 연구와 그 외 여러 다른 연구들을 통해 관계와 배려를 보다 중요시하는 여성적인 윤리와 윤리적인 원칙에 보다 초점을 맞추는 남성의 윤리 간에 차이가 있다는 결론을 내렸다.[2] 길리간의 연구는 관계에 초점을 맞추고 있는 이 책의 주요한 자원인 페미니스트 윤리발전을 위한 토대가 되었다. 나는 관계의 이미지에 대한 연구를 통해 남성과 여성 모두 좋은 관계에 대하여 관심이 있음을 밝혀 왔다. 몇 년 동안 나는 학생들에게 그림 그리기를 통해 관계의 이미지를 탐구하도록 해 왔다.

관계의 이미지 그리기 | 대학원생과 성인교육과정 학생들의 수업에서 학

2) 페미니스트 윤리분석에 관해서는 Daryl Kohen, *Rethinking Feminist Ethics: Care, Trust, and Empathy* (London and New York: Routledge, 1998) 참조.

생들에게 표를 나눠주고 그들의 현실적 · 공식적 · 이상적인 가족, 시민사회, 직장관계의 이미지를 그려 채워 넣게 했다. 현실적인 이미지는 그들의 경험에서 나온 것을 말하고 공식적인 이미지는 그들의 문화에서 반영된 이미지 그리고 이상적인 이미지는 그들이 원하는 관계이미지를 일컫는다. 물론 가끔은 현실적 · 공식적 · 이상적 이미지가 동일할 때도 있다. 하지만 대부분은 그 이미지들이 꽤 다르다. 〈도표 3.1〉은 전형적인 이미지를 구분해 놓은 것이다.

	가족관계	시민사회관계	업무관계
현실 이미지	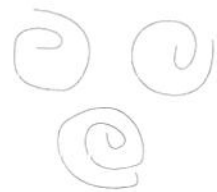		
공식적 이미지		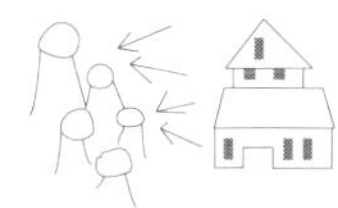	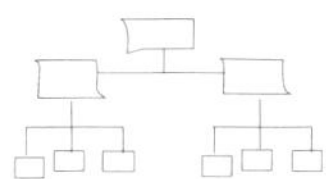
이상적 이미지			

〈도표 3.1〉 관계의 이미지

보는 바와 같이 현실에서는 구분되어 있고 불평등해 보이는 가족, 시민사회, 업무관계 이미지가 이상적 이미지로 갈수록 보다 더 연결되어 있고 평등한 이미지를 가지고 있다. 가족이미지를 살펴보면 현실이미지는 각 가족구성원이 회전하는 모습을 보여 주고 공식적인 이미지는 집과 개와 함께하는 가족을 나타낸다. 그리고 이상적인 이미지는 서로 결합된 가족구성원을 보여 준다. 시민사회에 대한 현실에서의 이미지는 어떤 보상 없이도 정부에 뭔가를 주는 시민을 나타내고 있으며 공식적인 이미지는 사람들이 정부로부터 받는 모습, 이상적인 이미지는 정부와 시민 간에 주고받는 모습으로 그리고 있다. 업무관계의 경우 현실이미지는 사람들 간의 크기를 통해 관리자와 직원 간의 상당한 차이를 나타내는 듯하다. 공식적인 이미지는 전통적인 조직차트를 보여 주며 이상적인 이미지로는 한 팀내에서 함께 일하는 사람들을 그리고 있다. 대부분의 학생들은 직장에서의 관계가 그들이 생각하는 것보다 더 강하게 결합되기를 바란다.

어떤 사람들은 직장에서의 현실이미지가 이상적 이미지로 변화하는 것이 불가능하다고 말한다. 왜냐하면 직장은 대인관계를 발전시키기 위해서가 아니라 일을 하기 위해 구성된 곳이기 때문이다. 어떤 점에서는 사실이다. 직장은 가정이나 시민사회와는 다른 세계이다. 동시에 사람들은 같은 '세상' 에서도 다른 문화적 가정에서 살며 다양한 관계이미지를 가질 수 있다는 제2장에서의 결론도 생각해 보자. 직장에서의 인간관계는 현재의 기술 수준에 의해서만 결정될 수는 없다. 커뮤니케이션 문화유형과 인간 간의 서로에 대한 해석과 기대에 영향을 끼치는 이미지나 정신적 모델이 인간관계를 결정한다.

만약 현실에서의 이미지로 상대에 대한 예상을 하게 되면 이상적인 관계로 발전할 가능성을 잃을지도 모른다. 반면에 이상적 이미지에만 집중하면 어쩌면 효과적인 변화를 창출할 기회를 잃을 지도 모른다. 우리에게 필요한 것은 어떠한 변화가 가능한지 보여 줄 수 있는 이미지뿐만 아니라 현재의 상태를 보여 줄 수 있는 이미지이다. 이를 위해 오늘날 실행되고 있는 모든 직장 내에서의 공식적인 관계이미지를 우선 검토할 것이다. 그리고 이상적인 가족과 시민 이미지를 살펴본다. 이들은 서로 관계적 전체성에 가깝게 가게 하는 이상적 이미지이기 때문에 결국 어떤 공식적 이미지가 이상적 이미지로 발전하게 할 것인지 선택하기 위해 이상적인 가족과 시민 관계이미지와 직장 이미지 관계를 연결시키고자 한다. 이를 통해 직장관계의 이미지뿐만 아니라 구성원 간의 관계가 온전성을 갖기 위해서는 직장에서의 관계가 어떻게 설계되어야 하는지에 대해 개념적으로 이해할 수 있을 것이다. 첫 번째 단계에서는 여러 다양한 직장에서의 공식적 관계이미지를 살펴볼 수 있다.

직장관계의 공식적 이미지

서유럽전통에서, 특히 미국에서는 많은 공식적인 관계이미지가 법과 상관습(商慣習)에 따라 규정되어 왔는데 주종관계 이미지, 시장 이미지, 팀 이미지, 기업가 이미지 등이 있다.

주종관계 이미지 | 오렌(Karen Orren)의 저서 『시대에 뒤떨어진 봉건제도(*Belated Feudalism*)』에서는 12세기 초기 10년간 미국 직장에서의 지배적인 이미지였던 주종관계에 대해 잘 나타내고 있다.[3] 봉건시대에 전개되었던 주종관계는 관습법에 속했고 노사관계를 판결할 때 법적 판례역할을 했

3) Karen Orren, *Belated Feudalism: Labor, the Law, and Liberal Development in the United States* (Cambridge and New York: Cambridge University Press, 1991).

다. 오렌이 지적하듯이 미국 건국으로 사람들은 삶의 많은 영역에서 자유를 누리게 되었지만 일터에서는 그렇지 못했다. "노동자들은 분리된 정치적 세계에서 살았다. 한 가지 영역은 그 자신이 선택한 공공대표에 의해 지배되는 곳이었고 또 다른 영역은 법의 모호한 판단에 따라야 하는 곳이었다."[4] 후자에는 직장에 관한 법이 포함된다. 가정에 관한 법 또한 포함되었다. 달리 말하자면 노동자들이 정치적 영역에서는 시민으로 인식되었지만 직장에서는 하인으로 여겨졌다는 것이다.

주종관계의 관습법전통에 있어서 중요한 개념은 복종개념이다. 오렌은 1877년의 논문을 인용하고 있다. "엄밀히 말하자면 하인이란 계약이나 법 시행에 의해 정해진 기간 특정한 거래나 사업, 업무에서 다른 사람의 권위나 통제를 받는 것을 조건으로 하는 사람이다."[5] 여기에는 노동자와 업무 간의 구분이 없다. 노동자는 일을 하는 상태에 있는 사람이다. 노동자는 일한다. 19세기 후반까지만 해도 만약 노동자가 일하지 않으면, 즉 직업을 갖지 않으면 그는 부랑죄로 체포될 수 있었다. 대부분의 다른 형사법과는 대조적으로 부랑죄는 사람의 행위보다는 상태에 초점을 맞췄다. 주인에 대한 하인이 된다는 것은 단순히 계약에 의해서가 아니라 정체성의 문제였다.

노동자들의 집단행동 이후 마침내 미 의회에서는 독점적인 법원의 재판권에서 노동법을 삭제했다. 오렌은 이러한 노동법의 변화로 직장뿐만 아니라 법원과 입법부 간의 관계 역시 바뀌었다고 주장한다. "오래 된 질서에 의해 관계가 확립되었던 사람들(주인과 하인, 부모와 자식, 판매인과 구매

4) 상게서, p. 92.
5) 상게서, p. 95.

자)이 법제정으로 인해 그 법에 영향을 받는 활동영역(노동법, 가족법, 상법)으로 재편성되었다."[6] 노동자에게 단체교섭을 조직화하고 참여할 수 있는 권리를 부여한 법의 통과로 노동자들은 처음으로 시민으로 여겨졌다.

오늘날 미국에는 두 가지 유형의 노동법이 있다. 하나는 마음대로 고용할 수 있게 하는 정책처럼 주종관계 이미지에 근거한 법이고 다른 하나는 인종차별 반대법과 같은 노동자의 시민권을 보호하는 법이 있다. 그러나 반세기 이상 전부터 직장에서의 시민의 권리를 인정했음에도 불구하고 직장에서의 지배적인 이미지가 되지 못했다. 대신 직장에서의 주종관계 이미지에 시장의 이미지가 더해졌다.

시장 이미지(The market image) | 12세기의 첫 10년 동안, 미국노동연합은 노동자의 권리문제는 외면하고 임금과 각종 수당에만 집중했다. 그 결과 노사 간의 관계는 교환하는 것으로 여겨지게 되었다. 노사 양측은 주어진 상황에서 가장 좋은 흥정을 하기 위해 서로의 이익을 위해 활동해야 했다. 오늘날 많은 노동자와 경영자들은 노조의 구성원이건 아니건간에 직장을 수요와 공급의 역학관계에 따라 각자의 재화를 거래하는 시장으로 이해한다. '고용시장' 에 들어감으로써 일자리를 얻는다. '좋은 직업' 은 보수가 높고 수당이 있으며 출세의 길이 열려 있는 직업이다. 마치 상품처럼 임금을 받기 위해 기술과 재능, 시간을 교환하여 노동을 판매하고 직업을 얻는다.

---

6) 상게서, p. 213.

1980년대와 1990년대의 전사적 품질관리(TQM, Total Quality Management)운동은 모든 직장 내의 관계를 고객관계로 이해하라고 경영자들을 설득함으로써 직장의 시장 이미지를 강화했다. TQM은 팀워크를 요구했는데 조직 내 · 외의 사람들을 고객으로 보는 특성을 가졌다.[7] 일터 자체가 '시장' 이 되었다.

하인이 주인에게 복종해야 하는 주종관계 이미지와는 대조적으로, 시장 이미지에서는 사람들이 자신이 가진 '상품' 을 자유롭게 서로 교환하는 것으로 묘사한다. 코헨과 브래드 포드(Allen Cohen and David Bradford)는 조직에서의 모든 업무를 사람들 간의 교환으로 간주한다. 그들에 의하면 교환 또는 '상호호혜의 법칙(Law of Reciprocity)' 이란 "다른 사람을 위해 뭔가 하는 모든 사람들은 결국 어떤 형태로든 돌려받기를 기대하는 원리" 이다.[8] 코헨과 브래드포드는 직장이란 아무것도 아닌 것을 위해 뭔가 하는 장소는 아니라고 확신했다. 반면에 직장에서의 관계는 단지 돈을 위한 일의 거래로 이해되어서는 안 된다는 주장도 있다. 상호호혜의 의미가 더욱 중요해지고 있는 것이다.

베커(Lawrence C. Becker)는 상호호혜를 의무적인 미덕으로 보았다.[9] 그에게 있어 미덕이란 특정한 방식에서 행동하는 경향이며 의무적인 미덕

---

7) Marshall Sashkin and Kenneth J. Kiser, *Putting Total Quality Management to Work* (San Francisco: Berrett-Koehler, 1993)

8) Allen Cohen and David Bradford, *Influence Without Authority* (New York: John Wiley, 1991), pp. 28~9.

9) Lawrence C. Becker, *Reciprocity* (Chicago and London: University of Chicago Press, 1986).

이란 도덕적 책무에 복종하는 경향을 말한다. 상호호혜에서 책무란 선을 선으로 갚는 것이지 악으로 갚는 것이 아님을 의미한다.

사회생활은 교환—각자의 편에서 수입과 지출을 하는 거래(transaction)로 가득 차 있다. 어떤 교환들은 경제적인 것이지만 한편으로는 상품으로 취급되고 싶지 않는 상대방에 대해 고려하는 교환도 있다(예를 들어 성관계). 기록의 사회에는 이 모든 교환에 상호호혜의 기준과 그에 따라 정해진 형식이 있는 것 같다. 선(善)은 선으로 갚는 것이지 악으로 갚을 필요는 없다.[10)]

도덕적 또는 의무적 미덕으로서의 상호호혜는 사람이 누군가의 서비스를 받으면 지불해야만 하는 것을 결정하는 그 이상이다. 이는 누군가가 가치 있는 무엇인가에 기여해 왔다는 사실을 인식하는 데서 출발하여 그에 대한 답례로 적당한 반응을 하는 것이다. 달리 말하자면 교환은 상호이익의 균형에 바탕을 둔다.[11)] 이러한 관점에서 보면 상호호혜는 베커의 생각처럼, 도덕적 행위자로서의 인간의 미덕뿐만 아니라 직장 내에서의 인간관계에서도 역시 미덕으로 여겨질 수 있다. 상황적 커뮤니케이션 시각에서 보면 개인들은 상호호혜의 관계에 참여하며 이러한 관계로 개개인의 상호호혜의 미덕을 촉진할 수 있다. 달리 말하자면 상호호혜는 공정한 교환뿐만 아니라 협력에 바탕을 두고 있다.

직장에서 상호호혜의 원리가 실행되지 않을 때는 교환의 실천으로 관계

10) 상게서, p. 81.

11) 상게서, p. 112.

를 발전시킬 수 있는 자원을 거의 갖지 못한다. 왜냐하면 사람들이 서로 분리되어 있는 우체국 커뮤니케이션 모델에서처럼 교환이 이뤄지기 때문이다. 좋은 교환을 위한 상황으로 여겨지는 협력관계는 손에 넣을 수 없게 된다. 그러나 이러한 협력관계 없는 교환으로 형성된 사회적 유대는 결국 끊어질 것이며 각자 다른 사리추구로 이해가 상충할 것이다. 식물이 자라기 위해서는 빛이 필요하지만 빛을 만들 수는 없는 것처럼 교환에는 협력이 필요하지만 협력을 만들어 낼 수는 없다. 직장관계의 시장 이미지가 갖는 문제점은 무조건적인 협력을 의미하지 않는다는 사실이다. 그러나 팀워크 관계이미지에서는 직장 내에서의 협력에 필요한 것이 충분히 드러난다.

팀워크 이미지 | 팀워크 이미지는 비전 확립, 새로운 전략개발, 문제해결을 위한 시도에 직원들을 참여하게 함으로써 협력관계를 분명하게 인정한다. 물론 와이즈보드(Marvin Weisbord)가 지적하듯이 팀워크에는 다른 많은 의미도 담겨져 있다.

팀 구축은 동료들 간의 개인적인 만남(나는 추천하지 않는 포맷)부터 미래를 위한 상호 중요한 임무를 함께 맡는 것(강하게 지지)까지 모든 것을 의미하게 되었다. 초기에는 구성원 간의 피드백의 교환을 주요한 기본원칙으로 삼았다. 나는 팀 구성원 각각이 팀이 직면한 미래를 형성하는 데 있어 중대한 이슈에 대하여 공식적인 입장을 취할 수 있도록 돕는 데 더 전념한다. 조직의 미래와 중대임무, 업무, 정치, 시스템의 설계 그리고 어떻게 이러한 임무들을 완수할 것인지에 관해 공동으로 살펴봄으로써 가장 강력한 팀 구축을 이룰 수 있다.[12)]

와이즈보드는 자신의 경험으로 미루어 보아, 팀이 구성원 개인의 발전을 장려할 수 있다 하더라도 그것이 주요한 관심이 되어서는 안 된다고 전한다. 오히려 목적달성을 위한 조직구축에 공동참여하는 것이 중요하다고 보았다. 직원 개개인은 기업활동에 전념하고 그 결과 한 사람으로서의 발전을 이루게 된다. 센지(Peter Senge)는 유능한 팀은 '학습하는 팀' 이라고 보았다.[13]

팀 이미지는 학습, 대화에의 참여, 새로운 협력전략 개발을 위한 값진 자원을 얻을 수 있게 한다. 팀구성원들의 적극적인 참여를 통해 조직 자체가 학습조직과 학습공동체가 될 수 있다. 팀 이미지는 때때로 시장 이미지에서 제기된 상호호혜의 필요성을 덮어버리는 것처럼 보인다. 학습조직의 개발을 위한 종합적인 전략과 학습 팀에 대한 센지의 논의는 공정한 임금문제를 무시하는 경향이 있다. 오틀(James O' Tool)은 다음과 같이 충고한다.

효과적이고 합리적인 참여를 위해서는 두 가지가 필요하다. 첫째, 직원들은 업무에 영향을 끼치는 의사결정에 참여해야만 하며 둘째, 직원들의 노력결과에 대한 재정적인 보상도 받아야 한다…… 따라서 만약 직원들을 이해관계자로 여긴다는 게 의미없는 수사학에서 그치지 않으려면 경영에서 가장 민감한 두 가지 이슈인 권력과 돈 문제를 생각해 보아야 한다.[14]

---

12) Marvin Weisbord, *Productive Workplace: Organizing and Managing for Dignity, Meanig, and Community* (San Francisco, CA: Jossey-Bass, 1987), p. 288.

13) Peter M. Senge, *The Fifth Discipline: The Art and Practice of the Learning Organization* (New York: Doubleday Currency, 1990), p. 236.

상호호혜적인 관계이미지에서는 '돈' 문제를 다룰 수 있다. 그러나 '권력' 문제는 시민이미지에 대한 논의가 있어야만 한다. 그러나 그보다 우선 네 번째 이미지인 기업가 이미지에 대하여 살펴본다.

기업가 이미지 | 기업가는 경제성장을 지속시킬 새로운 아이디어, 제품, 프로세스의 창시자이다. 어떤 점에서는 민간기업의 성공이 기업가 개인에 의한 듯하다. 탐욕스럽게 보이는 독단적인 기업가를 접하게 되기도 하지만 모든 기업가가 그런 특성을 갖는 것은 아니다. 스피노자(Charles Spinosa), 플로레스(Fernando Flores), 드레퓌스(Hubert Dreyfus) 등의 기업가 정신에 대한 철학연구에 의하면 기업가는 세 가지의 '역사창조자' 중 한 유형이다. 나머지 둘은 음주운전을 반대하는 어머니 모임(MADD, Mothers Against Drunk Drivers) 같은 민주적 활동에 관련된 사람들과 마틴 루터 킹 주니어(Martin Luther King Jr.)같은 사회적 관심사로 사람들을 결속시키는 문화적 인물이다.[15] 역사창조자들이 갖고 있는 공통적인 특성은 예외적이며 보기 드문 어떤 것을 알아채고 사업적, 시민사회의, 공동사회에서의 대응을 하는 기술을 갖고 있다는 점이다. "예외적인 것에 사로잡힌다는 것은 결과적으로 주어진 상황에서 이치에 맞게 행동하는 것이 무엇인지를 아는 것이 현재 드러난 행동을 이해하는 것보다 더 한계가 있다는 사실에 민감

14) James O' Toole, *Vanguard Management: Redesigning the Corporate Future* (Garden City, NY: Doubleday, 1985), pp. 99~100.

15) Charles Spinosa, Fernando Flores, and Hubert Dreyfus, *Disclosing New Worlds: Entrepreneurship, Democratic Action, and the Cultivation of Solidarity* (Cambridge, MA and London: MIT Press, 1997).

하게 된다는 것을 의미한다. 따라서 상황을 살펴 민감하게 대응하는 대신 강조된 민감성에 주목한다."[16] 달리 말하면 기업가는 어떤 실현되지 않은 가능성을 보고 그것을 실현하기 위해 드러내는 데 관심을 갖고 있다.

우리의 관점에서 보면 진정한 기업가는 경쟁(물론 기업가활동을 가능하게 하는 시장경쟁이기는 하지만)에 먼저 관여하지 않는다. 진정한 기업가는 예외적인 것에 주목하고 드러난 공간양식을 변화시킴으로써 부조화를 감소시키는 무언가를 생산하는 데 관여한다. 이러한 방식에서 기업가가 혁신적으로 남는 한 기업가는 경쟁자를 갖지 않을 것이다. 새로운 기업을 발전시킬 의미있고 값진 활동을 할 것이다. 기업가의 주요 경쟁자는 다른 사업이 아니라 자신이 변화시킬 낡은 삶의 양식이 될 것이다.[17]

이러한 기업가에 대한 묘사는 앞장에서 다뤘던 근대주의 문화와 잘 부합된다. 기업가는 낡은 것을 뛰어넘는 새로움에 대해 믿으며 미래를 위해 과거를 경시하려 한다.

스피노자, 플로레스, 드레퓌스가 단지 근대적 개인들을 고결하게 영웅적으로 특성화하고 있다는 것을 의미하는가? 그들은 기업가를 고립된 개인 또는 관계가 없는 자아라고 불릴 수 있는 것으로 보는 것 같다. 그러나 자아의 두 가지 양상, 즉 관계적 자아와 관리인으로서의 자아를 기억함으로써 이러한 해석을 개선할 수 있을 것이다. 스피노자, 플로레스, 드레퓌스는

16) 상게서, p. 66.
17) 상게서, p. 173.

기업가를 관리인으로서의 자아로 묘사하고 있다. 그들은 이러한 자아에 대한 견해를 통해 개인의 창조성을 중요시하고 있다. 그러나 기업가는 일반 사람들처럼 능동적일뿐만 아니라 피동적이기도 하다. 달리 말하자면 기업가들 또한 직장, 가족, 시민사회의 구성원으로서 존재한다는 것이다.

이러한 직장관계의 여러 이미지들을 보면 두 가지 질문을 하게 된다. "조직 커뮤니케이션 유형에 작용하는 이미지들 간의 차이는 무엇인가?", "관계적 전체성으로서의 온전성 개념에 가장 근접하는 이미지는 무엇인가?" 가족과 시민 이미지에 대한 검토를 통해 두 번째 질문에 대한 답을 내릴 수 있을 듯하다. 첫 번째 질문에 대한 답하기 위해서 이 네 가지 관계이미지가 직원의 업무평가에 어떤 영향을 미치는 지를 살펴보자.

관계이미지와 업무평가 | 업무평가는 직원의 업무에 대한 관리자와 직원 간의 대화이다. 주종관계 이미지에는 고용주가 법절차 없이 고용인을 해고하는 권한을 가졌던 중세의 '임의고용' 개념이 있다. 고용주는 '두목(boss)' 이다. 이러한 관계이미지에서는 사람들이 업무평가에 관한 대화가 편파적으로 이뤄질 것이라 생각한다. 감독자는 대화를 통제하려하고 직원은 '주인(master)' 을 기쁘게 하는 방법을 알아내려고 애쓰는 종속적 입장에 놓이게 된다. 이러한 유형은 주종관계 이미지가 직장에서의 대화에서 계속되어 왔기 때문에 많은 사람들에게 익숙할 듯하다.

반면 관계의 시장 이미지는 보다 동등한 교환을 촉진할 수 있다. 이는 양측의 관계에 대한 필요성, 그들이 거래해야만 할 것, 수요와 공급의 더 큰 시장상황에 따라 달라질 것이다. 교환은 가장 좋은 거래를 하려는 양측의 흥정으로 이뤄진다. 이러한 관계이미지는 자연히 사람들을 거래될 수 있는 상품으로 취급하기 쉽지만 공정한 거래의 중요성은 인정한다.

팀워크 이미지에서는 보다 협조적인 대화가 이뤄지게 하는 데 참여자들이 서로를 함께 일하는 사람으로 여기기 때문이다. 보다 성숙한 조직에서는 상호학습에 초점을 맞춘 대화가 가능할 수 있다. 팀워크 이미지를 토대로 한 업무평가는 미래의 과업과 서로의 기대를 발전시키기 위해 상사와 직원이 함께 한다. 그들은 또한 팀의 성과를 위해 상호작용을 어떻게 향상시킬 것인지를 탐구할 것이다.

네 번째 관계이미지인 기업가 이미지에서는 업무평가를 새로운 생각을 교환하고 공유하기 위한 기회로 여기는 듯하다. 팀워크 이미지보다 함께 일하는 것은 덜 중요시하는 데 기업가 이미지는 개인의 창의성에 가장 초점을 맞추기 때문이다. 새로운 일이 발생했을 때 새로운 가능성에 초점을 맞추고 대화를 활발히 하며 근대적 관계가 될 것임을 기대한다.

각각의 이 네 가지 관계이미지는 관계를 유지하는 명시적 · 함축적인 원리를 갖고 있다. 주종관계 이미지의 명시적 관계는 신분이나 사회계층에서 드러난다. 내재된 관계는 통제와 지배이다. 물론 주인은 높은 지위를 당연하게 여기기 때문에 지배를 무시할 수 있는 특권을 갖는다. 시장 이미지의 명시적 관계는 경쟁적인 교환에 있다. 내재적 관계는 협력이다. 팀워크 이미지는 시장 이미지와 거의 반대이다. 명시적 관계는 협력이며 내재적 관계는 경쟁이나 교환이다. 마지막으로, 기업가 이미지에서는 명시적으로는 관계가 없는 자아이지만 이 자아는 내재적으로 보완적인 관계에 의해서만 기능하다.

〈도표 3.2〉는 직장관계에서 볼 수 있는 네 가지 이미지들 간의 차이를 정리한 것이다. 기업 온전성의 개발에 적절한 이미지는 무엇인가? 그 답은 가

족관계와 시민관계의 핵심의미를 포함할 수 있는지에 달려 있다. 핵심의미를 얻기 위해 우선 가족관계의 이상적 이미지에 대해 검토하고 시민관계의 이상적 이미지에 대해 살펴본다.

직장관계의 공식적 이미지	명시적 관계	내재적 관계
주인과 하인	신분 혹인 사회계층	특권/지배
시장	경쟁	협력
팀	공동작업	적절한 교환
기업가	관계가 없는 자아	숨겨진 지지

〈도표 3.2〉 작업 관계의 명시적 암묵적 측면

이상적인 가족관계 이미지

사람은 가족관계에서 서로 다른 경험을 갖지만 관계의 현실적 · 공식적 · 이상적 이미지를 그리게 해 본 결과 많은 사람들의 이상적인 이미지는 유사함을 볼 수 있다. 모든 사람의 경험일 수도 있고 또한 이상적인 가족관계를 의미하는 이미지는 보살피는 엄마와 아이관계이다.

엄마와 아이 이미지 | 사람마다 살고 있는 환경이 다르더라도 우리는 모두 유아에서 시작한다. 운이 좋다면 어린 시절 엄마와 아이 간의 상호작용 이미지를 경험했을 것이다. '엄마' 는 여성뿐만 아니라 남성이 될 수도 있는

데 전통적으로는 아이를 '어머니로서 돌보는' 누군가를 말한다. 그것은 명백해 보인다. 아이의 엄마에 대한 애착은 당연할 뿐만 아니라 의미가 깊다. 애착이론 분야의 주요 초기 선구자 중 한 사람인 보울비(John Bowlby)는 "다른 종의 유아들처럼 인간유아는 사회적으로 협력적인 방식에서 자라나도록 사전에 프로그램화되었다."고 주장한다.[18] 보울비의 주장은 인간이 몇몇 사람들이 생각하듯 탐욕적이거나 이기적으로 프로그램되지 않았다는 것을 의미한다. 그보다는 협력관계를 통해 그 안에서 발전되어 왔다는 것이다. 이러한 협력은 상호의존에 바탕을 둔다. 아이는 양육자에 의존하고 양육자는 그들의 보살핌을 받는 육아에 의존한다. 임상의사인 시겔(Daniel Siegel)이 관찰해 왔듯이 관계의 역학관계는 사례에 따라 다를 것이다.

유아가 부모(또는 다른 양육자)에 대해 갖는 애착의 특성은 애착의 작동모델로 내면화된다는 것이다. 만약 이 모델이 안전을 나타내면 아기는 세상을 탐험하고 건강하게 독립하여 성장하게 될 것이다. 애착관계에 문제가 있다면 안전한 토대를 느끼지 못하여 놀이, 탐험, 사회적 상호작용 같은 정상적인 행동개발이 약화될 것이다. 물론 상황이 변하면 안전하게 애착관계를 가졌던 유아나 어린이가 불안정해질 수도 있고 불안정한 애착이 안정될 수도 있다.[19]

---

18) John Bowlby, *A Secure Base: Parent-Child Attachment and Healthy Human Development* (New York: Basic Books, 1988), p. 9.

19) Daniel Siegel, The *Developing Mind: Towards a Neurobiology of Interpersonal Experience* (New York: The Guilford Press, 1999), p. 72.

달리 말하자면 유아의 행동을 결정하는 주요 요인은 유아의 성격이 아니라 유아가 성장하면서 갖게 되는 관계의 특성(또는 관계들, 한 사람 이상의 양육자가 있을 수 있기 때문에)이다. 말하자면 첫 관계가 인간의 관계나 애착형태를 만들어내지만 살아가면서 중요한 관계가 나중에 변할 수도 있다. 모든 의미 있는 관계는 관계자를 위한 '안전한 토대(secure base)' 가 될 가능성을 갖는데 안전한 토대는 사람들을 풍요롭게 할 것이다. 보울비가 제안하듯 "나이가 들면서 발육상 성장변화의 가능성은 줄어들겠지만 전생애를 통해 좋은 쪽으로든 나쁜 쪽으로든 어떤 변화의 가능성은 계속된다."[20)]

엄마와 아이 이미지가 나타내는 안전한 토대는 아이와 부모관계에 한정되는 것이 아니라 사실 의미있는 성인들 간의 관계에서도 필요한 조건이다. 부부와 가족관계 치료전문가인 존슨(Susan Johnson)은 성인관계를 이해하기 위해 보울비의 애착이론을 광범위하게 적용해 왔다.[21)] 그녀가 정리한 애착이론의 다섯 가지 '기본원칙' 은 부모와 자식관계와 성인들의 애정관계 간의 유사성을 보여 주고 있다.

- 타인과의 연결을 추구하고 유지하고자 하는 것은 인간의 주요동인이다. 의존성은 우리가 성장하면서 벗어나게 되는 유년기의 특성이라기보다는 인간의 타고난 본능의 한 부분이다.
- 교제는 본능적인 생존심리기제이다. 애착하는 인물이 존재하면 위안

20) Bowlby, *A Secure Base*, p. 136.

21) Susan Johnson, *Creating Connection: The Practice of Emotionally Focused Marital Therapy* (New York: Brunner/Mazel, 1996).

을 얻고 안심을 하지만 그런 인물에 접근하기 어렵다고 인지하면 고통을 받는다.

- 아이와 부모의 관계든, 두 성인 파트너 간의 관계에 있어서든 안전한 유대의 기본원칙은 감정적인 접근가능성과 반응이다.[22)]

존슨 등은 인간의 애착행동유형이 하나의 의미 있는 관계에서 다른 관계로의 변화를 반복한다는 사실을 발견했다. 관계에서 갈등을 피하려는 행동을 나타낼 때조차도 과거의 경험뿐만 아니라 일반적인 인간관계에서 요구되는 것에 근거하여 행동한다. 달리 말하자면 인간은 의존성에서 벗어날 수 없다. 의존성은 인간조건의 한 부분이다. 물론 성인가족관계는 부모와 아이 간의 관계와는 달라 보이기 때문에 이러한 가족경험을 파악하기 위해서는 다른 이미지가 필요하다. 나는 가족 저녁식사시간의 이미지를 제안하고자 한다. 가족 간의 저녁식사는 육체를 성장시키며 나아가 완전한 인간 그리고 무엇보다 중요하게도 완전한 가족을 만든다.

가족만찬 이미지 | 가족식사시간 역시 문화에 따라 다양한 전통을 갖고 있다. 가정에서의 식사시간의 이상적인 목적은 항상 실현되지 않지만 가족관계를 즐기고 강화하는 것이다. 가족끼리의 식사는 테이블에 둘러앉은 사람들을 위한 '안전한 토대'가 될 수 있다. 가족이 모여 앉아 의미있는 식사를 할 때 함께 한다는 기쁨과 안정을 얻게 된다. 그들의 서로에 대한 의존성은

22) 상게서, pp. 18~19.

상호간에 이뤄지기 때문에 쉽게 무시될 수 있다. 각자의 개성을 표현 할 수 있는 안전한 토대를 제공한다. 가족구성원끼리 의견차이를 보일 수도 있지만 서로 이해하려고 노력해야만 한다. 요점은 구성원 각각의 개성이 분리되고 고립된 독립성에 있는 것이 아니라 상호의존에 바탕을 둔다는 것이다. 하나의 가족은 존재할 수 없다. 달리 말하자면 안전한 관계는 안정되고 강하며 융통성 있는 개인들을 만들어 낼 수 있다.

가족만찬은 제1장에서 정리했던 대화가 잘 실천되는 장소가 된다. 또한 식사시간이 두 시간이든 스무 시간이든 대화를 나눌 수 있다. 가족구성원들은 이야기를 통해 이야기 속에 담긴 의미들을 함께 나눈다. 청취자가 될 때 우리가 속해 있는 보다 큰 맥락에 대해 교훈을 얻을 수 있다. 화자로 참여할 때는 이야기를 듣고 있는 다른 사람의 얼굴에서 정체성을 개발한다. 이러한 과정에서 자아정체성이 실제 이야기에 포함된다. 벌어진 일, 현재 발생하고 있는 일, 앞으로 일어날 것들에 관하여 서로 많은 차이점을 보이고 때로는 충돌함으로써 의미를 찾기 위한 자원들에 접근할 수 있다. 가족은 이야기 안에서 그리고 이야기로부터 그 가능성을 깨닫는다. 여기서 드러나는 관계이미지는 신중하게 서로의 이야기에 참여하고 각각 자신의 가장 뛰어난 가능성을 보호하는 이야기를 계속하는 사람들의 이미지이다. 이러한 이미지는 사랑하는 관계 또는 보살피는 관계로서의 전통적인 가족관계 이미지의 특징으로서 널리 알려져 있다. 그러나 이러한 이미지가 업무관계에 적절한 특성을 이해하는 데 유용한가?

가족관계와 업무환경 | 대부분의 사람들은 강한 가족관계에서 생기는 감정적인 유대가 업무환경에서는 적절하지 않다는 데 동의할 것이다. 사실

사람들이 가족관계와 유사한 직장에서의 애착관계를 발전시키는 경우도 있지만 기업이 그런 감정적인 애착에 의존하는 직원 간의 대화유형을 계획해야 한다는 것을 의미하는 것은 아니다. 동시에 가족관계의 애착 이미지는 무시되지 말아야할 우리 자신에 관한 어떤 것을 드러낸다. 보울비 등의 연구에 의하면 인간은 본래 공동적이거나 관계적인 동물에서 출발한다고 한다. 우리는 안전한 관계를 가질 필요가 있다.

보울비의 연구는 엄마와 아이 이미지가 '경제적 인간'의 이미지보다 더 정확히 인간의 특성을 나타낸다고 주장한 헬드(Virginia Held) 등의 페미니스트적 견해를 지지하고 있다.[23] 이는 확실히 서유럽의 가부장적인 전통과는 상반되지만 그러면서도 우리의 가장 깊은 경험에 따르는 것 같다. 인간은 유아에서 시작하여 다른 사람들로부터 받는 보살핌에 의해 생존했다. 다른 사람들과 분리된 것이 아니라 연결되기 시작했다. 직장에서의 안전한 관계에 대한 욕구는 업무환경에 따라 다르게 형성될지도 모르지만 최소한 구성원이 되고 싶은, 속하고 싶은 욕구일 것이다.

경제적 인간의 개념이 토대로 삼고 있는 철학적 전통은 부분적으로 17세기에 발전된 사회계약이론에서 비롯되었다. 이 이론들에서는 인간을 대개 사회적 인간이 되기 전에는 개별적으로 자유로운 존재로 파악했다. 이후 인간은 개인의 자유를 보호하고자 국가나 공동체를 형성하려는 선택을 했다는 것이다. 이러한 철학적 전통에 의하면 인간이 우선이고 그 다음이 공동체이다. 페미니스트 윤리뿐만 아니라 현대심리학에서는 다른 결과를 제

23) Virginia Held, *Feminist Morality: Transforming Culture, Society, and Politics* (Chicago and London: University of Chicago Press, 1993).

시해 왔는데 인간의 경험에 보다 부합한다. 개인들은 관계 내에서 그리고 관계를 통해서 발전한다. 나아가 이러한 발전은 가족관계의 안전성에 달려 있다. 그러나 안전에 대한 인간의 욕구는 가족관계에만 한정된 것이 아니라 직장에서의 관계를 포함한 모든 인간관계에 확대된다. 단지 그러한 욕구가 직장에서 어떻게 인식되어야 하는가 하는 또 다른 문제가 존재하는데 이는 시민사회관계의 핵심적인 의미가 직장에서의 관계적 전체성을 위한 맥락에서 이뤄진 후에 설명될 것이다.

시민관계의 이상적 이미지

인간은 항상 가족구성원이 되지만 항상 시민으로서 존재할 수 있는 시민사회 공동체의 구성원이 되는 것은 아니다. 예를 들어 왕국에서 인간은 백성이지 시민이 아니다. 독재국가에서도 시민권을 금지할 수 있다. 어떤 민주주의 국가에서는 여성, 노예, 외국인에게 시민권을 부여하지 않는다. 그렇다면 인간을 백성이 아닌 시민으로 만드는 것은 무엇인가? 시민과 백성의 가장 중요한 차이는 시민은 시민권을 위한 자격을 결정하는 발언권을 가지며 백성은 그렇지 않다는 것이다. 만약 발언권을 갖지 않는다면 다른 사람들의 결정에 따라야 한다. 시민권의 첫 번째 조건은 자신이 속한 공동체에 관한 의사결정과정에 참여하거나 또는 적어도 자신의 견해를 제시할 수 있는 것이다.

첫 번째 조건에는 이미 두 번째 조건이 포함되어 있다. 시민은 다른 사람들과 함께하는 정치적 공동체의 구성원이다. 혼자 시민이 될 수 있는 사람은 없다. 관계적 용어이다. 시민 간의 관계의 특성은 무엇인가? 바버는 약한 민주주의와 강한 민주주의로 구별하여 그 차이점에 대해 제시했다.[24]

약한 민주주의와 강한 민주주의 | 바버의 '약한' 민주주의 개념은 개인의 권리와 제한된 정부를 강조하는 자유정치전통을 지칭한다. 이는 '경제적 인간' 개념을 지지하는 전통과 동일하다. 로크(John Locke) 같은 철학자가 전개해 온 이러한 자유전통에서는 개인이 그들 자신의 목적을 선택하고 인생계획에 따르는 자유를 가져야 한다고 주장한다.

자유민주주의는 개인의 자유와 권리에 대한 강조함으로써 바버가 공동체 관여에 대한 무정부주의적인 경향이라고 지칭한 결과에 이르게 될지도 모른다. 즉, "자유주의의 목적은 권력을 공유하거나 공동체의 일부가 되는 것이 아니라 권력과 공동체를 견제하고 자유와 사적인 이익에 어떤 영향을 미치는지 판단하는 것이다."[25] 개인들은 그들이 선택할 때는 관계를 발전시킬 수 있다. 그러나 자유민주주의에서는 개인을 본질적으로 고립되고 독립적인 존재로 여겼다. 이는 앞서 제시한 상황적 커뮤니케이션 모델, 그리고 엄마와 아이 간의 의존 관계와는 상반되는 입장이다.

이러한 자유전통은 여전히 오늘날 미국의 지배 이데올로기로 남아 있다.

---

24) Benjamin Barber, *Strong Democracy: Participatory Politics for a New Age* (Berkeley, Los Angeles, and London: University of California Press, 1984).

25) 상게서, p. 7.

26) Michael J, Sandel, *Democracy's Discontent: America in Search of a Public Philosophy* (Cambridge, MA and London: The Belknap Press of Harvard University, 1996), p. 25.

그러나 샌델(Michael Sandel)이 지적했듯이 모든 경우에 해당하는 것은 아니다.[26] 미국 초기 역사에서는 그리고 지난 세기까지 사실상 시민권의 공화주의 이론 또한 존재했었다. 토마스 제퍼슨 등이 옹호한 공화주의 시각의 지지자들은 민주주의의 관문을 통과하기 위해서는 시민이 신중하게 토의를 해야 하며 시민의 미덕을 배양해야 한다고 주장했다. 이러한 견해는 샌델이 칭한 '자치공화국'을 촉진시켰다. 샌델은 자유에 대한 자유주의적 시각과 공화주의적 시각 사이의 대비점을 다음과 같이 나타낸다.

자유주의에서 자유란 자치를 반대하는 민주주의에 대비되어 규정된다. 나는 특정한 다수의 결정으로부터 면제를 보장하는 권리의 심부름꾼인 한 자유롭다. 공화주의적 시각에서 자유란 자치의 결과로서 이해된다. 나는 운명을 통제하는 정치적 공동체의 구성원이며 일을 통치하는 결정에 참여하는 한 자유롭다.[27]

이러한 공화주의적인 견해는 바버의 강한 민주주의 개념과 유사하다. 바버 또한 정치적 자유는 공동체로부터의 1차적 자유가 아니라 오히려 공동체의 발전을 위한 자유라고 믿었다. 그는 약한 민주주의와 강한 민주주의에서는 각각 매우 다른 시민에 대한 견해를 갖는다고 보았다. 약한 민주주의에서 "시민권이란 자연인이 고립되지 않기 위해 신중하게 선택한 인위적인 역할"로 본다.[28] 이와 대조적으로 강한 민주주의에서 "시민은 구역이

---

27) 상게서, p. 25~26.

28) 상게서, p. 8.

29) 상게서, p. 219.

나 계약에 의해서가 아니라 공동의 갈등에 대한 해결책을 찾는 데 관심을 갖고 함께 참여하는 이웃"[29]이라 여겨진다. 즉, 공화주의 시민권은 공동의 활동을 일컫는다.

이러한 시민권에 대한 두 가지 견해 간의 차이에 따라 자치개념을 명확히 설명할 수 있다. 자유주의에서 자치는 자주관리 또는 처신할 자유 같은 것을 의미한다. 반면에 공화주의 전통에서는 자치를 그들의 삶을 꾸리는 방법을 다른 사람들과 함께 결정하는 공동활동으로 본다. 한 사람이 다른 모든 사람들을 통제하지 않는 한 단독으로 합의할 수는 없다. 현대 민주주의에서 개인은 집단 행동에 참여하거나 적어도 집단의 의사결정에 자신의 견해를 제시함으로써만 자치에 참여할 수 있다. 바버에 의하면 사적 이익이 공익으로 전환되어야 하며 공익은 시민이 '공공사고'에 참여함으로써 얻을 수 있다고 한다.

공공사고(public thinking)는 필연적으로 우리가 좁은 시간 틀에서 우리 자신과 조직의 직접적인 이익에 관해서만 자기중심적으로 고려하는 것(예를 들어 여름 휴가여행을 할 만큼 충분한 기름이 있을 것인가?)에서 벗어나 우리가 살고 있는 공동체의 특성과 그러한 특성이 우리 삶의 계획과 얼마나 잘 맞을지(예를 들어 "기름에 대한 의존이 지나치게 유물론적이며 자급자족이 불충분한 사회를 나타내는가?")에 대한 총체적이고 장기적인 고려를 하게 한다.[30]

30) 상게서, pp. 196~7.

'공공사고' 에의 참여는 정치활동에 대한 자유주의자의 견해와 다소 차이가 있다. 자유주의에서는 정치활동의 본질이 비밀투표에 의해 상징화된다. 전제군주적 정부에서는 비밀투표가 민주주의적인 권리의 보호를 위한 강력한 도구가 될 수 있다. 그러나 민주공화권에서는 비밀투표가 자치정부에 충분하지 않다. 바버가 지적하듯이 비밀투표는 정말로 '사적인' 행위이다. 우리는 결정을 설명하거나 정당화할 필요가 없다. 이는 조용한 민주주의이다. 반면에 강한 민주주의 이미지에서는 공공대화를 강조한다. "이야기의 감정적인 힘은 사적인 이기심을 가진 내가 문명화되고 공동의 정치적 행동을 할 수 있는 우리로서 재개념화되고 재구성되기 위해 인간의 상상력을 확대하게 한다."[31] 강한 민주주의 개념은 인간의 정치적 삶을 위한 본질적 자원을 끌어낼 수 있는 공동의 노력을 위한 가능성을 끌어낸다. 이는 시민관계의 주요 이미지인 시민회의에 해당하는 것이다.

시민회의(The town hall meeting) | 시민회의를 상상해 보라. 공동체 구성원들은 공동의 요구를 하기 위해 집회장을 가득 채운다. 그들은 서로를 가족구성원, 고용주와 직원, 교구의 구성원 등으로 볼지도 모르지만 여기 이 회의에서는 각자 말할 수 있는 동등한 권리를 갖는다. 그 회의는 모든 사람이 발언권을 가질 수 있음을 보증하기 위해 '로버트회의규칙' (현재 전세계의 단체나 기관에서 가장 많이 쓰이는 회의규칙, 1876년 미국인 헨리 로버트가 제정한 회의규칙으로 이 회의의 핵심은 '동의의 처리과정')에

31) 상게서, pp. 189~90.

따라 진행될 수 있다. 토론자들은 문제가 무엇인지, 무엇을 해야만 하는지에 대한 각자 다른 생각을 가질지도 모른다. 사람들이 내는 의견은 공동체에서의 신분에 의해서 그리고 나이와 경험에 따른 차이로 인해 그 설득성이 영향 받을 것이다. 동시에 회의장의 구조로 인해 모든 의견이 들린다. 토의가 계속되면서 집단은 공동체를 위한 최선이 무엇인가에 관한 합의에 이를 것이다. 다함께 그들은 자주 정치의 실천에 참여한 것이다.

물론 모든 회의가 이러한 이미지에 맞는 것은 아니다. 민주주의 역사는 다른 사람들을 배제하는 역사이기도 하며 동등한 참여에 우선하는 특권이 존재하기도 한다. 때로는 공동합의로 이뤄진 것이 사적인 거래임이 드러나기도 한다. 게다가 집회가 이웃의 안전을 위해 유용할지도 모르지만 국가적이거나 전세계적인 문제들을 제기하는 데는 효과적이지 않다고 말하는 사람도 있을 것이다. 시민회의가 이상적일 뿐만 아니라 시민사회관계에서 가능한 이미지임을 확인하기 위해서는 공공실의(public deliberation)를 위한 조건을 살펴보아야 한다.

공공숙의를 위한 조건들

보만(James Bohman)은 자신의 저서 『공공숙의(*public deliberation*)』를

32) James Bohman, *Public Deliberation: Pluralism, Complexity, and Democracy* (Cambridge, MA: MIT Press, 1996), p. 27.

통해 공공숙의를 "구성원 간의 조화와 협력 없이는 해결될 수 없는 문제상황을 풀 목적으로 이성들을 교환하는 대화과정"으로 정의하고 있다.[32] 그는 이러한 대화과정이 발생하기 위해서는 세 가지 조건이 있어야만 한다고 주장하는 데 이를 각각 비독재성(non-tyranny), 평등(equality), 공공성(publicity)이라고 정의한다.[33] 비독재성이란 숙의과정결과가 사람의 신분이나 부에 의해서가 아니라 숙의과정을 통해 발전된 이성들의 특성에 의한 결과라는 것을 의미한다. 바꿔 말하면 숙의과정 자체와 관계없는 힘들에 의해서는 통제되지 않는다는 것을 말한다.

비독재성은 고대 아테네에서 일찍이 실행되어 온 이래로 공공숙의과정의 중심이 되어 왔다. 물론 아테네 민주주의가 완벽하지는 않았다. 여성, 노예, 그리스인이 아닌 자들은 배제되었다. 몇몇 문화권에서 발견할 수 있는 민주정치에서는 여전히 아테네 민주주의식의 숙의과정이 행해지고 있다. 숙의과정의 뛰어난 특징은 과정 자체 내에 정치적 힘을 두는 것이었다. 철학자인 아렌트(Hannah Arendt)는 이러한 정치적 힘을 다음과 같이 표현했다.

권력은 말과 행동이 분리되지 않은 곳, 말이 공허하지 않고 행동이 야만적이지 않은 곳, 발언들이 진의를 숨기기 위해 사용되는 것이 아니라 진실을 드러내기 위해 사용되는 곳, 행동들이 관계를 파괴하지 않고 관계를 확립하고 새로운 현실을 창조하는 곳에서만 실현된다. 권력은 항상 잠재적이며 강제나 물리적인 힘처럼 불

33) 상게서, p. 35.

34) Hannah Arendt, *The Human Condition* (Garden City, NY: Doubleday, 1959), p. 179.

변하고 측정가능하며 믿을 수 있는 실재(entity)가 아니다. 힘이 고립된 개인들의 본성인 반면에 권력은 사람들이 함께 할 때 생겨나고 분산하는 순간에 사라진다.[34)]

이처럼 권력을 일종의 권한부여로 이해하면 팀내의 권력역할에 대한 오툴의 질문들에 답할 수 있을 것이다. 팀의 진정한 권력은 숙의를 통해 새로운 아이디어를 창출해 내는 능력에 있다. 그러나 그러한 권력은 대화가 강제와 힘에 지배되지 않을 때 나타난다.

이러한 권력에 대한 견해는 정치학에서조차 인기있는 권력개념이 아니었다. 20세기에는 정치권력이란 거의 무자나 귀족에게 속한다는 견해가 일반적이었다. 정치에 대한 '현실적' 시각을 제시했던 니버(Reinhold Niebuhr)가 1939년에 쓴 책에 의하면 "어떤 사회에서 정치권력은 군사력, 성직자의 명성, 경제적 소유권이든 아니면 공동체의 기술적 과정을 조종하는 능력이든 가장 중요한 유형의 비정치적 권력을 지배하는 집단이 획득한다."[35)] 그는 영향력을 미치는 사람이란 아렌트가 말했던 '말과 행동이 분리되지 않은' 곳에서의 과정에 참여하는 사람들이라기보다는 지위나 재산을 통해 권력을 '가졌던' 사람들이라는 것이다. 사실 다양한 유형의 권력이 있고 그러한 권력들은 서로 구분될 필요가 있다.

여기서 갤브레이스(John Kenneth Galbraith)의 권력의 유형학이 유용될 수 있겠다.[36)] 갤브레이스는 권력을 세 가지 유형, 즉 억압적 권력(condign),

---

35) Reingold Niebuhr, *Reinhold Neibuhr on Politics*, ed. Harry R. Davis and Robert R. Good (New York: Charles Scribner' s Sons, 1960), pp. 93~4.'

36) John Kenneth Galbraith, *The Anatomy of Power* (Boston: Houghton Mifflin, 1983).

보상적 권력(compensatory), 조종적 권력(conditioned)으로 구분하였다. 억압적 권력은 처벌의 위협을 바탕으로 하며 신분이나 '인격(personality)'을 근거로 삼는다. 이는 직무관계에서의 주종관계 이미지와 부합하는 권력유형이다. 보상적 권력은 자원의 통제에 의존하며 자산의 소유권을 토대로 한다. 교관의 관계는 보상적 권력에 의존한다. 세 번째 권력유형인 조종적 권력은 신념들의 조직에서 비롯된다. 로비스트의 권력이나 협상해결사의 권력이다. 이들은 위협(억압적 권력) 또는 계약(보상적 권력) 대신에 신뢰를 이용하고 강화하여 설득한다. 설득은 사람들에게 깊은 신뢰감을 불러일으키고 활성화될 때 강력할 수 있다. 숙의과정에서 사람들이 공유된 결의, 공동책임(commitment)과 공동소송을 추진할 가능성을 열어두고 말과 행동이 분산되지 않을 때 조종적 권력유형이 활동하기 시작한다. 이는 고도로 기능적인 팀에서 발견할 수 있는 권력이다. 이러한 유형의 권력은 당연히 신분이나 재산의 전제가 없는 숙의과정에 의해 좌우된다.

보만의 두 번째 조건인 평등(equality)은 숙의상황이 비독재성이면 보다 나타나기 쉽다. 물론 일상생활에는 어떤 것은 정당화되고 어떤 것은 정당화될 수 없는 불평등함이 존재한다. 숙의과정에 불평등이 존재할 때 불평등이 숙의과정을 지배할 때 민주적 자치의 가능성이 억눌리게 된다. 민주적인 행동을 위해 불평등에서 벗어날 때 최상의 이성들에 의해 결정 내려질 수 있다. 왜냐하면 모든 사람들이 공공토론에 평등하게 참여할 것이기 때문이다. 모든 시민들은 숙의과정에서 발언하고 진지하게 들을 수 있는 동등한 권리를 가져야 한다.

세 번째 조건인 공공성이 아마도 가장 흥미로울 듯하다. 이는 공공숙의가 공표하는 것이다. 공공담론의 중심에서 다양한 입장들 또는 정책적 제안을 하기 위해서는 이성을 발전시켜야 한다. 이성적이 된다는 것은 다른 사람들이 동의할 것이라고 가정하는 것이 아니라 이해할 것이라고 가정하는 것이다. 청취자도 발언할 수 있어야 한다. "만약 내가 발언자가 보는 것과 마찬가지로 상황을 본다면 그의 결론에 동의할 것이다." 우리가 가진 견해가 공적인 것이 되려면 적절하게 바꿔 말할 필요가 있다. 마틴 루터 킹은 이에 능했다. 그는 기독교인이었기 때문에 모든 사람들이 신의 자녀라는 기독교 교리에 따라 동등한 기회를 믿었다. 그러나 공개석상에서 그는 시민의 권리에 대해 얘기했다. 기독교인이 아닌 사람들도 그의 말에 동의했다. 왜냐하면 그가 자신의 사적인 믿음을 공적인 언어로 바꿨기 때문이다. 공적인 숙의과정에는 공적 이성이 필요하다.

이러한 세 가지 조건이 만날 때 시민의 참여권 또는 의사표현권은 민주주의에 권한을 부여한다. 이러한 권력은 공동체와 개인들의 삶을 향상시키는 변화들을 가져올 수 있다. 사람들은 집단적인 자치에 참여하는 자신들을 발견할 수 있게 되었다. 물론 대부분의 기업의 관리방식은 1인 1투표의 약한 민주주의를 근거로 하지 않는다. 종교나 교육조직도 마찬가지이다. 그러나 사람들이 공동체에 들어갈 때 참여할 권리를 잃는 것을 의미하는 것은 아니다. 어떤 강한 민주주의 버전이 직장에 확립되어야만 한다. 왜냐하면 직장은 시민사회 밖에 존재하는 것이 아니라 그 안에 속하기 때문이다. 제5장에서는 이러한 생각의 지류를 더 넓혀볼 것이다.

관계적 전체성이라는 측면에서 보면 직장에서의 관계에 대한 고려에서 시민사회관계를 배제한다는 것은 가족관계를 배제하는 것만큼이나 불가능한 일이다. 직장관계에 대한 논의에 포함되어야 할 것은 인간의 안전에 대한 욕구와 참여권을 인식해야만 한다는 사실이다.

안전에 대한 욕구와 참여권

직장에서의 관계에서 사람들의 안전에 대한 욕구와 참여권을 존중해야만 한다는 결론은 즉각적인 동의를 받지 못할지도 모른다. 가정이나 가족생활이 안전을 책임지게 해야 하지 않는가? 어떤 사람들은 불안정한 직원이 때때로 안정된 직원보다 더 열심히 빨리 일한다고 주장할지도 모른다. 그런 경우가 있다는 것에는 동의한다. 그러나 여기서 문제는 관계적 전체성이라는 점에서 관계를 어떻게 고려해야 하는가이다. 사실 사람들은 직장에서 관계를 맺고 존재한다. 그렇다면 문제는 관계를 맺느냐가 아니라 어떤 유형의 관계를 갖는가 하는 것이다. 이에 대해서는 여러 가지 다른 답을 얻을 수 있으며 어떤 답이 조직의 성숙도에 영향을 줄 것인가 하는 것이 중요하다. 케간(Rober Kegan)은 다음과 같이 설명하고 있다.

여하튼 직장에서 어떤 결정을 내릴 때에도 공동체, 가족, 결혼 또는 장기적인 인간의 환경에서 인간의 성장을 위한 것인지를 살펴볼 때와 마찬가지이다. 현재 구성요소의 진화적 상태에 더 관심을 둘 것인가, 아니면 인간을 진화과정 그 자체로서 보다 크게 보고 결정을 할 것인가?[37)]

케간에 의하면 만약 조직이 직원 개발의 현재상태에 따라 결정을 내리면 직원의 성장욕구는 아마도 인생설계를 추구할 수 있는 다른 회사로 가려고

---

37) Robert Kegan, *The Evolving Self: Problem and Process in Human Development* (Cambridge, MA: Harvard University Press, 1982), p. 248.

할 것이다. 반면에 조직이 직원들을 성장과 학습과정에 관련된 사람으로 본다면 그들은 성장을 촉진하는 안전한 토대를 제공해야 할 것이다. 가족 관계가 탐구와 혁신을 위한 안전한 기본을 제공하는 방식과 유사하다.

크로, 이치조, 노나카(Georg von Krogh, Kazuo Ichijo, Ikujiro Nonaka) 등은 지식창조에 관한 책을 통해서 케간과 매우 유사한 입장을 취한다.[38] 유니레버(Unilever), 나베센(Narvesen) 등의 성공적인 글로벌 기업들에 관한 연구를 통해 복지환경을 제공한 기업들이 혁신지식을 창출하고 연마하는 개인들로부터 이익을 얻을 것이라고 주장한다.

조직의 복지수준이 높을 때 각 조직구성원은 동료의 발전에 진심으로 관심을 보이는 환경에서 일할 수 있다. 동료를 신뢰할 수 있고 적극적인 도움을 얻을 것이다. 필요한 경우에는 언제나 전문적 지식을 얻을 수 있으며 얻기 위한 시도를 할 수도 있다. 조직구성원들은 동료들의 그러한 용기를 환영하며 지식창출의 결과가 너그럽게 평가될 것임을 안다. 동료들이 자신의 의견을 지지할 때는 새로운 은유와 유추에 의한 설명들을 사용하면서 자신의 지식을 거침없이 분명하게 표현할 것이다. 복지수준이 높은 조직은 감정표현, '퍼지'(불분명한 상태, 모호한 상태를 2진 논리에서 벗어난 다치성으로 표현하는 개념) 이론, 정확하게 열거되지 않는 생각들을 표현하도록 하기 때문에 구성원들은 암묵적인 지식 또한 공유할 것이다. 그들은 다른 사람들에게 지식을 전해 주면서 또한 지식을 창출하며 동료들 역시

38) Georg Von Krogh, Kazuo Ichijo, and Ikujiro Nonaka, *Enabling knowledge Creation: How to Unlock the Mystery of Tacit Knowledge and Release the Power of Innovation* (New York: Oxford University Press, 2000).

그러할 것이다.[39]

크로(Georg von Krogh, Kazuo Ichijo, Ikujiro Nonaka) 등의 연구는 개인을 위한 안전한 토대를 제공하는 기업사례를 보여 주기도 하지만 이는 또한 기업 온전성을 위한 시민사회 사례 측면에서도 이해될 수 있다. 사람들의 안전에 대한 욕구를 간단히 무시하는 것은 관계적 전체성의 달성을 방해하는 것이다. 반면에 인간의 기본욕구를 인정하면 사람들은 서로 확신을 갖고 커뮤니케이션 유형을 쉽게 설계할 수 있을 것이다. 시민으로서 우리는 일터에서 그러한 가능성을 창출하는 조직과 이해관계를 갖고 있다. 왜냐하면 우리의 직장생활이 직장 밖의 삶에 영향을 끼치기 때문이다. 따라서 안전한 가정은 명백하게 바람직하지만 직장에서의 안전에 대한 욕구 또한 무시될 수는 없다.

어떤 사람들은 공론장과 사적 영역 간의 구분을 들면서 근로자가 참여권을 갖는다는 생각에 동의하지 않을 것이다. '민간기업' 은 '공공숙의' 의 범위 밖에 있지 않은가? 주종관계의 전통에서 기업은 정부에 의한 기업자산 보호와 필요한 사회경제기반, 교육 등의 제공을 제외하고는 기업주의 통제하에 있는 사적인 영역에 더 가까웠다. 그러다가 20세기 초 미국에서는 민주적으로 선출된 관리들이 노동자를 시민으로 인정하기 시작했는데 이는 노동자의 권리가 일터에서 보호되어야 한다는 의미에서 일터를 공적인 영역으로 보는 것이었다.

39) 상게서, p. 57.

1960년대 시민권운동으로 인해 기업은 더욱 공적인 영역이 되었다. 정부는 기업으로 하여금 모든 시민들에게 한정된 직업에서 일을 얻을 수 있는 동등한 기회를 주는 고용촉진 프로그램을 개발하도록 했다. 기업들에게는 사적 특권에 의해서가 아니라 공공의 기회에 따라 사업을 운영하는 공공적 책임이 주어졌다. 오늘날 상법에는 두 가지 법률상 전통이 포함되어 있는데 주종관계 전통과 보다 최근의 민주주의 전통이다. 이러한 전통들은 고용자유의 원칙과 정당한 법의 절차에 대한 권리 간의 충돌처럼 때로는 서로 충돌한다.[40] 사람들이 현재 가정에서 보호되는 시민으로서의 권리를 갖는 것처럼 시민권은 직장에서도 보호되어야 한다.

기업이 시민영역에 존재한다면 그리고 근로자들이 시민영역에서의 시민이라면 근로자를 선의의 해석(무죄추정, the benefit of the doubt)으로 파악하여 직장에서도 시민으로서 간주하는 것이 어떤가? 이는 그렇게 하지 않을 정당한 이유가 있지 않는 한 근로자들을 시민으로 여겨야 한다는 것을 의미할 것이다. 즉, 시민권을 옹호하는 사람들이 아니라 부인하는 사람에게 입증책임이 있다는 것이다. 그런 근거가 마련될 때까지는 직장에서의 관계는 시민관계로서 이해되어야 한다.

그러나 직장의 시민관계적 측면을 인식한다고 해서 기업이 투표용지 기입소를 설치해야 하는 것은 아니다. 그런 약한 민주주의 이미지에 따르는 대신 강한 민주주의의 주요 요소, 즉 참여와 공공숙의에 대해 고려해야 한

40) Patricia H. Werhane and Tara J. Radin, "Employment at Will and Due Process," in *Ethical Theory and Business, sixth* edition, ed. Tom Beauchamp and Norman Bowie (Upper Saddle River, NJ: Prentice-Hall, 2001), pp. 266~94.

다. 종업원 소유제도, 단체교섭, 자주적인 팀, 온라인 직원 피드백 프로그램 등 직원의 참여형식은 다양하지만 그 기본원리는 동일하다. 사람들이 직장생활제도에 관해 서로 토론하고 숙의할 기회를 가져야 한다는 것이다. 따라서 안정에 관한 문제가 가정관계에 속하는 것이지 직장관계에 속하는 것은 아니라거나 노동자를 일터에서 시민으로 여겨서는 안 된다는 주장은 설득성이 없다. 보다 설득적인 주장은 기업에서의 언어적 · 비언어적 대화 유형을 설계하는 데 안전에 대한 인간의 욕구와 시민의 참여권을 고려해야 한다는 것이다.

〈도표 3.3〉은 이상적 이미지의 가족과 시민관계의 핵심의미를 요약한 것인데 이러한 의미들이 적절한 업무관계 이미지를 선택하기 위한 맥락을 어떻게 제공해 주는지를 보여 준다. 이 그림은 앞선 주장에서 도출될 수 있는 두 결론을 표현한 것이다. 무엇보다도 시민관계영역이 업무관계를 위한 맥락을 제공하고 시민관계가 현대 인간의 정체성에 있어 중요하기 때문에

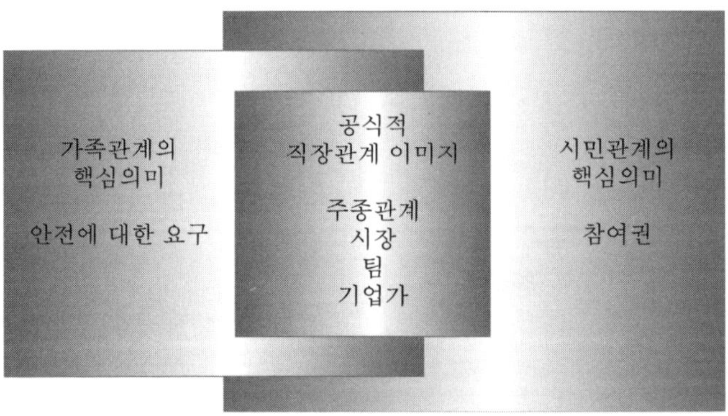

〈도표 3.3〉 직장관계에서의 가족시민환경

직장에서의 관계적 전체성은 어느 정도 시민의 참여권을 인정해야만 한다. 두 번째 가족관계 이미지는 안정적인 관계 토대에 대한 인간의 기본욕구를 표현하기 때문에 직장에서의 관계적 전체성은 어떻게든 안전에 대한 인간의 욕구를 인정해야만 한다. 구성원 측면에서의 온전성을 확립하기 위해 요구되는 두 가지 핵심조건, 안전욕구와 참여권을 고려해 볼 때 직장에서의 업무관계에서 어떤 이미지가 가장 이상적인 업무관계 이미지로 형성될 수 있겠는가?

인간의 안전욕구라는 점에서 보면 팀 이미지가 아마도 가족이미지의 안전한 토대 개념과 가장 밀접한 공통점을 갖는 듯하다. 주종관계 이미지는 안전을 제공하지만 상호의존에 의해서가 아니라 가부장주의에 의해 비롯된 것이다. 시장 이미지는 좀더 복잡하다. 사람을 상품으로 본다는 점에서 인간관계는 전혀 발전시키지 않는다. 반면에 상호작용에 의한 교환에서 안전의 토대를 발견할 수 있다. 기업가 이미지도 마찬가지로 인간관계의 의존성을 인식하면 조직에 존재하게 될 것이다. 만약 실제로 의존하고 있는 관계적 안정성을 무시하면 기업의 온전성은 이룰 수 없을 것이다.

네 가지 관계이미지 중 안전유형을 제공하는 데 적합한 이미지는 팀 이미지일 듯하다. 구성원들이 직장 커뮤니티에 속하려는 서로의 욕구를 솔직하게 인정할 수 있을 것 같기 때문이다. 즉, 팀 이미지가 서로의 의존성을 상호 인정할 가능성이 가장 크다.

참여권은 어떠한가? 주종관계에서는 노동자를 시민이 아니라 하인으로 보기 때문에 제외해야 한다. 시장 이미지는 보다 복잡하다. 어떤 사람들은 이 이미지를 자유주의 시각에서 해석할 수 있는 데 인간이 선택을 하는 한 걱정할 필요가 없다고 말한다. 그러나 이미 앞서 언급했듯이 교환은 일부분이며 나머지는 교환을 위한 협력적인 상황이다. 누가 그것을 결정하는가? 이미 언급되었던 바와 같이 자치는 스스로 통치하는 것이라기보다는 우리가 살고 있거나 교환을 만들어 내는 환경을 통치하는 데 참여하는 것이다. 만약 교환이 성립하도록 상호호혜적으로 합의가 이뤄진다면 교환관계가 시민의 숙의기준으로 적합할 것이다. 기업가 이미지는 동일한 방식에서 이해되어야 한다. 직장에서 온전성을 이루기 위해서는 최선을 위한 시민으로서의 구성원들이 숙의할 수 있는 환경을 구성해야 한다.

사람들이 팀내에서 일할 때 가장 쉽게 숙의할 수 있는 기회를 가질 것이다. 팀의 일원으로서 직원은 노동자를 시민으로서 인정하는 대화에 서로 참여할 수 있을 뿐만 아니라 가족이미지와 마찬가지의 믿을 수 있는 관계로 발전시킬 수 있을 것이다. 더욱이 이러한 대화는 상호호혜의 원리를 명확하게 존중하며 이뤄진다. 상호호혜는 선을 위한 선을 요구한다는 것을 명심해야 한다. 가족관계와 시민관계에서 분리된 업무관계를 구분하는 표지가 될 수 있는 것은 상호호혜이다. 따라서 상호호혜 개념을 안전과 시민의 관념에 더해서 살펴본다면 구성원 간의 온전성을 위해서는 안전한 시민의 상호호혜적인 관계를 촉진하는 대화가 필요함을 알 수 있다.

안전한 시민상호호혜 관계

직장에서 안전한 시민의 상호호혜 개념은 커뮤니케이션 문화에 관한 앞장에서 전개했던 개방성 개념을 실천하는 방식을 제공해 준다. 안전과 시민의 상호호혜성을 기대하는 대화에서의 차이와 불일치에 대한 개방성으로 직원들은 서로 협동할 수 있으며 경영자는 복잡한 노사문제들을 성공적으로 풀 수 있다. 사실 기업구성원들이 확고한 시민적 상호호혜성을 위한 관계에 대해 이해하고 공감하게 된다면 이미 노사문제들을 풀 수 있는 방식을 갖게 된 것이다.

직원의 업무평가에 대해 생각해 보자. 확고한 시민적 상호호혜성 개념에 의해 업무평가가 이뤄지면 어떠할 것인가? 무엇보다도 위협보다는 안전을 토대로 이뤄질 것이다. 안전에 대한 요구란 노사 양측이 서로를 진실하고 솔직하게 협조적으로 서로를 신뢰할 수 있다는 것을 의미한다. 또한 노사는 그들의 관계가 업무역할과 책임에 의해서 규정될 뿐만 아니라 비독재성, 평등성, 공공성의 기준에 의해서 규정된다고 가정하면서 참여한다. 결국 그들은 상호호혜의 정신, 업무에 맞는 보상, 규제에 따르는 책임, 능력에 맞는 요구 등을 보여 줄 수 있는 결론을 내리려 할 것이다. 이러한 가이드라인을 따라 대화가 이뤄진다면 관계적 전체성을 보여 줄 수 있으며 기업의 온전성을 이룰 수 있을 것이다.

확고한 시민적 상호호혜성의 실천으로서 관계적 전체성은 실제로 많은 현재 직장에서 일어나는 이슈들을 위한 가이드라인을 제공한다. 백인의 특권이나 유색인종과 여성에 대한 차별로 인해 발생하는 이슈들을 살펴보면 사람들이 안심하고 진실을 말하고 서로에게서 배우며 서로를 동일한 시민사회의 구성원으로서 인정할 수 있는지를 설명할 수 있다. 안전에 대한 요구가 시민의 참여권을 실행하는 것보다 더 중요한 곳이 어쩌면 없을 지도 모른다. 마찬가지로 참여할 권리가 안전성을 증대시키기 위해 필요한 것을 결정하는 것보다 더 중요한 곳도 없는 듯하다. 만약 내가 매니저라면 내가 통제할 때는 안정을 느낄 수 있지만 대화과정이 내 통제를 벗어난 방향으로 흐르게 되면 안심하지 못할 것이다. 그렇다면 안심할 곳은 어디인가? 제안을 위한 좋은 이유를 전개하는 과정에 참여하지 않는다면 사고의 전개를 따라갈 준비가 되지 않아서 그 과정을 고의로 방해하고 있는 자신을 발견할 지도 모른다. 따라서 안전에 대한 요구와 참여할 권리는 서로 밀접한 관련이 있다. 함께 존재할 때는 많은 갈등문제들이 이미 해결되어 가고 있는 중이지만 모든 것이 그렇지는 않다.

예를 들어 직원들뿐만 아니라 기업들도 안전에 대해 관심을 갖는다. 모니터링을 통해 보안을 유지하려는 기업의 안전욕구와 프라이버시를 지키고 싶어하는 직원들의 안전욕구를 어떻게 균형 맞춰 갈 것인가? 여기서 기업 온전성을 위한 기준이 완전한 지침을 제공하고 있지는 않다. 사람을 존중할 것인지 자신이 다루고 싶은 대로 취급할 것인지 같은 다른 지침들이 도움이 될 수도 있다. 그러나 기업의 온전성은 대인간의 관계유형이 직원과 기업의 안전욕구를 균형 맞추는 방법을 결정하는 데 포함되어야 한다는 사실을 보여 주는 데 기여할 수 있다. 만약 모든 참가자들이 서로 숙의하는 데 안심을 느낄 뿐만 아니라 그들의 안전이 고려되고 있다는 사실을 믿을 수 있다면 개개인의 견해를 조화시킬 수 있고 다양한 가치들을 검토할 수 있으며 다른 가정들에 대해 탐구할 수 있을 것이다. 대화에서 비독재성, 평등성, 공공성의 조건이 충족되면 딜레마를 해결하고 기업의 온전성을 증대시킬 좋은 기회를 갖게 될 것이다.

인원삭감과 전근에 관한 대화는 더욱 어려운 대화를 대표한다. 그런 대화에 어떻게 온전성을 설계할 수 있을까? 직원을 해고하는 것은 안전과 참여요구를 위반하는 듯하며 직원들이 기업을 구성하는 전체의 한 부분이라는 사실을 무시하는 것이 될 수 있다. 어떤 경우에는 특히 인원삭감으로 직원을 희생시킴으로써 고위임원이 이익을 얻게 되는 경우에는 그런 행위로 인해 기업의 온전성을 파괴할 수도 있다. 반면에 사업상 변화가 요구될 때는, 모든 구성원들은 가능한 자발적으로 변화의 수고를 감수할 때는, 기업은 가장 어려운 시기동안 온전성을 실제로 창출할 수도 있다. 다양한 이해관계자들이 공동의 문제와 가능한 협력적 해결책에 관한 공공숙의과정에 관련될 수 있는 안전한 장에서 대화가 이루어져야 한다.

직장 내 구성원 간의 관계를 위한 기준을 만드는 목적은 매니저와 직원이 특정한 상황에서 어떻게 행동해야 하는지를 정확하게 말하려는 것이 아니라 무엇을 할지 결정을 내릴 때 이용할 수 있는 지침서를 제공하는 데 있다. 대부분의 직장에서의 대화는 구성원 간의 관계에 대한 것이 아니면서도 대인간관계의 내재적 이미지에 의존한다. 구성원 차원에서 기업 온전성을 설계하기 위해서는 관계의 내재적 이미지와 사람을 관계의 여러 유형에 속한 존재로 인식하는 것이 필요하다. 이러한 대화로 내리는 결론이 상황에 따라 상당히 다를 수 있지만 그 과정은 사람들이 안전하다고 느끼며 시민으로서 대우받는다고 생각하고 상호호혜적으로 교환을 하는 상황에서 진행되어야 한다. 조직의 리더십에 관해 다루는 제7장에서 이와 동일한 문제를 다룰 것이다.

어떤 기업에게는 안전하고 시민적이며 상호호혜적인 관계를 발전시키는 문제가 비현실적인 것처럼 보일 수도 있다. 그러나 이미 그런 관계를 설계해 오고 있는 기업도 있다. 여하튼 현실적인 목적인지 아닌지는 기업이 무엇을 원하는가에 달려 있다. 기업의 존재이유는 무엇인가? 다음 장에서는 그 질문에 대해 기술할 것이다. 그로 인해 안전하고 시민으로서의 상호호혜적인 관계가 기업의 가치 있는 목적추구에 적합하다는 사실을 알 수 있을 것이다.

이론에서 실행으로

복습을 위한 질문들 |

1. 상황에 대한 해석에서 남녀 간에 차이가 존재한다는 길리간의 의견에 동의하는가?
2. 직장에서의 관계이미지 중에서 당신에게 영향을 준 커뮤니케이션 유형은 무엇인가?
3. 직장에서의 명시적 내재적 관계를 어떻게 특성화할 것인가?
4. 직장에서의 관계를 이해하기 위해 가족과 시민관계가 중요한 이유는 무엇인가?
5. 직장관계에서 안전한 시민의 상호호혜성에 대한 생각이 앞서 제기했던 직원과 고용주 이슈에 대한 대화에 어떤 영향을 미칠 것인가?
6. 직장에서 관계의 온전성을 향상시키기 위해 필요한 것은 무엇인가?

별첨의 워크시트를 위한 활용 방안 | 이 장을 읽기 전에 워크시트 #6을 활용하여 관계이미지를 그려 보지 않았다면 지금 다른 사람과의 관계에서 무엇을 기대하는지에 대한 현실적 이상적 기대에 대해 평가하기 위해 사용할 수 있다. 워크시트 #7을 활용하여 공공숙의를 위해 필요한 조건을 평가할

수 있다. 평가하기 위해 특정한 대화나 보다 일반적인 커뮤니케이션 유형 중에서 선택할 수 있다.

4 통합을 지향하는 조직의 온전성

앞서 살펴본 온전한 경영을 위한 두 가지 차원의 설명을 통해 기업 커뮤니케이션 패턴은 의견차이를 포용할 수 있어야 하고 또한 시민상호간의 호혜적인 관계를 돈독히 할 수 있도록 하는 것이어야 함을 인지했다. 이는 온전성을 위해 갖추어야 할 두 가지 요소, 즉 문화적 개방성과 총체적인 관계성에 대한 것이다. 그런데 이러한 요소들은 과연 기업의 가치와 어울릴 수 있는 것일까? 이 장에서는 그것이 가능하다는 것을 보여 주게 될 것이다. 물론 그것에 대한 증명은 시민적 시각을 가지고 구성원들 간의 관계에 집중하면서 커뮤니케이션 패턴을 관찰하고 변화시켜 나간다는 이 책의 전반적인 접근법과 일맥상통한다. 다만 이 장에서는 조직을 하나의 관리인으로 바라보면서 그들이 추구하는 목적과 그들의 행동 사이에서의 일관성을 살펴보려 한다. 기업이 가치 있는 목적을 추구하는 것이 어떤 의미가 있는지를 알게 된다면 이 장에서 다루고 있는 '공동의 가치를 향한 기업의 온전성' 에 대해 이해하기 쉬울 것이다.

"왜 기업은 존재해야 하는가?", "그들이 왜 필요한가?" 이 질문에 대한 답은 그들을 바라보는 시각에 따라 다를 것이다. 예를 들면 경제적인 관점으로 보는지, 아니면 경영적(managerial) 또는 시민적 관점으로 보는지에 따라 다르다. 또한 기업을 개인적 차원에서 분석하는지, 조직적 또는 사회적 차원에서 하는지에 따라서도 서로 다른 결과를 가져오게 된다. 이 장에서는 오로지 조직적인 차원에 집중할 것이다. 이는 다른 두 가지 차원이 중요하지 않아서가 아니라 공동의 가치있는 목적을 추구한다는 것이 조직의 온전성에 있어서 쉽지 않은 과제이기 때문이다. 조직적 차원에서 분석하다 보면 영리기업과 비영리기업 등 서로 다른 조직들을 비교해 볼 수도 있다. 특히 영리기업과 비영리단체들을 (조직을 사회의 한 일원으로 바라보는) 시민적 관점으로 함께 살펴보면 가치있는 목적추구와 관련하여 우리가 비영리단체들에게 가지고 있는 일반적인 가정들을 영리기업들의 경우로 적용해 볼 수 있고 그렇게 했을 때 어떤 결과가 나올지를 유추해 볼 수 있다.

시민적 관점이 조직을 바라보는 유일한 방법은 아니다. 시민적 관점은 조직의 시민성(citizenship)개념 이후에 뒤따르는 그 후의 단계임을 앞서 제1장에서 제시한 바 있다. 물론 이처럼 조직을 시민의 개념으로 바라보는 관점은 하루아침에 생겨난 것이 아니다. 이는 다른 관점들과의 전후관계 및 경쟁구도 속에서 생겨나게 된다. 이처럼 시민적 관점으로 바라보는 것이 조직의 온전성을 촉진시키기 위한 가장 좋은 방법이라는 주장을 뒷받침하기 위해서 다른 차원의 관점들, 특히 경제적 관점과 경영적 관점을 먼저 살펴보는 것이 매우 유용할 것이다. 이제 이 두 차원들에 대해 살펴보면서 조직의 목적을 설정하는 데 있어서 시민적 관점이 필요한 이유가 더욱 분명해질 것이다.

경제적 시각에서 본 기업의 목적

경제학이 비록 어느 하나의 신고전적인(neo-classical) 관점으로 국한되지는 않지만 이러한 경제학적인 관점은 미국과 더 나아가 다른 선진국들에서 지배적으로 사용되고 있다. 비용과 이익(cost and benefit)으로 표현되는 경제학적 개념들은 MBA프로그램에서나 대부분의 모든 주주들 사이에서 그리고 기업의 재무회계 부서에서 사용하는 주된 언어이다. 많은 학자들에게 있어서 무엇인가의 가치는 그것의 목적(생산 의도)이 아니라 가격에 달려 있다. 각각의 가치는 고객이 그것에 대해 얼마를 지불할 것인가에 의해 결정된다. 이러한 관점이 잘못된 것은 아니지만 그렇다고 전적으로 옳은 것도 아니다. 왜냐하면 이 관점이 인간행동(선호에 따른 개인의 행동)의 어느 한 측면을 가지고 마치 모든 인간 행동을 규정할 수 있는 것처럼 다루고 있기 때문이다. 이처럼 지나치게 일반화하면 사람을 신념을 공유하는 시민으로 보지 않고 각각의 취향을 가진 고객으로만 바라보게 된다. 또한 광고 뿐만 아니라 사회와 문화의 영향으로 바뀔 수도 있는 개인의 취향을 마치 변하지 않는 것으로 바라봄으로써 인간존재의 상황적이고 관계적인 측면을 간과하게 된다. 인간행동에 대한 가장 큰 오류 중 하나는 바로 인간의 모든 선택이 합리적이라는 착각이다. 만약 모든 선택이 합리적이라면 미국이나 기타 국가들에서 비만을 초래하는 나쁜 식사습관이나 지나친 소비로 가정부채를 유발하는 선택들도 합리적이라고 봐줘야 하는 데 이는 요즘 사회추세에 대한 설득력이 있는 설명이 될 수 없다.

시장경제 시스템에서 유통될 자원들을 어떻게 배분할지에 대한 생산자와 소비자 간의 결정에 영향을 주는 것이 바로 가격이다. 물론 화재방지와 같은 서비스들은 시장경제 시스템이 아닌 도시 공공사업을 통해서 배급되기도 한다. 하지만 가치 있는 많은 상품과 서비스들이 여전히 시장경제시스템을 통해서 유통된다. 경우에 따라서는 본질적으로 높은 가치를 내제하고 있는 상품이나 서비스라 하더라도 가격이 반드시 그 가치를 반영하지 않을 수도 있고(예: 소설) 가격에 관계없이 최소한의 가치가 보장되기는 하지만 높은 가격이 더 높은 가치를 의미하기도 한다(예: 생명보험, 보장범위에 따른 가격차이). 달리 말하자면 가격은 고객이 여러 대안들 사이에서 무엇인가를 선택을 하도록 하고 이러한 고객들의 선택이 해당 제품이나 서비스에 대한 유용한 정보를 제공한다. 그러나 상품과 서비스의 질이 오로지 고객의 선호에 의해서 결정되어서는 안 되는데 이는 이 장의 마지막 부분에서 언급될 것이다.

경제적인 관점으로 볼 때 기업의 사명은 매우 분명하다. 기업들은 결국 '영리를 위한' 조직이다. 기업이 '영리를 위한 조직' 이라면 그들의 목적에 대해 말할 때 재무적 언어만큼 적절한 언어가 또 어디 있겠는가? 문제는 이 '영리적' 이라고 하는 용어, 특히 많은 신고전주의 경제학자들이 사용하고 있는 이 용어 속에는 '개인' 과 '시스템' 의 개념만이 담겨 있을 뿐 '조직' 이라는 개념이 포함되어 있지는 않다는 점이다. 기업의 목적이 한편으로는 조직의 목적임을 감안하면 신고전주의 경제학은 이 문제를 논의할 어휘조차 가지고 있지 않은 셈이다. 『국부론(*The Wealth of Nations*)』에서 애덤스미스(Adam Smith)는 부를 개발하는 데 있어서 두 개의 경제주체, 즉 '개인' 과 '시장' 만을 언급하고 있다.

모든 개인은 자유롭게 사용할 수 있는 자본을 획득하기 위해 스스로에게 가장

유리한 고용조건을 끊임없이 찾는다. 이는 자기 자신의 이익을 위한 것이지 사회를 위한 행위가 아니다.이와 같이 개인이 자신의 이익을 극대화하는 방향으로 무엇인가를 선택할 때 이는 자연적으로 그리고 필연적으로 사회에도 가장 이익이 되는 선택이 되게 마련이다. …… 그는 공공의 이익을 증진시키려는 의도도 없고 또한 자신도 모르는 사이에 그의 선택이 공공의 이익에 보탬이 되고 있음도 알지 못한다. 외래산업보다 가내공업을 지지함으로써 그는 오로지 자신의 안전만을 염려하고 가장 가치가 높은 것으로 예상되는 산업에 투자함으로써 자신의 이익을 도모하게 되는데 이 때 그는 자신도 모르는 사이에 '보이지 않는 손' 에 이끌리게 된다.[1)]

너무도 잘 알려진 이 인용문에는 조직에 대한 언급이 전혀 없다. 고전적인 시각에서는 조직에 대한 개념이 없었다는 이 사실이 믿겨지지 않는다면 1937년에 '회사(firm)' 에 대해 쓴 코우즈(R.N.Coase)의 에세이를 찾아보라. 코우즈는 이 유명한 글에서 왜 회사들이 존재하는지에 대해 답하고 있다. 가격의 지배에서 벗어나는 거래들이 발생하는 이유는 무엇인가? 가격시스템에 의한 것보다 조직 체계들의 협력을 통해 경제활동이 이루어 질 때 비용이 더 적게 들기 때문이라고 그는 설명한다.[2)] 그의 주장은 그 후로도 계속 논의 및 수정되어 왔지만 그의 답변 자체보다 더 흥미로운 사실은

---

1) Adam Smith, *The Wealth of Nations*, ed. E. Cannan (New York: The Modern Library, 1937), pp. 421~2.

2) *R.H.Coase*, "The Nature of the Firm: *Origin*(1937)," in *The Nature of the Firm: Origins, Evolution, and Development* ed. Oliver E. Williamson and Sidney G. Winter (New York and Oxford: Oxford University Press, 1993), pp. 18~33.

그가 '회사의 존재이유' 에 대한 질문은 던졌다는 점이다. 만약 고전주의 경제학에서 조직에 대한 이론이 있었다면 그는 이러한 질문을 던질 일도 없었을 텐데 말이다.

오늘날에는 경제현장이 넘쳐나는 조직들로 가득 채워져 있지만 경제와 관련된 대부분의 대화에서는 여전히 과거 역사속의 개인주의가 계속되고 있다. 프리먼(Milton Friedman)은 그의 저서 '자본주의와 자유(Capitalism and Freedom)' 에서 다음과 같이 적고 있다.

실질 경제에서 기업체들과 돈이 중요한 역할을 하고 있음에도 불구하고, 또 이것들 때문에 많은 복잡한 문제들을 야기되고 있음에도 불구하고, 협력을 이끌어내는 거래의 기술은 기업도 돈도 연루되지 않은 단순 거래경제의 형태로도 잘 구현된다. 기업과 돈이 연루된 복잡한 거래경제가 아닌 그저 단순한 거래경제 속에서도 협력은 극히 개인적이고 또 자율적으로 제공된다. 기업체들은 사적인 조직이므로 결국 계약당사자는 개개인들이 되며 개개인들은 특정거래에 효과적으로 자유롭게 드나들 수 있기 때문에 모든 거래는 순전히 자유의지적인 것이 된다.[3)]

기업을 목적을 가진 조직으로서 이해하는 개념은 신고전주의적 경제주의자들과는 어울리지 않는다. 왜냐하면 그들은 기업의 조직적 차원에 대한 어휘용어 자체가 없기 때문이다. 반면 제도주의적 경제학은 최근의 연구를 통해 '조직' 에 대한 용어를 마련하였는데 예를 들어 노스(Douglass North)

---

3) Milton Friedman, *Capitalism and Freedom* (Chicago: University of Chicago Press, 1962), p. 14.

의 경우에는 조직을 다양한 종류의 '단체'에 속하는 개념으로 보고 있다. 단체들은 사회에서 게임의 규칙을 제공하고 조직들은 이러한 규칙들을 이용하여 그들의 이익을 추구한다.

여기에서 말하는 단체들에는 정치단체(정치정당, 상원, 시의회, 기업관리 기관), 경제단체(회사, 노동조합, 가족농가, 협동조합), 사회단체(교회, 클럽, 운동협회) 그리고 교육기관(학교, 대학, 직업교육센터) 등이 포함된다. 이들 단체는 특정목표를 성취하기 위해 공동의 목적 아래에 모인 개인들의 모임이다. 어떠한 조직들이 존재하게 되고 이들이 어떻게 진화될지는 근본적으로 그 단체의 체제에 의해 영향을 받게 된다.[4)]

노스가 조직의 존재를 인식하고 있기는 하지만 그의 용어가 개인과 조직을 확실하게 구별하기에 충분히 다듬어져 있지는 확실하지 않다. 그의 정의에 따르면 경제적인 조직은 설립자에 의해 '부와 수익과 사회제도적 구조에서 기회로서 마련된 기타목적을 달성을 위해 만들어진 목적체'이다.[5)] 이 목적체의 목적은 이를 설립한 기업가의 목적과 과연 다를 수 있을까? 만약 다르지 않다고 한다면 기업의 목적은 단지 기업에 투영된 개인의 목적일 뿐이다.

개인적 차원과 조직적 차원의 분석에서 둘 사이에 명확한 구분이 없으면 기업은 주주가치(shareholder value)를 최대화하려는 투자가들과 같은 동기를 가진 것으로 여겨지게 된다. 또한 기업은 마치 사회적인 부를 늘리고

---

4) Douglass C. North, *Institutions, Institutional Change and Economic Performance* (Cambridge: Cambridge University Press, 1990), p. 5.

5) 상게서, p. 73

자 애쓰는 부유한 개인과 같이 기능한다고 사람들은 생각할 것이다. 경제학적인 관점에서는 개인의 부를 증가시키려는 미시적 검토가 강조될 때도 있고 사회적 번영을 추구하려는 거시적 관점이 선호될 때도 있다. 어떤 경우에서든지 이러한 강조는 목표성취의 결과에 대한 것이지 목적 그 자체에 대한 것은 아니다.[6)]

캡틴과 웸피는 기업의 온전성과 관련된 그들의 이론에서 온전한 경영은 주주들의 서로 다른 요구에 대한 균형을 유지하는 것이며 이 때 목표보다 결과에만 집중하게 되면 기업의 온전성이 약화된다고 주장한다.

이러한 결론은 기업의 존재이유가 효율성이라는 가정에서 시작된 것이다.[7)] 기업의 존재이유에 대해 코우즈(Ronald Coase)가 제시한 이론적 설명으로는 기업이 사회 속에서 그 자체의 목적을 가지는 조직형태라는 개념이 설명될 수 없다. 그래도 캡틴과 웸피의 경우에는 기업이 가능한 효율적인 방식으로 상품과 서비스를 생산하기 위해 존재한다고 언급했다. 그러나 기업의 온전성과 관련한 그들의 접근은 효율성을 지나치게 강조하다 보니 기업의 최종적인 목적 또는 사명은 상품이나 서비스의 생산이 아니라 모든 이들의 상호이익을 위하여 주주들의 회계적 수지를 맞추어 주는 것이 되었다.[8)] 이러한 구조 하에서 합의를 도출해 내는 일이 기업의 임무이다.

기업에 대한 고전주의적 해석 또는 코우즈의 경제적 해석에서 시작한 이 이야기는 이제 그 중간점, 즉 목적에 대한 조직적 이해로 넘어갈 차례이다.

---

6) Kaptein and Wempe, *The Balanced Company*, p. 272.

7) 상게서, p. 164.

8) 상게서, p. 165.

다소 혼동하기 쉬운 부분이 있다면 과거에는 개인에게만 사용되었던 '영리적' 이라는 용어가 현재는 비즈니스 조직을 정의하는 데 흔하게 사용된다는 점이다.

『헤리티지(*The American Heritage*)』 사전을 보면 '영리적' 이라는 단어는 "이윤추구의 의도를 가지고 설립되었거나 운영되는 것(예: 영리병원)"으로 정의 되고 있다.[9] 여기에서의 핵심은 바로 '의도성' 이다. 그러나 어느 한 개인이 이윤을 위해 병원을 설립하거나 운영한다고 말하는 것과 일종의 조직인 병원이 이윤을 얻고자 의도한다고 말하는 것은 결코 같은 개념이 아니다. 만약 한 개인이 의도를 가지고 있다고 한다면 이는 그 사람이 무엇인가를 하도록 동기부여받고 있다는 것을 의미한다. 동기의 이면에는 욕망이 존재하고 그 욕망은 육체를 가진 형체 안에 위치하게 된다. 그러나 조직은 같은 방식으로 존재할 수 없다. 이것들은 동물세계의 일원이 아니기 때문이다. 조직은 행위의 동기 자체를 가지고 있지 않기 때문에 이윤에 의해 동기부여를 받을 수 없다. 이윤은 개인이 회사를 설립하게 하거나 그곳에서 일하게 동기부여할 수는 있지만 기업을 동기부여할 수는 없다. 센(Amartya Sen)의 말처럼 비영리적 동기들은 성공적인 사업을 만드는 데 큰 역할을 하지만[10] 여전히 중요한 것은 비록 우리의 일상대화에서 영리적 또는 비영리적이라는 말을 흔히 사용하지만 이 용어는 사실상 기업의 목적이 아닌 개인의 목적을 가리킨다는 점이다.

---

9) *American Heritage Dictionary of the English Language*, p. 715.

10) Amartya Sen, "Does Business Ethics Make Economic Sense?" *Business Ethics Quarterly*, vol.3, no. 1 (January, 1993), p. 50.

개인의 이윤추구 동기를 조직에 적용시키지 않는 두 번째 이유는 동기나 의도가 행동을 평가하는 좋은 기준이 되는 것은 아니기 때문인데 특히 직업세계에서 더욱 그렇다. 내가 이윤을 추구하고자 하는 강한 동기를 가지고 의사가 되었다고 가정해 보자. 나의 업무의 질은 원래 의사가 되고자 했던 동기에 의해서가 아니라 의사로서의 성과에 의해서 평가되면 안 되는 것인가? 더 나아가 비록 의사로서 부유해졌다고 해서 반드시 '좋은' 의사가 되는 것은 아닐 것이다. 좋은 인격을 갖추는 것과 직업적 능력을 가지고 있는 것은 물론 실제로 연관이 있겠지만 그러나 이 둘이 같은 것은 아니다. 기업의 경우도 마찬가지이다. 사람들은 여러 가지 이유로 기업을 설립한다.하지만 조직으로서 우리가 기업을 평가할 때 우리는 그들이 설립된 목적을 고려해 보아야 한다.

기업의 목적을 고려하는 주된 이유는 기업이 가치있는 목적을 가지고 있을 때 그 목적이 좋은 의사결정으로 안내할 수 있기 때문이다. 만약 그 목적이 좋고 활동이 그 목적과 부합한다면 기업의 목적과 활동 사이의 온전성이 만들어지게 된다. 이것이 바로 추구하는 것과 행하는 것 사이에서의 일관성에 의한 온전성이다. 그런데 '이윤' 은 무엇을 할 것인가를 결정하는데 있어서 믿을 만한 본질적 기준이 되지는 못한다. 과연 단지 많은 수익을 올렸다는 이유만으로 그 회사의 온전성을 칭송할 사람이 누가 있을까? 온전성은 어떻게 그 수익이 만들어졌는지와 더 관련이 있다. 조직에서 이윤은 매우 중요한 역할을 하고 있지만 이는 영리조직이나 비영리조직의 경우나 마찬가지이다. 사실 우리가 영리조직, 또는 비영리조직이라고 부르는 것 사이의 차이점은 경제학에서 말하는 것처럼 그다지 크지 않다. 최소한 조직적인 차원의 분석에서는 그렇다.

이처럼 경제학적인 관점은 조직의 실체와 조직이 어떻게 개인과 다른지를 충분히 고려하지 않는다. 더 나아가 기업 의사결정의 온전성을 평가해 보는 좋은 도구가 될 수 있는 기업의 의도부분을 포함하지 않고 있다. 이어 등장하는 경영적 관점은 위의 첫 번째 오류를 극복하였고 이제 그 두 번째 오류를 수정해 왔다.

경영적 관점에서 본 기업의 목적

오늘날 경제적 관점에서 기업에 접근하는 경영자들이 있는데 그들은 마치 회사를 오로지 돈을 벌어들이기 위한 그들 자신을 위한 존재로 여긴다. 스톡옵션제도가 기업의 목적을 실현시키기보다 기업의 주가를 상승시키는데 열중하는 경영가들을 양산하고 있는 반면 성공적인 기업이 되는 길이 우선 재능 있는 인재들과 그들의 헌신을 끌어내는 목적을 추구하고 그들에게 집중과 방향을 제시하고 마지막으로 그들이 참여하고 있는 프로젝트에 자부심을 갖게 하는 것이라고 믿는 이들도 있다.

콜린스(Collins) 와 포라스(Porras)는 그들의 저서 『성공하는 기업들의 여덟 가지 습관(*Built to Last*)』에서 이윤창출을 넘어 각각의 특정한 목적을 가진 18개의 성공기업을 소개했다.[11] 여기에 소개된 HP(Hewlett-Packard)사의 공동설립자 패커드(David Packard)는 기업의 목적에 대해 경영적 관점으로 불릴만한 견해를 제시한다.

많은 사람들이 기업은 이윤을 창출하기 위해 존재한다고 믿고 있지만 나는 그렇게 생각하지 않는다. 물론 이윤은 기업이 존재하는 중요한 결과물이기는 하나 진정한 존재의 이유를 찾기 위해서는 좀더 깊이 생각해 보아야 한다. 더 근본적인 존재이유를 찾다 보면 다음과 같은 결론에 도달하게 되는데 사람들이 모여서 회사라고 불리는 단체로 존재하게 됨으로써 그들은 각각의 개인으로서는 성취할 수 없는 어떤 것을 집단적으로 해낼 수 있게 된다는 것이다. 이 과정에서 그들은 사회에 일정부분 공헌을 하게 되는데 진부하게 들릴지는 모르나 이는 매우 중요한 일이다.[12)]

콜린스와 포라스가 소개한 또 하나의 기업, 존슨 앤드 존슨(Johnson and Johnson)사는 (사회에 대한) 책임 있는 경영의 모델이 될 만한 신조(Credo)를 가지고 있다. 존슨 앤드 존슨은 이 신조를 통해 스스로를 목적을 가진 조직으로 이해하고 있음을 표명한다(〈도표 4.1〉).

비록 이것이 회사의 목적을 직접적으로 언급하고 있지는 않지만 존슨 앤드 존슨사의 아이덴티티를 분명하게 보여 준다. 기업 스스로를 회계학에서 구분하듯 하나의 '경제조직'으로 바라보지 않고 기업의 이해관계자들이 강하게 결속된 그룹으로 인식한다. 경영적 관점에서 보면 이윤은 단지 고객을 포함한 모든 이해관계자들을 만족시킨 결과일 뿐이다. 그리고 영리기업을 경영하는 것이 비영리기업을 경영하는 것과 예상과는 달리 큰 차이가 없음을 나는 몇 년 전 여행사 간부들의 컨퍼런스에서 알게 되었다.

11) James C. Collins and Jerry I. Porrass, Built to Last: Successful Habits of Visionary Companies (New York: HarperBusiness, 1997).

12) 상게서, p. 56.

우리의 신조

우리는 그 무엇보다도 먼저 의사, 간호사, 환자 그리고 우리 제품과 서비스를 사용하는 엄마, 아빠들에 대해 책임이 있다.
그들의 요구에 부응하기 위해 우리가 제공하는 모든 것은 최상의 품질이어야 한다.
우리는 합리적인 가격이 유지될 수 있도록 비용절감을 위해 끊임없이 노력해야 한다.
고객의 요구를 즉각적이면서 정확하게 대응 및 이행해야 한다.
우리 업체의 공급자들과 유통관계자들에게는 공정한 이익배분의 기회가 주어져야 한다.

우리는 전세계에서 우리와 함께 일하는 남성 및 여성 고용인들에 대한 책임이 있다.
모든 사람들은 각각의 개인으로서 존중되어야 한다.
우리는 그들의 존엄성을 존중하고 그들의 장점을 인정해 주어야 한다.
그들은 자신의 직업 안에서 안정감을 얻을 권리가 있다.
보상은 공정하고 적절하여야 하며 작업환경은 청결하고 정돈되고 또한 안전해야 한다.
우리는 우리의 고용인들이 그들 가정에서의 책임을 다할 수 있도록 도와야 함을 잊지 말아야 한다.

고용인들은 의견제안이나 불만표현을 자유롭게 할 수 있어야 한다.

능력이 있는 이들에게 고용, 자기계발, 진급의 동등한 기회가 주어져야 한다.
우리는 우수한 경영진을 제공해야 하며 그들의 행동은 공정하고 윤리적이어야 한다.

우리는 우리가 속한 지역공동체 및 세계공동체에 책임이 있다.
우리는 좋은 시민들로서 사회에 봉사 및 기부하고 세금을 성실히 납부해야 한다.
우리는 도시의 개선을 장려하고 시민의 더 나은 건강과 교육을 위해 힘써야 한다.
우리는 환경과 자연자원을 보호하면서 우리가 사용하고 있는 소유지를 잘 관리해야 한다.

마지막으로 우리는 우리의 주주들에 대해 책임이 있다.
사업은 견실한 이윤을 창출해야 한다.
우리는 새로운 아이디어들을 실험해야 한다.
리서치를 수행하고, 혁신 프로그램들을 개발하고, 실수를 통해 배워야 한다.
새로운 장비들을 구매하고, 새로운 시설들을 제공하고, 신상품들을 시장에 내보내야 한다
또한 위기를 대비해서 예비 적립금을 준비해야 한다.
우리가 이러한 원칙들을 지켜 나간다면 주주들에게는 온당한 수익이 돌아가게 될 것이다.

〈도표 4.1〉 Johnson and Johnson credo (www.jnj.com/careers/ourcredo.html 참조)

영리기업과 비영리기업의 경영 | '2000년 여행 지식 컨퍼런스(2000 Travel Learning Conference)' 에서 비영리 여행업체들을 대상으로 '영리 및 비영리 여행업체 간의 차이' 에 관한 워크숍 진행을 돕고 있을 때였다. 영리 및 비영리단체 양측의 경영자들이 함께 그 곳에 참여하고 있었다. 그 때 미리 준비한 두 가지 질문 중 하나는 "비영리 (또는 영리)조직에서 일한다는 것이 얼마나 중요한가?" 였다. 몇몇 사람들이 비영리단체에서 일하는 것이 매우 중요하다고 답했고 그들은 자신들이 돈이나 영리 이상의 목적을 가지고 있다고 여기고 있었다. 영리기업에서 참석한 대부분의 사람들은 그 첫 번째 질문에는 그다지 관심이 없었다. 두 번째 질문은 "비영리조직이나 영리조직이 그들의 이해관계자들(고객, 직원, 공급자, 소유자, 소속공동체 등)과 관련되는 방식이 어떻게 다른가?" 하는 것이었는데 이 질문에 대한 양측의 답변은 매우 비슷했다. 양측 모두 그들의 고객을 만족시키기 위해 노력하고 있었고 또한 공통적으로 직원들을 잘 대우하고 공급자들과 좋은 관계를 유지하기를 원하며 소속된 공동체에 무엇인가를 환원해야한다고 느끼고 있었다. 모든 참석자들의 조직은 그들의 조직이 높은 성과를 달성하기를 원하는 이사진(board of directors)을 가지고 있었다. 달리 말하자면 틸(Jon Van Til)이 주장한 바와 같이 경영진들은 그들이 영리기업에 속하든 비영리조직에서 일하든 이에 관계없이 매우 공통적인 과제들에 직면하고 있다.

리더십 스킬이나 지원동원력 그리고 경영능력은 요즘 시대의 전문가들에게 필수적인 요소이다. 이는 비영리단체나, 대학, 교회, 정부단체, 또는 기업체 등 그 어느 곳에서 일하든지 마찬가지이다. 물론 관습과 임무에 있어서 조직들 간의 차이

가 분명 있겠지만 이 세 가지 능력을 함양해야 함은 피해 갈 수 없다. 우리는 점점 더 조직화되는 사회에서 살고 있기에 만약 우리가 진보하거나 아님 최소한 존속하고자 한다면 공동체적 리더십, 비즈니스 자원개발 그리고 효율적 조직운영에 있어서의 자질을 스스로 보여 줘야 한다. 우리는 모두 어느 정도까지는 (최소한 부분적으로라도) 이미 경영자가 되어 있다. 우리들 대부분은 비영리부분인 제3 영역의 조직적인 환경 안에서 비즈니스를 수행하고 있는 것이 사실이다.[13)]

앞서 언급했듯이 몇몇 참석자들은 동기에 따른 차이가 분명 있다고 주장했다. 비영리단체의 간부들은 그들 자신이 영리기업의 경영자들만큼 이윤에 의해 동기부여받지 않는다고 주장했다. 이는 "왜 사람들이 비영리나 영리조직을 선택하게 되는가"에 대해서 샐라먼(Lester Salamon)이 취하고 있는 관점과 흡사해 보인다. 기업이 사적인 이익을 얻기 위한 개인의 진취정신을 독려하듯이 비영리단체는 공공의 선을 위하는 개인의 자발성을 촉구한다.[14)] 이 말이 맞는 경우도 있다. 그러나 그 컨퍼런스에 참석 중이던 영리기업의 몇몇 간부들은 이러한 주장에 반론을 제기했다. 그들 역시 비영리단체들의 운영자들만큼 탁월한 서비스를 제공하는 데 관심이 있다고 이들은 주장했다. 비록 차이가 있다 하더라도 그것은 개인들 간의 차이이지 조직에 해당되는 것이 아니다. 앞에서 이미 말했듯이 '영리적' 또는 '이윤

---

13) Jon Van Til, Growing *Civil Society: From Nonprofit Sector to Third Space* (Bloomington and Indianapolis: Indiana University Press, 2000), p. 112.

14) Lester M. Salamon, *America's Nonprofit Sector: A Primer*, second edition (New York: The Foundation Center, 1999), p. 14.

추구의 동기' 등은 사실 개인의 특성을 지칭하는 것이지 기업을 표현하는 용어는 아니다. 타 인간조직과 마찬가지로 기업은 특정한 목적을 의도로 설립되고 그 목적이 그들에게 방향을 제시한다. 이윤은 여전히 조직운영에 있어서 중요한 역할은 하고 있지만 사실은 그 밖의 다른 역할들도 가지고 있다.

조직에서 이윤의 활용 | 많은 사람들은 이윤을 성공과 효율적 경영을 측정하는 수단으로서 활용한다. 수익을 내는 기업은 경영을 잘 했기 때문이며 달리 말하면 자원을 효율적으로 활용하고 낭비를 최소화했기 때문이라고 생각한다. 비용과 이익을 잘 살피면 인적, 자연적 자원들을 잘 관리할 수 있게 된다. 경영적 관점에서 이윤은 "무엇을 해야만 하는가(목적)?" 에 관한 것이 아니라 "어떻게 하면 되는가?" 를 측정하는 도구로 활용된다. 이는 영리조직와 비영리조직 모두에게 해당된다.

이윤을 내게 되면 조직의 성장과 발전을 위한 자본이 늘게 되고 이는 또다시 부의 창출로 이어진다. 시민들뿐 아니라 경영자들도 부의 창출과정에 관심을 가지고 있는데 많은 경우에 부의 창출은 사회적이고 시스템적인 과정에서 발생하는 것이지 어느 한 기업의 결과물이 아니다. 여기에서 주목할 점은 그 부가 엔덜(Georges Enderle)이 말하는 축적된 부인지 아니면 창조된 부인지 하는 것이다.[15] '축적된 부' 라 함은 16세기에 유럽인들이 미국

15) Georges Enderle, "Business Ethics and Wealth Creation : Is There a Catholic Deficit?" Occational Papers of the Erasmus Institute, 2004 Series, no. 1, University of Notre Dame.

인들의 부를 부풀렸듯이 부가 한 소유주로부터 다른 사람으로 이동해 간 것을 의미하며 반면 '창조된 부'는 효율성을 향상시키기 위해 기술지식을 적용하는 경우처럼 혁신이나 발명을 통해서 부를 증가시키는 것을 말한다. 이러한 두 가지 형태의 부는 거의 맞물려 있다. 그 동안 부와 번영의 원천이 되어 왔던 자연환경의 현재상태를 감안하면 앞으로 새로운 부의 창출을 위해서는 새로운 사고가 필요함이 분명하다.

제6장에서 이 문제를 다룰 예정이다. 조직의 온전성과 관련하여 이윤추구의 경우처럼 부의 창출 역시 활동의 기준에 되기에는 제한이 있다. 부를 창출하는지, 아닌지 하는 것으로 그 기업의 활동이 옳은지, 아닌지를 판가름 할 수는 없다. 기업의 이윤이나 부의 창출이 중요하지 않다고 말하는 것은 아니다. 다만 이것들이 기업의 조직으로서의 목적이 되어서는 안 된다고 말하는 것이다.

어떤 경영자들은 수익에 대해 걱정하면서 많은 시간을 보내고 있고 경영대학들에서 이러한 문제들을 다루는 과목들이 많아졌다. 이는 무엇을 할 것인가에 대한 걱정이 아니라 하고 있는 일에서 어떤 결과가 나올 것인가에 대한 걱정이다. 물론 둘 다 중요하지만 우선순위를 정할 필요가 있다. 재무부서는 경영결과에 대한 책임을 지고 이를 위해 마땅히 도움을 받게 되어 있지만 이들이 회사 전체를 운영하지는 못한다.

엘스워스(Richard R. Ellsworth)의 주장을 예로 들면 "리더는 회사의 성과에, 고용인들에게, 인간의 욕구충족에, 그리고 결과적으로 사회에 많은 긍정적인 영향을 미칠 수 있는 목적을 정의할 책임을 가진다."[16] 엘스워스는 해당 비즈니스가 자본시장에 의해서 창출된 것인지 아니면 생산시장에 의한 것인지를 중요한 이슈로 삼는다. 비즈니스가 자본시장으로부터 수익이 나도록 설계되었는지 아니면 생산시장에서 생산물을 만들어 내기 위해 존재하는지에 대해 그는 다음과 같이 말한다.

주주의 부를 늘려 준다는 목표와 고객의 요구를 충족시킨다는 것은 근본적으로 다른 우선순위를 가지는 것이 분명하다. 하나는 재무수익을 강조하면서 자본시장을 반영한 목표이고 나머지는 성장과 혁신을 강조하면서 생산시장을 반영한 목표이다. 장기적으로 건실한 회사라면 재무적인 수익은 생산시장전략의 결과물이지 동력이 되어서는 안 된다.[17]

회사가 수익을 내면 경영자들은 이것을 어떻게 분배할지의 문제에 직면한다. "이 수익은 누구를 위한 것인가?" 하는 문제이다. 대부분의 기업들은 일부는 R&D, 일부는 기업확장, 일부는 교육, 또는 일부는 투자자들에 대한 배당금 등으로 각각 사용한다. 달리 말하면 수익금은 투자자들의 돈이 되는 것 아니라 회사 자체를 위해 쓰인다. 물론 경영자들은 그들의 의사결정에 책임을 져야 한다. 그러나 온전성의 전체적인 시각으로 보면 그들이 책임져야 할 대상은 주주만이 아니라 관련된 모든 사람들이다. 경영학적인 관점이 이익의 중요성을 간과하는 일은 결코 없다. 다만 이익의 개념을 제자리에 올려놓을 뿐이다. 이것은 좋은 경영의 결과이지 목적 자체로 보여지지 않는다. 사회시스템에서뿐만 아니라 개인에게 있어서도 이윤은 다른

---

16) Richard R. Ellsworth, *Leading with Purpose: The New Corporate Realities* (Stanford, CA: Stanford University Press, 2002), p. 20.

17) 상게서, pp. 121~2.

기능들을 가지기도 하지만 조직에 있어서 이윤은 동기가 아니라 결과이다. 회사들은 그들의 목적에 의해서 움직인다. 그렇다면 그들이 합당한 목적을 선택했는지, 아닌지를 우리가 어떻게 알 수 있을까? 이 질문에 대한 콜린스와 포라스의 답변은 다양한 기업활동을 정당화하기위해 경영적 관점이 어떻게 비즈니스 사례들을 활용하는지를 보여 준다.

긍정적인 기업목적의 비즈니스 사례 | 성공하는 기업들의 여덟 가지 습관에서는 한 회사의 목적을 "단순한 이윤을 넘어선 조직의 근본적인 존재이유로서 특수목적이나 비즈니스 전략과 혼동되지 않게 하기 위한, 마치 수평선 위에서 사라지지 않고 방향을 안내하는 별과 같은 역할이다"라고 표현한다.[18] 기업의 핵심가치와 더불어 기업의 목적은 콜린스와 포라스가 말하는 기업의 핵심 이데올로기를 형성한다. 그들이 지적했듯이 매우 성공적인 회사들은 그들만의 서로 다른 이데올로기를 가지기도 한다.

- 존슨 앤드 존슨이나 월마트(Wall Mart)와 같은 회사들은, 소니(Sony)나 포드(Ford)와는 달리 그들의 이데올로기의 중심에 고객을 두고 있다.
- HP와 매리엇(Marriott) 같은 회사들은 노드스트롬(Nordstrom)이나 디즈니(Disney)와는 달리 이데올로기의 중심에 그들의 직원(고용인)들을 두고 있다.
- 포드나 디즈니 같은 회사들은 IBM이나 시티(City)그룹과는 달리 이데

18) Collins and Porras, *Built to Last*, p. 73.

올로기의 중심에 상품이나 서비스를 두고 있다.

- 소니나 보잉(Boeing)과 같은 회사들은 HP나 노드스트롬과는 달리 이데올로기의 중심에 과감한 모험을 두고 있다.
- 모토롤라(Motorola)나 3M과 같은 회사들은 P&G나 아메리칸 익스프레스(American Express)와는 달리 이데올로기의 중심에 혁신을 두고 있다.[19)]

그렇다면 한 회사의 목적이 무엇인가가 중요한 것일까? 콜린스와 포라스의 입장은 분명 그렇지 않다. 그들은 "사람들에게 끼치는 유익함 면에서 볼 때 서로 양극단에 위치하고 있는 제약업체 머크(Merck)와 담배회사 필립 모리스(Philip Morris)는 매우 서로 다른 이데올로기를 가졌지만 둘 모두 각각의 이데올로기에 강하게 영향을 받는 비전 업체들이다"라고 적고 있다. "비전을 가진 회사가 되기에 적합한 핵심 이데올로기가 따로 있는 것일까?"에 대해서 "모든 비전업체들에게 적합할 만한 특정한 이데올로기가 따로 있는 것은 아니다"고 그들은 답한다.[20)] 이 말은 결국 성공을 하는 한 어떠한 핵심 이데올로기도 괜찮다는 뜻인가? 콜린스와 포라스는 이러한 질문에 그렇다고 답하진 않았지만 그들 책의 어떤 부분에도 괜찮지 않다는 내용은 없다.

따라서 기업은 온전성을 평가하는 것과 관련하여 경영적인 관점은 목적에 대한 애매모호함을 남긴다. 왜냐하면 온전성은 기업에 좋은 목적을 추

19) 상게서, p. 87.
20) 상게서.

구할 때 얻어질 수 있는 것이기 때문이다. 물론 기업이 성공하기 위해서 반드시 가치 있는 목적을 가져야만 하는 것은 아니다. 그러나 기업이 온전해지기 위해서는 그것이 필요하다. 기업이 가치 있는 목적을 가질 때에야 비로소 사회적 역할에서뿐만 아니라 기업의 의사결정에서의 스스로의 온전함을 평가할 수 있게 된다. 기업목적의 의미를 더 깊이 이해하기 위해서는 시민적 관점을 살펴볼 필요가 있다.

시민적 관점에서 본 기업의 목적

제1장에서 주장한 바와 같이 시민적 관점은 아리스토텔레스의 시민윤리에 그 근간을 두고 있는데, 이는 좋은 삶을 영위하는 것은 오로지 폴리스(고대 도시국가)의 정치적 영역 안에서만이 가능하다고 가정했다. 그는 이 영역에 경제적 활동을 포함시키지는 않았는데 어차피 그는 현대의 비영리 및 영리기업을 접해 보지도 못했지 않은가.

오늘날은 비영리조직이 시민영역 또는 시민사회에 포함된다는 인식이 보편적인데 그렇다면 영리기업은 어디에 속하는 것인가를 질문하는 사람들도 있다. 제5장에서 이 문제를 다루기로 하고 여기에서는 아리스토텔레스의 목적에 대한 개념을 살피기로 한다.

아리스토텔레스의 연구에서 목적을 의미하는 용어는 '텔로스(telos)' 또는 '최후의 목적(final end)' 이다. 이 목적은 바로 '행복' 인데 다른 사람들과 함께 하는 공동체 안에서 자아를 꽃피우는 것으로 이해된다. 아리스토텔레스는 인간의 행복을 기능과 관련하여 정의한다. 한 개체의 '성격적 행동' 으로 정의되는 이 '기능' 의 개념은 아리스토텔레스의 시민윤리를 기업의 목적에 적용시키려는 시도와 깊은 관련이 있다.

플룻 연주자, 조각가 등과 같은 전문가나 아니면 어떤 행동이나 기능을 수행하는 일반인들에게서 선(善)함이나 성과가 나타나면 이는 그 사람이 온당히 가지고 있어야 할 기능이라고 여겨진다. 인간의 선이나 성과도 마땅한 그의 기능이다. 그렇다면 목수나 구두장이들은 그들 자신의 온당한 기능과 행동영역을 가지는 반면 아무 능력도 가지지 않은 인간은 자연적으로 쓸모없는 인간이 되는 셈인가?[21]

이 질문은 다소 수사적(rhetorical)이다. 아리스토텔레스는 인간들은 하나의 기능을 가진다고 믿는다. "인간의 고유한 기능은 합리적인 원칙과의 조화 속에서 이루어지는 영혼의 활동이다."[22]

아리스토텔레스는 사실상 두 개의 합리적인 원칙이 있다고 했는데 그 하나는 실질적인 것이고 나머지는 이론적인 것이다. 이론적인 원칙의 기능은 우리의 흥미차원을 넘어선 '지혜의 관조(觀照)' 이다.여기에서 우리가 주목하는 '기능적인 원칙' 은 바로 특정한 상황에서 자신의 가능성을 최대한 실현시키는 방법을 찾아냄으로서 행복을 추구하는 것을 의미한다.

기능에 관한 아리스토텔레스의 논의는 기업의 목적을 고찰해 보는 좋은 방법을 제시한다. 아리스토텔레스의 말처럼 조선공(shipbuilder)의 기능이

21) Aristotle, *Nicomachean Ethics*, p. 16.

22) 상게서, p. 17.

좋은 배를 만드는 것이고 플룻연주자의 기능이 플룻을 잘 연주하는 것이라면 특정조직의 기능은 무엇인지 우리는 그들에게 질문할 수 있다. 그들의 답이 아리스토텔레스와는 다를 수 있지만 질문은 매우 유사하다. 아리스토텔레스가 던진 "당신은 쓸모가 있는가?" 라는 다소 과장된 듯한 이 질문의 답은 기업이 무엇을 잘 하고자 했던가에 따라 다를 것이다.

여기 텔레스의 개념은 효율성이나 공리주의적 고찰과는 전혀 관계가 없다. 목적론적 윤리(teleological ethic)로 흔히 알려진 공리주의는 이 차이를 모호하게 하고 있다. 텔레스는 결과에 대한 것이 아니라 개체로서의 사람이 추구하는 목적에 대한 것이기 때문이다.

게워스(Alan Gewirth)가 말했듯이 "아리스토텔레스의 윤리에서 바라는 궁극적 목적은 주로 행동으로 이어지는 외적 결과를 의미하기보다는 가치 있는 목적을 위한 행동내면에 담긴 정신 같은 것을 의미한다."[23] 결과가 비록 중요하기는 하지만 목적이 가져오는 온전함은 지닐 수 없다. 개체의 기능을 규정하는 것이 바로 목적이다. 우수한 기능에 해당되는 행동들은 우수하다. 마치 부분이 전체에 해당되듯이.

캡틴과 웸피가 균형있는 기업에 관해 쓴 그들의 저서에 증명했듯이 온전성과 관련된 공리주의적인 접근은 서로 다른 요구들을 조율한다는 입장이다.[24] 그러나 서로 다른 주장들을 조율하여 연결시킨다고 해서 이렇게 연결된 것들이 가치 있는지, 없는지에 대해서는 알 수가 없다. 오로지 목적이

---

23) Alan Gewirth, "Can Any Final Ends Be Rational?" *Ethics*, vol. 102, no. 1 (October, 1991), p. 91.

24) Kaptein and Wempe, *The Balanced Corporateion*.

분명하고 가치가 있을 때만이 그것을 추구하는 데 드는 비용과 이익을 따질 수 있게 된다.

아리스토텔레스의 시민윤리는 적십자(Red Cross)나 그린피스(Green Peace) 같은 조직에 대한 우리의 이해와 쉽게 맞아 떨어진다. 그들은 '선한' 목적으로써 다른 사람들을 돕고 있고 그들의 정책과 의사결정은 그 목적에 부합되었는지에 대해 평가받는다. 영리기업도 이에 해당될 수 있을까? 조직을 경영하는 데 있어서 영리조직과 비영리조직이 유사하듯이 두 조직에 있어서 목적의 의미가 비슷하다면 어떨까? 만약 비영리조직과 영리조직이 사회 속에서 매우 비슷한 기능들을 가지고 있다면 비영리조직의 특성을 살펴봄으로써 영리조직을 설명하는 일이 쉬워질 것이다. 비영리조직은 선한 의도를 가지고 있다는 일반적인 기대를 영리기업에게로 옮겨 보자. 그러면 그들이 공공의 선을 위해 어떻게 함께 일할 수 있는지와 관련해서 모든 기업들의 기능을 살펴보는 일이 가능하다. 영리조직과 비영리조직을 비교해 봄으로써 이 가정이 유효한지 확인해 볼 수 있다.

영리조직과 비영리조직의 비교

셀라먼(Lester Salamon)은 비영리조직을 두 가지 종류로 구분하였는데 전문가협회처럼 회원을 위한 비영리조직과 건강, 교육, 사회봉사, 예술과 레크리에이션, 국제원조처럼 대중을 위한 비영리조직이 존재한다.[25] 그는 영리조직과 유사하면서도 '대중에게 봉사하는' 비영리조직들의 여섯 가지 특성을 제시한다.

① 그들은 조직이다. 이 때 레스터(Lester)는 일시적인 조직을 비영리조직 영역에서 제외시켰다. 비영리조직은 주법률(State law) 하에 '비영리'자격을 가지고 법인체로서 계약을 체결하거나 타기능들을 수행할 권리가 있다.

② 비록 정부보조금을 받고 있다 하더라도 그들은 정부단체가 아닌 사립단체이다. 정부는 그들 위원회를 통제하지 않는다.

③ 비영리조직은 영리를 배분하지 않는다. 그들이 이익을 창출하기도 하지만 그 이익은 그들의 소유주에게 배분될 수 없다. 이익은 대리자로서의 사명을 위해 재투자되어야 한다.

④ 그들은 자치적이다. 무엇을 할지를 결정하기 위한 그들 자체의 절차를 가지고 있다.

⑤ 셀라먼의 말처럼 비강제적인 조직이라는 점에서 그들은 자발적이다. 그들은 기업활동이나 위원회운영에 있어서 일정 정도의 자발적 참여를 포함시킨다.

⑥ 마지막으로 그들은 공공의 이익을 지향한다. 비영리조직은 "공공의 목적을 수행하고 공공의 선에 기여한다."[26] 이 마지막 특성은 두 가지 요소, 즉 공공의 이익과 공공의 목적을 모두 의미할 수 있기 때문에 다소 혼동의 여지가 있다. 왜냐하면 공공의 목적이 없이도 공공의 이

---

25) Salamon, *America's Nonprofit Sector*, p. 22.

26) 상게서, pp. 10~11

> 익을 가져올 때가 있기 때문이다. 이익이란 행동의 결과를 말하는 반면 '공적인 목적' 은 조직이 성취하고자 애쓰는 의도를 의미한다. 그런데 여기에서 말하는 여섯 번째 특징이 더 중요하게 생각하는 것은 '공적인 목적' 이다.

영리조직들도 이 여섯 가지 특성들을 가질까? 어떤 특성의 경우 답이 분명하다. 예를 들어 영리기업 역시 '조직' 이며 또한 '사립조직' 이다(특성 ①과 ②). 특성 ③의 경우 크게 차이가 난다. 영리기업들은 그들의 이익을 소유주에게 분배할 수 있다. 이는 기업자산의 법적 소유주에 대한 차이이다. 영리조직의 경우 사적으로 소유된다. 이것이 바로 사유기업의 의미 중 하나이다. 반면 비영리조직의 자산은 설립자나 위원회의 것이 아니라 공공의 것이다. 그렇기 때문에 그들은 이익에 대한 소득세를 납부하지 않는다. 이 이익은 절대로 해당조직을 운영하는 사람의 재산이 되지 않는다. 영리기업이 그들의 자산을 소유주에게 분배 할 수 있는 반면 비영리조직은 그들의 자산을 유사공공사업 프로젝트에 투자해야 한다.

그렇다면 특성 ④, ⑤, ⑥의 경우는 어떤가? 특성 ④와 ⑥은 우리의 주된 관심인 기업의 목적과 더 관련이 있으므로 특성 ⑤를 먼저 간단하게 살펴본 후에 다루고자 한다. 영리기업이 비영리조직처럼 '자발적' 인가? 한 가지 차원에서 보면 분명 그렇지 않다. 사람들은 인간욕구를 충족시키기 위해 일한다. 우리들 대부분은 일을 필요로 한다. 사실 근로자들이 시민들로 인식되려면 그들이 일을 하도록 강요받지 않는다는 전제가 필요하다. 이 말이 무엇을 뜻인지는 조직리더십을 논하는 제7장의 리더－팀원관계 부문에서 살펴보겠다. 지금으로서는 영리 및 비영리조직 모두가 똑같은 시민적 권리를 가지고 있다고 보고 더 나아가 비영리조직 역시 고용인들을 가진다는 점만을 기억하자. 미국의 비영리조직은 1996년에만 1090만 명을 고용했다. 셀라먼은 "만약 미국의 비영리부문을 하나의 국가로 본다면 그들의 수치는 세계 많은 국가들의 GDP(Gross Domestic Product)수준보다 많을 것"[27]이라고 말했다. 업무관계를 살펴보면 비영리조직은 영리조직과 똑같은 과제에 직면하고 있는데 이는 사회에서 상호이익의 관계를 구축할 수 있는 대화의 장을 마련하는 것이다. 만약 여기에 영리조직과 비영리조직 간의 차이가 있다면 그 차이는 직장에서 개인들 사이의 관계가 달라서가 아니라 개인들의 동기가 다르기 때문일 것이다. 따라서 이것은 특성 ④와 ⑥에서 다루겠다. 기업이 '공공의 목적'을 가진 '자치적인' 조직인가? 이 두 가지 특성은 각각 개별적으로 다루고자 한다.

자치 조직으로서의 기업

앞서 기업의 사회적 책임을 분석할 때 기업은 윤리적인 관리인(agent)으로 표현했다. 기업은 그들 자체의 의사결정 구조를 가지고 있어서 선택을 하고 그 선택에 대해 기업의 규범에 맞게 평가하기 때문에 그들을 '윤리적 관리인(moral agent)'이라고 나는 주장했다. 같은 이유로 그들이 '자치조

27) 상계서, p. 21

직' 이라고도 말할 수 있겠다. 이러한 시각에 반대하는 주요 논점에 대해 앞에서는 다루지 못했지만 이제는 그것을 살펴보려 한다. 비판에 답하다 보면 사실상 자치조직으로서의 기업의 의미가 더 분명하게 표현될 것이다.

기업의 행위에 대한 최근 논쟁은 프렌치(Peter French)의 저서 『집단적이고 기업적인 책임(*Collective and Corporate Responsibility*)』[28]과 함께 시작되었다. 프렌치의 연구가 가장 크게 기여한 바는 기업이 '내부 의사결정구조' 를 가지고 있다고 그가 지적했다는 것이다.[29] 달리 말해 기업에는 의사결정절차가 있다. 그러나 프렌치는 기업을 의도를 지닌 인격체로도 볼 수 있다고 주장했다.[30] 이러한 프렌치의 주장이 옳은가에 대한 많은 논쟁이 있어 왔다. 기업은 의도성을 가진 인격체가 될 수 있을까?

사람들은 기업의 윤리적인 신분에 대해 다양한 입장을 취해 왔지만 프렌치의 입장을 가장 완강히 비판한 사람은 최근 『기업윤리-분기간행물(*Business Ethics Quarterly*)』에서 다시 논쟁을 펼치기 시작한 벨라스케스(Manuel Velasquez)이다.[31] 그는 여기에서 책임에 대한 이른바 '개인주의자' 적인 관점을 지지하였는데 조직에서 오직 개인만이 윤리적으로 책임을 질 수 있다고 주장한다.[32]그의 주장을 입증하기 위해 그는 내셔널 세미컨덕터(National Semiconductor)의 사례를 제시하였는데 회사는 핵무기 유

---

28) Peter A. French, *Collective and Corporate Responsibility* (New York: Columbia University Press, 1984).

29) 상게서, p. 39.

30) 상게서, p. 89.

31) Manuel Velasquez, "Debunking Corporate Moral Responsibility," *Business Ethics Quarterly*, vol. 13, no.4 (2003), pp. 531~62.

도시스템, 유도미사일, 로켓 발사기에 사용되는 2600만 여 개의 컴퓨터칩을 국방부에 납품한 회사였다. 그런데 이 컴퓨터칩들이 엄격한 테스트를 제대로 거치지 않았으며 회사의 몇몇 경영진이 이와 관련된 오류문서들을 은폐하려 했음이 드러났다. 이 때 경영진들의 일부는 이 은폐에 참여할 것을 거절한 상태였다. 마침내 내셔널 세미컨덕터사는 정부를 속인 것에 대해 175만 달러를 지불하기로 합의했다. 여기에서 흥미로운 점은 당시 회사의 CEO였던 스포크(Charles Sporck)가 은폐에 참여했던 사람들의 명단공개를 거부했다는 사실이다. 그는 회사는 책임이 있으나 개인들에게는 책임이 없다고 주장했다. 벨라스케스는 "그 문제는 회사의 책임이라고 생각하지만 이것은 윤리의 문제이다"[33] 라고 한 그의 말을 인용했다. 결국 회사의 책임만 있었을 뿐 그 어느 개인도 이 범죄에 대한 책임이 없었다.

이런 경우에는 회사와 개인 모두가 책임을 지는 것이 당연하고 특히 사기를 은폐하려 했던 사람들에게 있어서는 더욱 그래야 할 것 같지만 벨라스케스는 다른 입장을 취한다. 그는 오직 개인만이 양심을 지닌 윤리적 관리인로서의 능력을 가지고 있기 때문에 개인에게만 책임이 주어져야 한다고 믿었다.[34] 프렌치(French)의 에세이와 마찬가지로 벨라스케스의 주장도 윤리적 관리인의 존재론적인 자격에 초점을 맞추고 있다. 벨라스케스에 따르면 인간이라는 윤리적 관리인는 욕망, 신념, 양심에 따른 동기에 입각한 행위를 하지만 조직은 그렇지 않다. 그러므로 윤리적 관리인에게만 의도성

---

32) 상게서, p. 531.

33) 상게서, p. 535.

34) 상게서, p. 546.

을 요구하라는 벨라스케스의 주장은 타당해 보인다. 그러나 윤리적 관리인 의사소통 행위에 입각한 관리인이고 회사의 의사결정도 특정 의사소통 행위에 포함된다. 게다가 의도나 양심 등의 개념은 개인을 각각 고립된 객체로 바라보는 우체국형 커뮤니케이션 모델에나 적합하며 개인을 의사소통 과정에 함께 참여하는 상황적 커뮤니케이션에서는 맞지 않는 개념이다. '윤리체(윤리적 관리인)로서의 기업' 에 대한 프렌치와 벨라스케스의 주장은 조직의 근본적인 차원에서 볼 때 불필요하다. 기업의 존속에 중요한 현안문제에 개인이 참여할 수 있도록 하는 의사소통의 양식이 기반된다면 윤리체로서의 기업은 가능하다.

의사결정과정에 참여하는 사람들이 협업할 수 있도록 의사소통패턴이 설계되고 참여하는 개인들의 목적보다는 조직의 목적을 위해 과정이 진행된다면 그 의사결정은 조직의 결정으로 본다고 해도 무리가 없을 것이다. 민주적인 회합을 통해 공동체를 위한 의사결정이 나오듯이 적절한 조직구조와 지침 하에서라면 회사의 임직원들도 그렇게 할 수 있을 것이다. 뒤에서 다시 설명하겠지만 강한 민주주의에서는 시민들이 그들의 사익을 공익으로 바꾸고 모두에게 득이 되는 공적인 결정을 하도록 하는 과정이 있어서 그들이 그 과정에 참여하도록 유도된다. 회사의 협의도 회사 각자의 목적과 정책과 절차를 따른다는 점만 제외하면 이와 크게 다르지 않다.

윤리적 관리인로서 기업을 강조하는 이유 중 하나는 기업이 그들의 실수에 대처할 수 있기를 바라는 마음에서이다. 우리가 실수를 하게 되면 어떤 일이 생기나? 우선 잘못한 것에 대한 비난을 받는다. 이 때 비난이 의미하는 바는 어떤 일을 우리가 달리 할 수도 있었거나 좀더 신중했더라면 놓친 일을 해낼 수 있었음을 뜻한다. 어느 경우든지 비난에 대한 적절한 대응은 우리가 했던 잘못을 고치고 이것이 다시 반복되지 않도록 확실히 하는 것이다.

내셔널 세미컨덕터사의 경우에 그들 역시 잘못을 수정했다. 그들이 지불한 벌금은 그렇게 해석될 수 있다. 그러나 더 중요한 것은 그들이 잘못된 절차를 수정하여 같은 종류의 실수가 되풀이되지 않도록 할 수 있었다는 점이다. 벨라스케스가 제안한 것처럼 우리가 오직 개인들만을 비난한다면 우리가 할 수 있는 일이란 개인들에게 바꿔라고 요청하는 것뿐이다. 하지만 많은 경우 정작 바뀌어야 하는 것은 조직의 언어적 그리고 비언어적 커뮤니케이션 패턴이다.

동시다발적으로 진행되는 커뮤니케이션 패턴으로서 조직을 바라보면 커뮤니케이션 패턴이 어떻게 의사결정을 내리고 그 패턴을 바꾸었을 때 향후 의사결정이 어떻게 바뀔 것인가를 쉽게 알 수 있다. 의사결정과정에 누구를 포함시킬지, 어떤 기준을 적용할지, 과정을 어떻게 모니터 할지 그리고 의견차이나 의견충돌에 어떻게 대응할지에 대한 결정에 따라 실수하게 되거나 성공하게 될 확률이 결정된다. 경우에 따라선 개인들도 그들의 대화 패턴을 검토해 봄으로써 일을 제대로 수행할 확률을 높일 수 있다. 개인이나 조직 모두 윤리적 관리인로서 행동할 능력을 가지고 있다. 물론 그러기 위해서는 조직 커뮤니케이션 패턴에 참여하는 사람들에게 조직을 유지하고 변화 시켜 줄 것을 항상 요구해야 할 것이다. 기업을 윤리적 관리인으로 보는 시각에선 영리기업을 자치적인 조직으로 보는 것도 가능해진다. 영리기업도 공적인 목적을 가지는가? 이 질문에 답하기 위해서 우린 '목적'이라는 개념의 다양한 의미를 살펴볼 필요가 있다.

상업적 기업과 공공의 목적

목적의 개념은 일상대화에서 매우 다양한 뜻으로 사용된다. 사물을, 사람을, 때로는 조직을 지칭하기도 한다. '목적을 지닌 조직으로서의 기업'을 이해하기 위해서 서로 다른 의미들이 구분되어야 한다. 사물의 목적과 사람의 목적을 구분하기 위해서 다음 두 문장을 참조해 보라. "신호등의 목적은 교통의 흐름을 통제하는 것이다." 이 문장에서의 목적은 교통신호등이 기능하도록 만들어진 것을 의미한다. 그렇다면 이번 문장은 어떠한가? "그 법의 목적은 질서를 유지시키는 것이다." 여기에서의 목적은 사회에서의 법률의 기능, 또는 법률가들의 의도 또는 둘 다이다. 어쨌든 법의 목적과 교통신호 등의 목적은 사람을 지칭하는 목적과는 크게 다르다. 사람에게 있어서 목적은 그들의 의사결정을 위한 '안내자'의 역할을 한다. 법률과 교통신호등은 비록 우리가 의사결정을 하는 데 도움을 줄지는 모르지만 의사결정체나 관리자는 아니다. 사실 신호등이 우리에게 무엇을 하라고 지시할 수도 있지만 그것 자체가 의사결정을 하는 것은 아니다. 프리먼(Freeman)과 길버트(Gilbert)는 기업전략과 기업윤리에 관한 그들의 저서에서 사물의 목적과 분명히 구분되는 사람의 목적을 정의하고 있다.

사람들은 가치를 가지고 있고 그 가치는 그들이 목적에 집중할 수 있게 하거나 프로젝트를 기획하게도 만든다. 우리는 다른 사람들과 거래하면서 그 가치를 실현시키고자 한다. 프로젝트란 개인이 가치 있다고 여기는 특성 목석에 내한 공약(commitment)과 근본적으로 관계가 있다. 어느 한 사람에 대해 평한다는 것은 그 사람과 그의 목적 사이의 독특한 관계를 인식하는 것이다.[35)]

달리 말해서 한 사람의 목적의 근원은 그의 공약이나 의도이다. 사물은 공약을 가지지 않기 때문에 관리인-중심적인 목적(agent-centered purposes)은 비관리인-중심적인 목적(non-agent-centered purposes)과 매우 다르다(〈도표 4.2〉)참조.

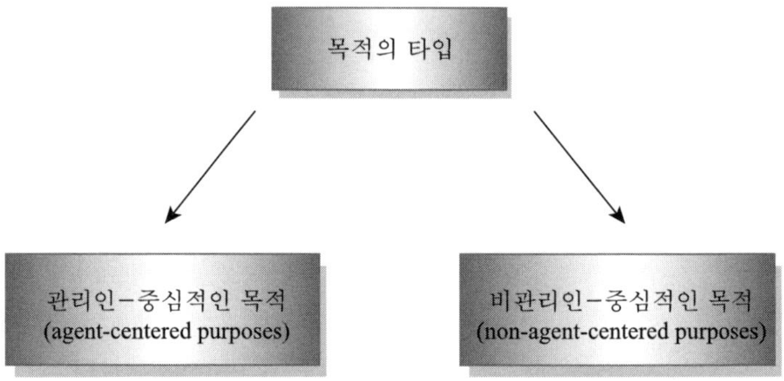

〈도표 4.2〉 관리인적 목적과 비관리인적 목적

이 두 종류의 목적을 고려한다면 관리인성 측면에서 볼 때 조직은 법률이나 교통신호등에 더 가까울까 아니면 사람에 더 가까운 것일까? 길버트와 프리먼은 기업은 사람과 가까울 수 없다고 믿는다. 그들에게 기업은 법률나 신호등처럼 사람의 목적을 이루기 위한 수단과 같은 존재였다.[36] 기업이 법률이나 신호등과 같은 면이 있기는 하다. 기업은 사회에서 특정한 기능을 수행하기 위해 만들어진 인간시스템이기 때문이다. 반면 기업은 의사

35) R. Edward Freeman and Daniel R. Gilbert, Jr., *Corporate Strategy and the Search for Ethics* (Englewood Cliffs, NJ: Prentice-Hall, 1988), p. 117.

36) 상게서, p. 170.

결정을 하기 위해 만들어진 인간공동체이기에 그것은 또한 관리인(agent)이기도 하다. 기업이 의사결정의 능력이 있음은 앞서 영리 및 비영리조직의 자치적인 특징을 논할 때 이미 설명한 바 있다. 그들에게 관리권(agency)을 부여했다고 해서 그들이 개성을 가지게 되는 것은 아니다. 네이스(Ted Nace)의 표현 그대로 기업이 '단지 서류뭉치'에 지나지 않는다는 사실에도 불구하고 기업체에게 법적인 사람(人)의 자격을 부여한다면 이는 너무 지나친 법적 보호를 제공하는 일이라고 그는 말했다.[37] 기업체는 그것이 영리조직이든 아니든 간에 조직의 계획에 의해 결정된다. 목적이 각자의 희망이나 의도에 의해 결정되는 개인관리인과는 달리 조직의 목적은 그 조직이 추구하는 가치에 따라 결정된다. 따라서 관리인 중심

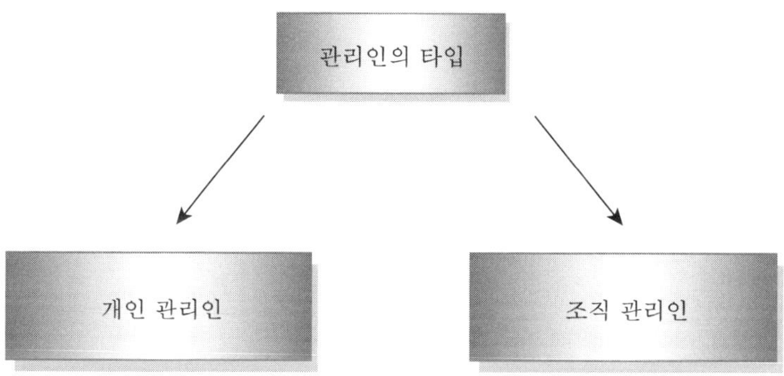

〈도표 4.3〉 개인 관리인과 조직 관리인

(agent-centered)과 비관리인 중심(non-agent-centered)의 두 가지 목적이

---

37) Ted Nace, *Gangs of America: The Rise of Corporate Power and the Disabling of Democracy* (San Francisco : Berrett-Koehler, 2003), p. 176.

있었듯이 관리인 중심 내에서도 두 종류의 관리인이 있게 된다(〈도표 4.3〉)참조.

비록 개인과 조직이 서로 다른 관리인이기는 하지만 유사점들도 있다. 그들 모두 정해진 행동절차를 평가하기 위한 기준으로서 가치 있는 목적을 사용할 수 있다. 목적이 선하면 이를 성취하기 위한 수단도 목적에 부합하는 쪽으로 선택될 것이고 따라서 수단 역시 옳게 된다. 그들은 또한 목적을 분명히 하고 그들의 행동이 목적과 일관되게 함으로써 온전성을 높일 수 있다. 두 관리인의 가장 큰 차이는 개인관리인은 목적을 실현할 방법을 스스로 결정하는 데 비해 조직은 실현방법이 조직내부 의사결정체에서 역할을 맡은 개인들에 의해 결정된다는 점이다. 조직의 목적에 대해 이야기 할 때 우리는 개인의 목적에 대해서 아리스토텔레스가 사용했던 용어인 '관리인의 기능' 개념을 사용할 수 있다.

아리스토텔레스는 인간개체의 기능에 대해 말했을 때 그 개체가 무엇을 (성취)해야만 하는지뿐 아니라 무슨 존재가 되어야만 하는지도 함께 생각했었다. 오늘날 사람들은 아리스토텔레스의 윤리를 '선의 윤리'로 이해한다.[38] 대부분의 경우 이 윤리적 접근은 행동이 아니라 존재, 즉 가치 있는 인간으로서의 존재에 더 관심이 있다. 조직과 관련된 선의 윤리학은 하트만(Edwin Hartman) 등이 제안했던 대로 조직공동체의 성격을 조사했다. 하트만이 생각하는 경영자의 임무 중 하나는 개인의 자율성을 존중하고 윤리적인 행동을 장려하는 '윤리적인 문화'를 조성하는 것이다.[39] 솔로몬

38) Solomon, *Ethics and Excellence*, p. 150.

(Robert Solomon)은 기업을 하나의 공동체로 해석하면서 선(virtue)의 개념을 조직에 적용시켰다. 만약 우리가 일단 기업을—법률상의 의제나 획일적으로 통제된 실체, 실체 없는 관료, 원가수익비율표, 순자산(net assets)과 순채무(net liabilities)가 아니라—공동체로 간주한다면 기업활동과 기업윤리는 더 이해하기 쉽고 더 인간적인 것으로 보일 것이다.[40] 좋은 기업의 성격, 즉 좋은 공동체의 개발은 기업의 목적을 명확하게 해 준다. 그러므로 좋은 공동체가 되고자 하는 내적인 목적은 좋은 상품과 서비스를 만들어야 한다는 외적인 목적과 다르다(〈도표 4.4〉)참조.

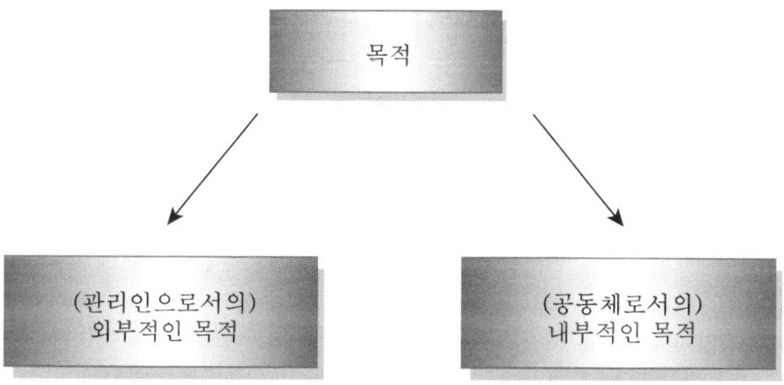

〈도표 4.4〉 외부적인 목적과 내부적인 목적

기업의 내적인 목적를 개발하려다 보면 문화적 개방성과 관계적 전체성이라는 두 가지 뮤제에 직면하게 된다. 회사는 기업의 최고성과에 헌신하

39) Hartman, *Organizational Ethics and the Good Life*, p. 146.

40) Solomon, *Ethics and Excellence*, p. 150.

기 위해 개인이 자신의 특별한 기술을 개발할 수 있는 공동체가 되어야만 한다. 기업의 대화는 개인의 공헌을 이끌어 낼 수 있어야 하며 시민상호이익적 관계를 조장할 수 있어야 한다. 달리 말하자면 직장공동체는 개인 간의 관계적 온전성을 충족시키는 내적인 목적을 가진다.

기업을 선한 공동체로 개발하려고 하는 두 번째 이유는 직장에서의 경험이 민주적인 경영에 대한 그들의 태도와 참여에 영향을 주기 때문이다.[41] 예를 들면 기술의 발전이 세계주의적 문화와 만나서 안전하고 참여적인 관계를 지원하지 않는다면 작업장은 직장에서뿐만 아니라 사회영역에서도 민주적인 관례에 대한 방해물로서 기능하게 될 것이다. 달리 말해서 우리가 직장에서 다른 사람들과 함께 지내는 방식이 시민으로서 사회에서 생활하는 방식에 영향을 줄 것이다. 좋은 상품과 서비스를 제공하는 것이 고객을 위해 중요한 만큼 인간의 기본욕구를 만족시키면서 인권을 존중하는 윤리적인 공동체의 내적 목적을 추구하는 것은 온전한 경영차원에서 시민의 이익을 위해 도움을 준다. 이는 영리조직이나 비영리조직이나 마찬가지이다.

목적의 다른 의미들을 정리하는 과정에서 관리인 중심과 비관리인 중심적 구분에서 시작하여 관리인 중심 내에 개인관리인와 조직관리인의 차이를 구분했고 그리고 마지막으로 조직관리인의 목적을 내부적 목적과 외부적 목적으로 분류했다. 〈도표 4.5〉에서 이러한 목적의 의미차이를 볼 수 있다.

조직의 목적은 조직의 것이지만, 그 목적을 만들고 지지하는 사람들이 없

---

41) Carole Pateman, *Participation and Democratic Theory* (Cambridge: Cambridge University, 1970), p. 53.

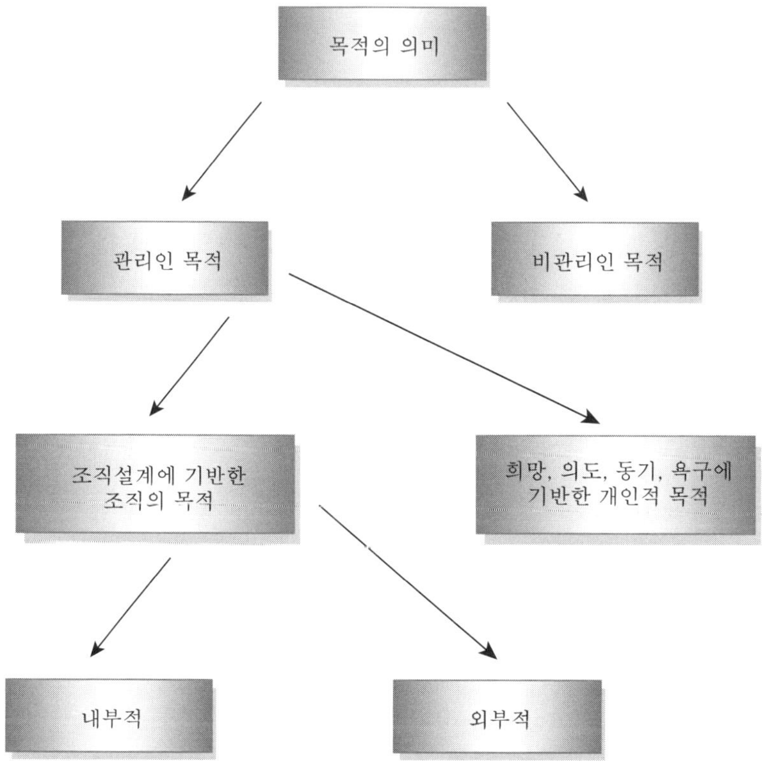

〈도표 4.5〉 목적의 의미들

으면 그 목적은 존재하지 못한다. 영리조직과 비영리조직의 목적은 사회적 기능에 있어서 그것들이 해야 할 내용과 되어야 할 것을 담고 있다. 비영리조직 및 영리조직이 가치 있는 목적을 추구하는 관리인로서 간주되는 일이 가능할 것 같다. 시민적 관점에서 볼 때 회사는 비영리기업들처럼 분명 공공의 목적을 가진다. 이것은 놀랄 만한 것이 아니다. 시민적 관점은 기업을 시민사회의 일부분으로, 또 기업멤버를 시민으로 보고 있기 때문이다. 시민적 관점을 통해 개인 기업의 공적인 목적을 생각해 볼 수 있고 이들이 타 공공기관과 협력하면서 좋은 목적을 추구해 가는 방법을 상상해 볼 수도 있다.

우리가 어느 주민회의에 참석하고 있고, 논의 주제는 우리 지역 내에 있는 어느 기업의 목적(예: 헬스케어 시설)은 무엇이 되어야 하는지에 대한 것이라고 상상해 보자. 이러한 대화에서 어떤 결론이 나올까? 첫 번째 결론은 매우 쉽게 내려질 것이다. 그 시설은 모든 시민을 위한 가장 좋은 건강관리 서비스를 제공해야만 한다는 것이다. 또한 그 시설이 업무현장에서 시민과 호혜적인 관계를 증진시키기를 바랄 것이다. 그리고 오늘날 많은 기업들이 3중의 보고를 하듯이 이 시설은 경제적 · 사회적 · 자연적 성과에 대해 믿을 만한 보고서를 제출해야만 할 것이다. 마지막으로 우리는 그 헬스케어 시설이 타 기관들과 공동으로 협력하고 다양한 건강관련요구들을 충족시키기 위해서 어떻게 공공기관이나 사립단체들과 함께 일할 것인가를 결정해 주기를 바랄 것이다.

그 시설이 비영리기업인지 영리기업인지에 따라 이러한 요구들이 과연 변하게 될까? 아마 조금도 변하지 않을 것이다. 온전한 경영의 조직적 차원에서 보면 기업의 목적은 자금조달의 형태에 의해서 결정되는 것이 아니라 사회에서의 기능에 의해 결정된다.

기업은 더 큰 사회시스템에 속하고 그들의 상품이나 서비스의 품질은 이 사회시스템의 성장에 영향을 준다. 제약회사들을 예로 들면 이들은 상위개념인 건강시스템의 부분이고 전체시스템의 질은 일정부분 제약 상품과 서비스의 품질에 의해 좌우된다. 건강시스템이든, 교통시스템이든, 또는 주택공급시스템이든지 간에 이러한 상위시스템에는 영리조직, 비영리조직 그리고 정부단체들이 복잡하게 얽혀 있고 이들 모두가 전체를 결정한다.

물론 이러한 상위시스템의 목적은 이윤창출이 아니라 사람들의 요구를 충족시키고 그들의 삶을 향상시키는 것이다. 영리기업이 이들 시스템 속에서 온당한 역할을 하기 위해서는 비영리조직들처럼 가치 있는 목적을 가지고 있어야 한다.

만약 비영리조직과 영리조직의 목적이 이익이 아니라 사회에서의 특정 기능을 의미하는 것이라면 이들 조직은 매우 유사하다. 약간의 차이가 있다면 영리기업은 자본시장을 통해 자금을 마련하는 반면 비영리기업은 기부에 의해 기금을 마련한다는 점이다. 이러한 이유로 영리기업은 사적으로 소유되고 비영리기업은 공공의 소유가 되는 것이다. 그러나 소유자격이 목적에 영향을 주지는 않는다. 최소한 시민적 관점에서는 그렇다. 사기업(private corporation)의 목적은 그것의 사회적 기능에 의해 결정되고 많은 경우에 그것의 사회적 기능은 상위시스템에서의 역할에 따라 다르게 된다. 도로와 고속도로 교통시스템의 여러 다른 단체들을 간단히 살펴봄으로써 이와 같은 결론이 증명될 수 있다.

사기업과 공기업, 도로와 고속도로 교통시스템

교통시스템을 알고자 할 때 제너럴 모터스(General Motors)나 메르세데스 벤츠(Mercedes Benz)와 같은 대형 자동차회사에 가 보라고 추천하는 이는 거의 없을 것이다. 이 기업들이 분명 교통시스템의 일부분이기는 하지만 최신상황에 대해 가장 믿을 만한 단체는 아마 아닐 것이다. 대신에 당신은 정부로 찾아 가거나 세금이나 기부금으로 연구를 행하는 비영리단체를 찾아갈 것이다. 정보를 찾는 과정에서 교통시스템에 서로 다른 여러 단체가 참여하고 있음을 알 수 있을 것이다. 이 시스템을 위해 누가 돈을 내는지를 살펴보면 이 사실은 더 분명해진다. 비록 다양한 경우에 따른 정확한 수치를 제시하는 것은 불가능하지만 교통시스템은 공적인 비용과 사적인 비용 모두를 소요한다. 캘리포니아대학(University of California), 교통연구협회(Institute of Transportation)의 연구에서 델루치(Mark Delucchi)는 1990년과 1991년 사이의 교통시스템의 다양한 비용들을 조사했다. 전체 자동차와 트럭, 보험, 사고비용 등과 같은 항목들과 여행시간 등을 포함한 전체 사적인 비용은 8070억 달러에서 9190억 달러 사이에서 지불되었다.[42] 물론 사망, 사고로 인한 고통, 오염, 자원 낭비 등과 같은 비금전적(non-monetary) 비용도 있을 것이다. 이 비용들도 수십억 달러에 달할 수 있지만 측정하기는 훨씬 더 어려운 일이다. 이러한 사적인 비용들에 반해서 주로 고속도로나 도로기반시설을 짓고 유지하는 데 사용된 공적인 비용은 1310억 달러에서 2400억 달러 수준에 이른다.[43] 공적 비용은 전체비용 중에서 20~30% 정도 차지한다. 더 나아가서 그 공공부문은 자동차 소유자들이 사기업인 자동차회사로부터 사들인 것들을 사용하기 위해 요구한 인프라스트럭처 시설을 관리한다.

---

42) Mark A. Delucchi, *The Annualized Social Cost of Moter-Vehicle Use in the U.S., 1990~1991: Summary of Theory, Data, Methods, and Results, UCTC No. 311* (University of California, Berkeley: The University of California Transportation Center, June, 1997), p. 41.

43) 상게서, p. 43.

따라서 공적 자산인 간선도로, 일반도로, 가도와 개인자산인 자동차들을 포함하고 있는 교통시스템은 공적 자금과 사적 자금 모두에 의존하고 있다. 대부분의 공적 자금은 그 시스템을 짓는 사적인 회사에게로 들어간다. 이러한 회사들의 목적은 안전하고 믿을 만한 도로시스템을 건설하는 것이다. 그러나 이 교통시스템을 사용하기 위해서 사람들은 영리기업(예: 포드나 혼다)으로부터 자동차를 구매할 필요가 있다. 이 교통시스템에서 이들 기업의 역할은 양질의 자동차와 트럭을 제공하는 것이다. 비영리기업들 또한 이 시스템에서 상당히 많은 역할을 한다. 예를 들면 반(反)음주운전 어머니협회(MADD, Mothers Against Drunk Driving)와 같은 그룹은 이 시스템으로부터 생겨나는 사망자수를 줄이기 위해 노력한다. 환경그룹들은 자동차오염을 줄이기 위해 일해 왔다. 지역주민그룹들은 그들 공동체를 통과하는 간선도로 건설에 반대해 왔다. 비영리그룹인 미국자동차협회(American Automobile Association)와 같은 그룹들은 다양한 서비스를 제공하는 한편 자동차보험판매에 있어서 사기업들과 경쟁한다. 따라서 이 시스템은 정부의 지출과 법률집행도 필요로 하고 도로를 짓거나 이러한 공적 시스템을 이용하기 위해 개인에게 필요한 자동차등을 판매하는 사기업들도 필요로 하며, 자동차회사도 정부기관도 알아차리지 못하는 시민들의 걱정을 대변하는 비영리기업들도 필요로 한다. 〈도표 4.6〉에서 보듯이 그들은 모두 같은 교통시스템에 속해 있다.

여기에서 이윤의 역할은 중요하다. 이 시스템에서 발생하는 이윤을 통해 확장과 개발이 이루어진다. 마치 오염비용이 공적인 비용인 것과 마찬가지로 이윤은 시스템이 양산하는 공적인 이익으로 보일 수 있다. 그러나 교통시스템에 참여한 단체들의 목적은 이윤창출이 아니다. 목적은 사회적 · 환

〈도표 4.6〉 교통시스템의 조직적 · 사회적 관계

경적 필요에 적합한 교통시스템을 개발하는 것이다. 다음 장에서 살펴보게 될 사회적이고 자연적인 온전성의 특징들은 향후 어떤 종류의 상품과 서비스들이 인간적이고 자연친화적인 미래에 적합할 것인지를 규정한다.

조직적인 온전성은 조직으로서의 기업이 가치있는 목적을 추구하도록 고안될 것을 요구한다. 시민적 영역 안에서 기업을 가치 있게 만드는 일을 찾아야 할 것이다. 자치 관리인로서의 기업은 가치있는 목적을 위해 노력하고 책임지는 관리인으로 여겨져야 한다. 그러나 그 목적의 형식은 사회에서의 다른 관리인들과의 대화를 통해서 사회적 그리고 환경적 요구들을 서로 인지하면서 그리고 고객의 선호를 고려하면서 발전해야 한다. 경제적 그리고 경영자적 관점들도 기업의 목적을 발전시키는 데 기여할 수 있다. 그것들은 시민적 관점이 간과하는 것들, 즉 부를 창출하고 노동인력이 높은 성과를 내도록 고무시키는 목적들을 채워 넣을 수 있다. 하지만 사회시스템 안에서 가치 있는 목적을 기반으로 한 온전한 경영을 위한 세 번째 특징을 제대로 평가하자면 아직은 시민적 관점이 가장 적절하다.

이론에서 실행으로

복습을 위한 질문들 |

1. 기업의 목적에 대한 경제적 · 경영적 · 시민적 해석의 주된 차이점은 무엇인가?
2. 당신이 속한 회사의 사명과 가치선언문은 존슨 앤드 존슨사의 신조(credo)와 어떻게 비교되는가?
3. 비영리조직과 영리조직 사이에는 어떤 차이점이 있다고 보는가?
4. 개인적 · 조직적 · 사회적 관점에서 기업의 역할을 각각 어떻게 해석하겠는가?
5. 기업의 목적은 개인의 목적과 어떻게 다른가?
6. 기업은 왜 그들의 결정에 대해 책임을 가져야 하는가?
7. 왜 시민들은 기업의 내적인 목적과 외적인 목적에 흥미를 가져야 하는가?

별첨 워크시트의 활용방안 | 기업의 온전성을 고안하는 일 중에는 유용한 어휘들을 개발하는 일이 포함된다. 워크시트 #8은 이 장에서 사용된 몇 가지 용어들에 대해 합의를 이룰 기회를 제공한다. 이 장의 마지막 부분에는 기업은 그 기업의 목적을 정의하는 데 영향을 미치는 상위개념의 사회시스템에 속한다는 개념을 소개했다. 워크시트 #9을 활용하면 당신이 선택한 기업이 속하는 상위개념의 시스템을 찾을 수 있고 이 상위시스템 안에서 당신이 어떻게 회사의 목적을 이해하는지 알아볼 수 있다.

5 시민정신을 향한 사회적 온전성

앞장에서 한 기업의 목적은 그것이 속한 시스템에서의 회사의 역할에 따라 달라진다고 결론지었다. 예를 들면 자동차회사의 목적은 회사가 속한 교통시스템에 따라 달라진다. 물론 이 시스템에서 회사가 유일한 관리자인 것은 아니다. 사회시스템은 비영리기업들과 정부기관들도 포함하고 있기 때문이다. 그렇다면 이렇게 서로 다른 기관들은 어떻게 이어져야 하는 것일까? 기업이 공동체나 정부와 협력해야 한다는 생각은 기업의 시민정신에 있어서 마땅한 필수조건이 되어 왔다.[1] 이 장에서는 도시와 도시지역의 상황에서 협동이 수반하는 것이 무엇인지를 살펴보려 한다.

비록 많은 사람들이 기업들이 다양한 공공기관과 협력해야 한다는 것에는 동의해 왔지만 그것에 대해 이야기하는 가장 좋은 방법에 대해서는 합

1) Noel M. Tichy, Andrew R. McGill, and Lynda St. Clair (rds.), *Corporate Global Citizenship: Doing Business in The Public Eye* (San Francisco: New Lexington Press, 1997), p. 5.

의가 없었다. 우리가 이미 앞장에서 보았듯이 어떤 사람들은 좋은 의도의 행동이 좋은 결과를 가져온다는 강력한 비즈니스적 주장을 한다. 다른 사람들은 호혜성에 더 기반을 둔 주장을 펴는데 이들에 따르면 기업은 사회가 그들에게 제공하여 준 자원들, 즉 근면하고 교육받은 노동인력이나 기업이 존재할 수 있게 하는 사회적 기반시설(infrastructure) 등에 대해 무엇인가 환원해야 한다. 이 장에서 다루게 될 세 번째 주장은 기업이 시민의 일원으로서 행동해야 한다는 것이다. 이러한 개념은 다른 어느 곳에서 보다 유럽에서 더 큰 호응을 받고 있었으나 이제 다른 곳으로도 확산되어 가고 있다. 이것이 공공기관과 기업이 협동하는 문제에 대한 최선의 방법인가? 앞서 제시한 비영리조직을 이해함으로써 영리조직을 알게 된다는 전략은 이 질문에 답하는 데도 도움이 될 것이다.

비영리조직이 기업시민으로 여겨질 수 있을까? 제3장에서 언급했던 약한 민주주의와 강한 민주주의 사이의 구분이 여기에서 유용할지도 모른다. 비영리조직은 분명 대리자를 선출하는 '약' 민주주의를 행하고 있지 않다. 그러면 비영리조직은 '공적인 사고(public thinking)' 를 하는 강한 민주주의를 행하는가? 적십자(Red Cross)는 위급상황 서비스나 공중위생과 관련하여 공적(公的)인 사고를 해야 한다고 생각하는가? 그래야 한다고 본인은 생각한다. 그렇다고 한다면 우리는 적십자를 하나의 시민이라고 불러야 하나? 그렇지는 않다고 본다. 이 말은 적십자가 공적인 목적을 가지지 않는다거나 공공의 이익을 위해 존재하는 것이 아니라는 뜻이 아니다. 이는 우리가 적십자를 평가할 때 시민의 신분으로 어떻게 해내고 있는지를 살피는 것이 아니라 공적인 목적을 얼마나 잘 수행하는지에 대해 평가한다는 의미이다. 다시 말해서 평가의 기준은 시민권(citizenship)이 아니라 온전성

(integrity)이다.

기업의 온전성은 기업의 정체성(그들이 시민인지 아닌지에 대한)에는 그다지 관심이 없고 오히려 그들이 속한 곳에서의 다른 구성원들과의 관계에 더 많이 집중한다. 비록 이 사회적 전체성이 여러 가지로 정의될 수 있겠지만 전체의 모든 부분들을 분명하게 포함하는 개념은 시민사회, 더 분명하게는 현대의 도시(contemporary city)이다. 기업들은 거의 항상 도시와 도심지에 존재한다. 도시의 현대적인 상황을 강조함으로써 추상적인 구분이 아닌 같은 장소에서 일어나는 국제적인 경제를 생각할 수 있게 된다. 더욱이 기업을 도시라는 환경 속에서 바라볼 때 회사가 사용하는 의사소통의 상황을 제공하는 많은 사회적 · 정치적 화제들을 상상해 볼 수 있다. 어떤 면에서 도시와 기업은 유사하다. 그들은 모두 공동체이면서 관리자이다. 이는 기업이 도시와 이중의 관계(공동체로서의 도시와 관리자로서의 시 정부)를 가질 수 있다는 의미도 된다. 어떻게 이 관계들을 만들어 갈 것인가는 현대도시의 특성에 따라 달라진다.

현대도시의 특성

요즘 세계의 추세로 볼 때 도시의 중요성을 강조하는 것은 다소 구식처럼 보인다. '정보화시대'와 '글로벌 네트워크'의 개념들은 어떻게 할 것인가? 런던에서 컴퓨터 앞에 있는 당신에게 인도에 사는 누군가가 기술적 지원을 하고 있는 요즘 시대에 '장소'는 어떤 의미를 가질까? 말하자면 세계화는 장소에서 일어나는 것이 아니라 장소 간의 네트워크상에서 이루어진다. 다시 말해서 도시가 글로벌 네트워크 환경을 제공하는 것이 아니라 글로벌 네트워크가 도시들의 환경을 제공하는 것이다. 이러한 반전의 가능 여부는 도시들과 네트워크와 실재적(實在的) 장소들이 어떻게 연결되어 있는지에 달려 있다.

도시와 네트워크 | 가상의 대화와 가상의 공동체적 관점에서 애민(Amin)과 드리프트(Thrift)의 표현을 빌자면 도시들은 그 동안 '활동의 장(field of movement)' 이 되어 왔다.[2] 이러한 활동들은 세계경제의 변화와 함께 한다. 도시는 회사사무실들의 본거지가 되기보다 애민과 드리프트의 또 다른 표현대로 기업거래의 '현장' 이 되어 왔다.[3] 다시 말해 물품과 서비스와 정보의 글로벌경제는 사람들이 연결되어 있는 곳이면 어디든지 실재(實在)하는 네트워크로서 존재한다. 사회학자 프리드먼(John Friedmann)이 지적했듯이 그러한 네트워크는 심지어 캔사스(Kansas)에 사는 농부들에게까지도 도달된다.

대학학위를 가지고 있는 캔사스(Kansas)의 어느 농부는 비싼 장비들로 가득 찬 헛간에서 인터넷과 팩스로 세상에 연결되어 있다. 그는 시카고 마크(Chicago Mark)에서 그의 농작물을 세밀히 장부에 기재해 가며 판매한다. 그는 우리가 '전

2) Ash Amin and Nigel Thrift, *Cities: Reimagining the Urban* (Malden, MA: Blackwell Publishers, 2002), p. 83.

3) 상게서, p. 64.

원생활' 이라고 부르려 하는 그 어떤 것과도 더 이상 연관이 없다. 경제적인 의미로 보면 그는 토피카(Topeka)에 사는 어느 중소기업사장만큼 완벽하게 도시화되어 있다.[4]

그 캔사스의 농부에게 있어서 현대기술은 그가 경제적 차원에서 도시의 삶에 접근할 수 있게 해 주었다. 적어도 이론상으로는 어디서든 언제든 사람들은 국제적 경제 네트워크에 참여할 수 있다.

그러나 가상공간으로 도시가 확대된 점은 현대도시의 변화를 절반 정도밖에 설명해 주지 못한다. 나머지 절반은 도시의 거대화이다. 세계인구의 절반이 지금 도시에 살고 있다. 2015년에 가장 많은 인구가 예상되는 도시들은 다음과 같다. 도쿄(Tokyo, 26.4 million－100만 명 기준), 뭄바이(Bombay, 26.1 million), 라고스(Lagos, 23.2 million), 다카(Dhaka, 21.1 million), 상파울루(Sao Paulo, 20.4 million), 카라치(Karachi, 19.2 million), 멕시코시티(Mexico City, 19.2 million), 뉴욕(New York, 17.4 million), 캘커타(Calcutta, 17.2 million), 자카르타 (Jakarta, 17.3 million).[5] 도시들은 세계인구의 과반수가 사는 지역이 되었다. 그들은 스콧(Allen Scott)이 말

4) John Friedmann, *The Prospect of Cities* (Minneapolis and London : University of Minnesota Press), p. 4.

5) *The New York Times 2003 Almanac*, ed. John W. Wright, New York : Penguin Reference Books, 2003, p. 472.

6) Allen Scott, John Agnew, Edward W. Soja, and Michael Storper, "Global City－Regions," in *Global City-Regions, ed. Allen Scott* (Oxford : Oxford University Press, 2001).

한, 이른바 '도시 지대(city-regions)' 가 되었다.[6] 어떤 사람들은 아마도 도시로부터 먼 곳에 살면서 가상의 교류에 참여할 수도 있겠지만 대부분의 사람들은 그렇지 않다. 네트워크로서의 도시개념은 실재적(實在的) 장소로서의 도시개념보다는 적은 거주하게 하는 힘을 가진다.

실재적(實在的) 장소로서의 도시 | 비록 그 캔사스 농부가 농장에 머무르면서 도시생활에 참여하고 있을지는 몰라도 아마 그의 아이들은 도시로 이사를 갔을 것이다. 인터넷과 그 밖의 정보기술이 세계경제의 중요한 부분으로서 '장소' 를 문제 삼지 않는다 하더라도 이 가능성이 널리 구현되고 있지는 않다. 사센(Saskia Sassen)이 그의 책 『글로벌 도시(*The Global City*)』에서 보여 준 것처럼, 생산자 서비스(소비자가 아닌 생산자들을 위한 서비스) '의 증가뿐만 아니라 금융서비스의 발전에 의해서 중앙집중화는 줄지 않고 오히려 더 늘게 되었다.[7] 자신의 최근 저서인 『비트의 도시(*City of Bits*)』에서 현재의 텔레커뮤니케이션과 가상도시의 미래를 비판 없이 칭송했던 미첼(William Mitchell)마저도 가상공간의 세계에서조차도 '거대한 중앙화의 힘' 이 미치고 있음을 인식한다.[8] 따라서 비록 어떤 측면에서는 도시업무가 사이버공간으로 이동했다 하더라도 그 일을 하는 사람들은 여전히 도시에 사는 경향을 보인다. 현대의 도시에서 사람들과 그들의 조직

---

7) Saskia Sassen, *The Global City; New York, London, Tokyo* (Princeton, NJ: Princeton University Press, 1991).

8) William W. Mitchell, *City of Bits: Space, Place, and the Information* (Cambridge, MA : MIT Press 1999), p. 138.

들은 법률, 관계자, 비즈니스 플랜뿐만 아니라 전기, 수도, 하수구 시스템에도 의존하고 있다. '가상 커뮤니케이션' 은 오로지 플러그가 꽂혀 있는 한에서만 존재한다. 시민들은 여전히 장소에 국한 되어 있고 이는 도시들도 마찬가지이다. 도시들은 상품과 서비스를 유통시키기 위한 유통구조를 제공하는 역동하는 장소이면서 꿈을 현실로 바꾸는 환경이기도 하다. 그러나 이 역동성은 편중되어 있다. (캔사스 농부를 포함하는) 최근의 연구들은 도시 엘리트들과 주변지역의 뒤쳐진 사람들 사이의 갭(Gap)이 증가하고 있음을 보여 준다.[9] 사센이 지적한 대로 세계적 도시들에서는 기업력(corporate power)이 매우 집중되어 있을 뿐만 아니라 다양한 문화와 함께 빈곤 역시도 집중화되어 있다.

도시의 화려한 구역과 빈곤지역 사이의 이러한 불균형은 매우 크다. 이처럼 드러나는 극도의 차이는 향후(무관심하고 탐욕적인 새로운 엘리트층과 좌절과 분노에 싸인 빈민층 사이에) 잔인한 분쟁을 예고하는 듯하다.[10]

최근 베네수엘라의 수도 카라카스(Caracas)를 방문하는 동안 사센이 말하던 도시상황의 예를 분명히 보았다. 가진 자들의 요새와 기본적인 서비스조차 부족한 가난한 사람들, 프리드먼이 말하듯 주변지역에 사는 사람들

9) Saskia Sassen, "Whose City is It? Globalization and the Formation of New Claims," in *Cities and Citizenship*, ed. James Holston (Durham, NC and London: Duke University Press, 1999).

10) 상게서, p. 193.

은 가난하고, 힘없고, 악순환적으로 하강길목에 있다.[11] 비슷한 현상은 미국의 도시지역에서도 나타난다. 다만 '(가난한) 주변지역' 이 도시의 외곽에 위치하지 않고 다운타운지역 내에 있다는 점만이 다른 나라들과 다를 뿐이다. 다른 지역에서 빈민계층은 교외의 집과 시내의 사무실 사이를 빠르게 오가는 부유한 사람들에게 있어서 보이지 않는 존재가 될 수도 있다. 샌프란시스코만(San Francisco Bay)과 같은 현대 도시지역에서는 통근자들이 교외지역에 살면서 또 다른 교외지역에서 근무하기도 한다. 이들은 발전된 세상에서 소외된 가장자리에 살고 있는 많은 사람들과는 마주치는 일이 거의 없다. 지난 수 십년 동안 증가된 부유층과 빈민층 사이의 물리적인(주거적인) 간격은 소득의 차이와 일치하는 데 이는 1970년대 레이건 정부가 취한 공공서비스 부문의 지출을 삭감한 이후에 더욱 커진 것이다.[12] 오늘날 미국은 세계 어느 선진국보다 훨씬 더 소득차와 빈부격차가 크다.[13] 역사상 처음으로 대부분의 세계인들이 도시에 살게 되고 최소 6명 중 한 명은 빈곤의 늪에 처해지게 될 향후 수십 년 동안에 분리된 도시들을 결합하는 일은 만만치 않은 세계적 문제가 될 것이다.[14] 온전성을 '전체를 만드는 것' 으로서의 이해하는 관점에서 한 도시의 온전성은 우리가 이 문제에 대해 어떤 자세를 취하는지에 달려 있다.

---

11) Friedmann, *The Prospect of Cities*, p. 13.

12) *Peter Dreier, John Mollenkoph, and Todd Swanstrom, Place Matters: Metropolitics for the Twenty-First Century* (Lawrence, KS: University Press of Kansas, 2001).

13) 상게서, p. 13.

14) Molly O' Meara Sheehan, "Uniting Divided Cities," *State of the World, 2003*: The Worldwatch Institute, ed. Linda Starke (New York: W.W.Norton, 2003).

우체국형 커뮤니케이션 방식에 의하면 기득권자들과 소외층의 사람들은 서로에게 할 이야기가 거의 없을 듯 싶다. 그들은 서로 다른 세계에 살고 있다. 그러나 상황적 커뮤니케이션 모델에서는 우리 모두가 이 문제를 함께 한다. 우리는 모두 시민사회에 속해 있다. 이러한 상황에 어떻게 기업은 온전성을 추구할 수 있을까? 두 종류의 관계 속에 답이 있는데 하나는 기업과 시민공동체 간의 관계이고 다른 하나는 기업과 시정부와의 관계이다. 시민사회와 관련된 최근의 의견들을 살펴봄으로써 첫 번째 관계에 대한 접근을 해 볼 수 있겠다. 이 의견들은 기업–도시 간 관계에 대한 두 개의 기본적 대안들을 설명하는 데 기업을 시민사회와는 별도로 보는 방식과 시민사회의 일부분으로 보는 방식이다.

기업과 시민사회

시민사회의 개념은 서양역사에 깊이 뿌리를 두고 있지만 1980년대 동유럽의 전(前) 공산주의 국가들 사이에서의 발달한 시민운동(citizen movement)들에 의해 최근 그 의미가 주목을 받게 되었다. 예를 들어 폴란드의 연대자유노조(solidarity)운동과 체코슬로바키아의 벨벳(Velvet)혁명(1989년 체코 당시 체코슬로바키아의 공산정권 붕괴를 불러온 시민혁명) 등은 국가 통제에 대한 민주적 대안을 만드는 데 있어서 비정부운동의 힘을 과시했다.[15] 다양한 종류의 연합들과 운동들이 국가의 통제를 받지 않는 민주적인 일들에 참여할 기회를 마련했다. 달리 말해서 시민사회는 정부기관의 영역을 넘어서 그리고 때로는 정부에 맞서서 민주적인 일들에 참여하는 살아 있는 과정을 의미한다. 포스트(Robert Post)와 로젠블럼(Nancy Rosenblum)의 시민사회의 정의는 이러한 최근의 상황들을 반영 한다. "도시사회는 다른 사람들과 규합하려는 개인들과 기준을 세우고 목표를 명시하고 권위와 정체성의 내부구조를 규정하려는 그룹들을 위한 자유의 영역이다."[16] 시민사회와 관련된 문헌들을 살펴보면 누가 속했느냐에 대한 것보다는 그것이 어떤 존재인가에 대해 더 많은 합의가 있었던 것으로 보인다. 가장 논란이 되고 있는 쟁점은 비즈니스와 기업이 여기에 포함되어야 하는지 아닌지에 대한 것이다. 이러한 논란은 대부분 시민사회, 경제 그리고 국가를 연결시킬 방법에서의 의견차이이다.

시민사회, 경제 그리고 국가 | 고전적인 자유주의 관점에서는 비즈니스나 경제를 시민사회의 일부분으로 본다. 고전적인 자유주의자들처럼 시장을 "사람들이 상호이익을 위해 그들이 만들어낸 생산품들을 교환하기 위해 자유롭게 모인 곳"으로 정의하는 사람들은 시장이 시민사회의 심장부에 위치한다고 볼 것이다."[17] 이러한 관점은 팔머(Tom Palmer)가 지적했듯이

---

15) Jean L. Cohen and Andrew Arato, *Civil Society and Political Theory* (Cambridge, MA : MIT Press, 1992).

16) Robert C. Post and Nancy L. Rosenblum, "Introduction," in *Civil Society and Government*, ed. R. Post and N. Rosenblum (Princeton, NJ, and Oxford: Princeton University Press, 2002), p. 3.

17) Steven Scalet and David Schmidtz, "State, Civil Society, and Classical Liberalism," in 상게서, p. 28.

역사적인 타당성을 가진다.

'시민사회'는 특정한 사회의 규칙을 가지고 있는 삶의 방식이다. 교회가 세속적인 권력으로부터 스스로 독립되었다고 주장하듯이 자치도시의 공민은 그들이 이들 둘(세속적 권력과 교회) 모두로부터 자유롭다고 주장했다. 기사도(knightly) 규범과 교회의 규율은 자체적으로 독특한 성격을 가지고 있는데 이러한 점은 11세기에 뚜렷한 형태를 취한 공민들(burghers)의 규율도 마찬가지였다. 공민들의 삶의 방식의 기본은 무역과 제조의 형태를 갖춘 교역이었다. 계급적이고 의미가 불분명한 교회의 규율과는 달리 상업적인 규칙은 평등, 자유 그리고 이성을 존중했다.[18]

자율적인 행동과 자유로운 연합을 위한 장소로서 시민사회가 발전할 수 있었던 것은 서방세계의 둘로 나뉜 이분적 권력의 결과 때문인 듯하다. 교회와 봉건영주가 서로의 권력을 쟁탈하기 위해 끊임없이 경쟁하는 동안 제3의 영역으로 발달된 교역은 이 둘 중 어느 쪽에도 전혀 통제받지 않게 되었다. 그러나 이러한 발달이 오늘날 우리가 시민사회를 어떻게 바라볼 것인가에 대해서 시사하는 바는 크지 않다. 특히 현시대에 엄청난 파워를 가지고 참여하는 기업들을 고려해 볼 때 더욱 그렇다.

자유주의적인 관점에 반대하는 사람들은 정부와 기업 모두를 시민사회에 속하는 것으로 보지 않고 그들 자신의 각각의 영역에 속한다고 본다. 예

18) Tom G. Palmer, "Classical Liberalism and Civic Society: Definitions, History, and Relations," in 상게서, p. 48.

를 들어 코헨(Cohen)과 알레토(Arato)는 다음과 같이 말하고 있다.

정치적 · 경제적 사회는 대개 시민사회로부터 생겨나고 조직과 커뮤니케이션에서 일부 시민사회와 같은 형태를 취한다. 그리고 이들은 현대 시민사회를 확고하게 만드는 권리형태와 유사한 권리들(정치적 권리와 소유권)을 가지고 조직화되었다. 그러나 정치사회나 경제사회의 참여관리자들은 공권력과 직접적으로 연결되어 있고 그들이 통제하고 관리하려는 경제적 생산에 깊이 관여하고 있다. 그들 사회는 전체적 규범패턴에 종속되는 전략적 · 수단적 기준이 없고 시민사회의 자유해답식의 제한 없는 커뮤니케이션 구조를 수용하기 어렵다.[19)]

이러한 관점에서 보면 기업은 시민사회에 속하지 않는다. 왜냐하면 기업은 '규범적인 통합과 제한 없는 커뮤니케이션' 이라는 기준에 의해서라기보다 다른 기준에 준하여 운영되기 때문이다. 시민적 협력의 측면에서 다소 쉽지 않은 관점이다. 만약 이것이 사실이라면 협동과 상호이익을 기반으로 시민지도자와 기업의 리더가 대화한다는 것은 거의 불가능한 일일 것이다. 코헨과 아레토가 '정치사회와 경제사회 관리자' 에 대해 설명할 때 그들은 조직이 아닌 개인들을 의미하고 있었는지도 모른다. 어떤 경우에서든지 오늘날 목적을 가진 조직으로서의 기업은 규범적이고, 통합적이고 무제한의 커뮤니케이션 패턴에 참여할 필요가 있을 듯하다. 이는 우리가 시민사회 안에서 존재한다는 것에 어떤 의미를 부여할 것인가에 전적으로 달

19) Cohen and Arato, *Civil Society and Political Theory*, p. 9.

려 있다.

기업과 시민사회와 정부 사이의 관계를 그려 보는 흔한 방법은 다른 관리자들과 관련하여 살피는 것이다. 시장관리자, 정부관리자 그리고 시장이나 정부에 의해 통제받지 않는 협회 등을 포함한 제3의 관리자가 있다. 또는 여기에 가족을 포함시킨다면 정부기관, 비즈니스기관, 가족, 시민사회까지 총 네 종류의 관리자가 있게 된다.[20] 만약 누군가 시장 시스템이 사실상 시민사회나 정부로부터 독립적임을 밝힌다면 기업은 시장의 산물로서 시민사회와는 별개로 남게 될 것이다. 그렇다고 해서 반드시 시장이 '비시민적' 이 되는 것은 아니다. 이는 마치 날씨처럼 그저 자연스러워 보인다. 시장은 시민사회처럼 인간의 상상과 창조에 의존하기보다 아마도 수요공급의 역학과 희소성과 경쟁의 역학에 의존하고 있을 것이다. 이러한 생각이 일정부분 옳을 수도 있으나 이는 어떻게 시장이 움직이는지를 제대로 설명하지 못한다. 내가 기업윤리 수업시간에 사용했던 아래와 같은 실습이 이를 증명하고 있다.

실습에서 우선 학생들에게 우리가 섬에 살고 있고 그 곳에는 해야 할 일이 있고 우리는 그 일을 해야 할 사람을 찾아야 하는 상황을 상상하도록 한다. 우리는 여러 가지 일들을 가장 시급한 일부터 경매로 분배하기로 결정한다. 경매를 시작하기 전에 우리가 현사회에서 살기 위해 필요한 만큼의 돈이 그 섬에 살기 위해서도 필요하다는 것을 그들에게 말해 준다. 경매에 첫 번째로 등장하는 시급한 업무는 하수처리 시스템을 개발하고 유지하는

20) Til, *Growing Civil Society*.

것이다. 이 일을 선택하는 사람은 누구든 고무보트와 장갑을 얻게 될 것이라고 말한다. 월급에 대한 경매는 연봉 6만 달러에서 시작하지만, 8만~9만 달러에 이르기 전까지는 아무도 그 일을 택하지 않는다. 나는 그 때 몸져 누워 있는 노인들 몇 명을 돌볼 사람 2명의 지원자를 요청한다. 그들은 노인들이 욕창에 걸리지 않도록 몸을 돌려주고 24시간 케어를 해 주어야 한다. 역시 비즈니스 전공자들이나 기타 학생들은 8만~9만 달러 이하로는 이와 같은 일을 하고 싶어하지 않는다. 나는 몇 개의 다른 직업들, 예를 들어 나머지 사람들이 먹기 위한 고기를 마련할 도살장 운영자나, 밭에서 딸기를 딸 사람, 그리고 사무실과 가게를 청소할 인력 등을 경매한다. 이러한 직업들은 7만~8만 달러 이상에서 지원자가 생긴다. 그리고 나서 나는 공동체운영의 수입과 지출을 관리할 직업, 즉 회계원 몇 개를 소개한다. 몇몇 학생들은 약 4만 달러에 그 일을 할 것이다. 나는 또한 철학자의 직업을 개설하는 데 그는 앉아서 여러 가지 일을 고민하고 때때로 다른 사람들을 가르치는 일을 하게 된다. 한 학생이 무보수나 최저임금으로 그 일을 자청한다.

일단 경매가 끝나면 나는 유쾌하지 않은 직업에 대해 그들이 요구하는 금액과 실제 미국에서 이러한 직업을 가지고 있는 사람들이 받고 있는 금액의 차이를 어떻게 설명할 것인지 그들에게 묻는다. 수요와 공급의 시장 상황에 따르면 그리고 개인이 자신의 선호에 따라 움직인다는 주장에 의하면 거의 선호되지 않는 직업들은 더 높은 월급을 요구하게 된다. 대부분의 사람들이 하고 싶지 않은 일들에 사람들을 참여시키려면 더 높은 월급이 요구된다. 반면 많은 사람들이 선호하는 직업들은 더 낮은 월급으로도 지원자들을 확보할 수 있다. 이러한 선택들이 이른바 '경제적 분별력' 이 있는 선택이다. 그러나 현실경제는 이런 식으로 움직이지 않는다. 현실세계에서는 도살장이가 최저임금을 받고 회계사가 높은 연봉을 받는다. 학생들은 대개 이러한 모순에 놀란다. 그들의 경제적 견해로는 해답을 할 수 없었다.미국의 임금책정을 이해하기 위해서 우리는 경제언어뿐만 아니라 정치언어도 필요로 했고 그래서 경제학뿐만 아니라 시장의 정치학에 대해서도 알 수 있게 되었다. 다시 말하면 시장에서 개인들의 행동을 이해하기 위해서는 시장을 사회적 관계라는 상황을 통해서 보아야만 가능하다.

경제는 독립된 시스템이 아니라 다른 시스템에 포함된 하위시스템이다.[21] 더 나아가 존재하기 위해서는 다른 시스템에 의존해야만 하는 하위시스템인 것이다. 킨(John Keene)이 말한 대로 "세계 비즈니스를 포함한 어떤 비즈니스도 그것이 속하거나 속하려고 시도하는 시민사회 안에서 비노동시장(non-market) 환경을 일으키거나 부양하지 않으면 비즈니스로서 제대로 기능할 수 없다."[22] 시스템들을 관리하기 위한 세 가지 유형의 전략에 관한 보울딩(Kenneth Boulding)의 개념은 경제와 기타 사회시스템 사이의 관계를 그려보는 데 도움이 된다.

시민사회와 보울딩(Boulding)의 세 가지 시스템전략 | 보울딩의 세 가지 전략인 위협, 거래, 통합은 시스템을 관리하는 세 가지 방법을 제시한다.[23] 위협전략은 당신이 이것을 하지 않으면 벌을 받게 된다고 말한다. 거래전

---

21) Perter Ulrich, "Ethics and Economics," *in Ethics in the Economy: Handbook of Business Ethics*, ed. Laszlo Zsolnai (Oxford: Peter Lang, 2004), pp. 9~37.

22) John Keene, *Global Civil Society?* (Cambridge University Press, 2003), p. 82.

23) Kenneth Boulding, *Three Faces of Power* (New York: Sage, 1990).

략은 당신이 이것을 하면 대가로 이런 것을 돌려받는다고 한다. 그리고 통합전략은 우리가 함께 그것을 할 수 있다고 말한다. 이 세 가지 전략들은 사회의 세 가지 영역에 대응하는 개념, 즉 정부부문 (위협), 경제부문(거래), 시민부문(통합)으로 보일 수도 있다. 이것은 어떤 면에서는 사실이지만 조금 더 자세히 살펴보면 이 부문들 각각이 이 세 가지 전략을 모두 포함하고 있다. 사실 어떤 조직이든지 비록 같은 비중은 아니더라도 이 세 가지 모두를 가지고 있을 것이다. 우리가 어느 공동체 개발프로젝트를 관리하고자 한다면 마음대로 활용할 수 있는 이 세 가지 전략을 가진 셈이다. 어떻게 우리는 그것들을 사용할까? 우리는 범죄율이 높은 지역에 경찰의 힘을 증강시키는 경우와 같이 위협의 힘을 먼저 사용할 수 있다. 이것이 공동체를 발전시킬까? 반드시 그렇지는 않다. 위협 그 자체만으로는 폭정(tyranny)으로 받아들여질지도 모른다. 당신은 사람들에게 공동체에 관심을 가지라고 명령할 수 없다. 반면 거리가 안전하지 않으면 위협은 안전을 증가시키는 하나의 방법이 될지도 모른다. 위협은 비록 그 자체로 발전을 촉진시키지는 못하지만 도시개발을 보장할 수는 있다. 다른 말로 법의 규칙은 공동체를 건설하는 데 필수적인 요소이지만 이것으로 충분하지는 않다.

위협이 도시를 개발할 수 없기에 우리는 거래를 시도할 수 있다. 우리는 어떤 행위에 대해서 보상을 하고 사람들의 공헌이 드러나도록 할 수 있다. 비록 이것이 단기적으로는 긍정적인 효과를 가질 수 있지만 이는 곧 다른 사람들이 오직 돈만을 바라고 공동체 개발에 관심을 갖고 있다고 사람들을 믿게 할 수도 있다. 이는 공동의 노력에 대한 의식, 즉 공동체의식을 흩뜨릴 수 있다. 그들 사이의 거래들은 공동체를 일으켜 세우기보다 오히려 분해시킬 수 있다.

오직 통합전략들만이 공동체의 기반을 마련할 수 있다. 그것들은 사람들이 공동의 프로젝트나 공동의 노력에 참여할 수 있는 기반을 제공한다. 가족들을 위해 교육 프로그램을 개발하는 것이나 공동의 관심사와 관련한 지역협회 등을 돕는 것은 통합 전략의 예가 된다. 이러한 통합력이 개발될 때 위협이나 거래의 힘은 함께 사용될 수도 있다. 법의 규칙은 공동체 개발을 보호할 수 있다. 거래의 힘은 공헌한 사람에 대한 보상이나 개인적 성과에 대한 인센티브를 제공할 수 있다. 많은 경우에 거래전략은 중요한 목적을 달성하기 위해 자원을 효율적으로 사용할 수 있도록 장려한다. 공동체 건설이 성공하기 위해서는 이 세 가지 전략이 모두 필요하지만 이는 적절한 방식으로 결합되었을 때에 만이 충분한 가치를 발휘한다.

위협, 거래, 통합의 이 세 전략이 공동체 개발에 있어서 어떻게 상호작용하는지 관찰하면 경제, 정치, 시민사회를 각각 독립된 부분으로 바라보는 것이 적절하지 못하다는 사실이 분명해질 것이다. 그것들은 훨씬 더 밀접하게 연결되어 있으며 상호의존적이다. 이들의 관계를 살펴보는 또 하나의 방법은 그들을 상황적으로(contextually) 살펴보는 것이다.

상황적 관점 | 보울딩의 3요소인 위협, 거래, 통합이 어떻게 상황적으로 정리되어야 하나? 이들 셋 중 어느 하나가 나머지 둘을 포함하고 있는가? 단지 거래와 위협의 전략이 자기 파괴적이라는 이유 때문에 분명 통합이 나머지를 포함할 것이다. 모든 성공적인 거래는 특히 경쟁적인 거래에서 거래의 과정들을 유지하기 위해 협력의 상황을 요구한다. 경쟁은 협력을 요구한다. 그렇지 않으면 경쟁은 전쟁으로 변한다. 위협 역시 통합적인 상황

을 요구하는데 그렇지 않으면 이것은 폭정과도 같은 것이 된다. 그러므로 이들 세 전략 사이의 적절한 관계는 〈도표 5.1〉에서와 같을 것이다. 이 그림에서 통합적인 전략은 거래관계를 위한 상황을 제공한다. 동시에 위협전략은 이 두 원들을 보호하고 있지만 그것들을 지배하고 있지는 않는다. 이러한 유형의 상황적 그림은 시민사회와 시장거래 그리고 법규 사이의 연결을 보여 주는 시민적 3요소로도 적용될 수 있다(〈도표 5.2〉)참조.

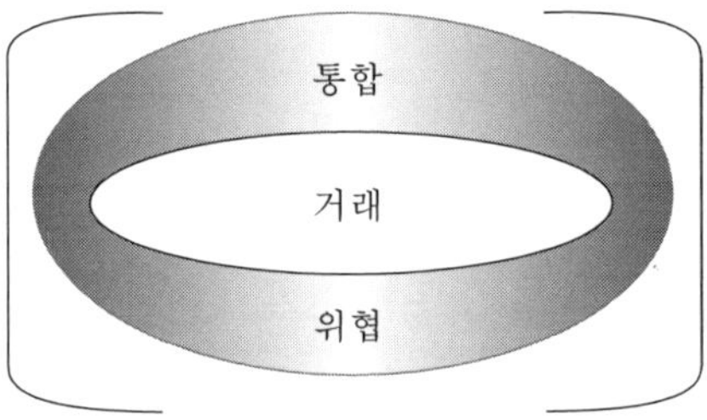

〈도표 5.1〉 보울딩(Boulding)의 3요소

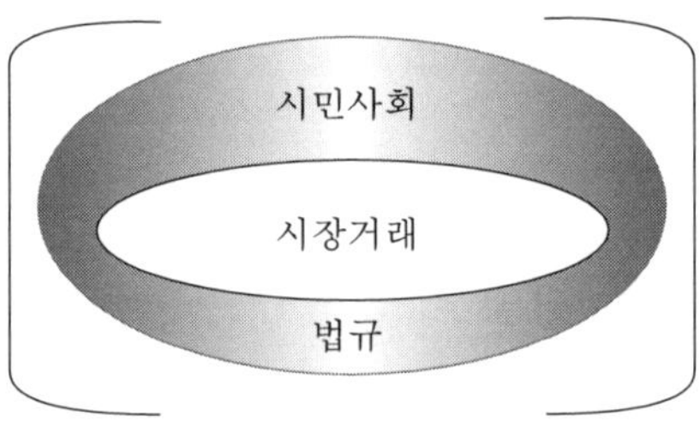

〈도표 5.2〉 시민사회의 3요소

이 그림이 세 가지 관계를 더 정확하게 표현하기 위해서는 시민사회가 시장의 거래를 포함하고 정부가 폭군이 되지 않고 시민사회와 시장을 보호할 수 있게 법의 규칙을 제지할 수 있는 것으로 보여야 한다. 시민사회가 이러한 이중적인 의무를 가지고 있음을 고려하면 이 그림은 시장거래와 회사가 시민사회에 속하고, 또한 사회의 지원을 받고 있다는 점을 제대로 증명하고 있다. 이 그림은 또한 브루인(Severyn Bruyn)이 정의한 시민경제의 개념을 입증하고 있다.

시민시장이라는 말은 경쟁하는 참가자가 공동의 선을 위한 규범들에 동의하고 이를 시행할 능력이 있는 거래시스템을 의미한다. 이는 무역, 전문가, 노동, 공동체 연합이 행동강령을 정하고 검증절차를 요구하고, 중립적인 관찰자(감시자)를 선임하고, 계약을 어긴 사람들에 대한 벌칙을 부과할 규율시스템을 설립하는 상황을 의미한다. 자유시장이 제대로 작동하기 위해서는 그것이 재판의 특정한 원칙과 자유경쟁의 규칙들에 기반을 두고 있어야 한다.[24)]

브루인이 지적한 것처럼 진보는 시민경제의 발전과 함께 만들어졌는데 1947년 국제표준화기구(ISO, International Organization for Standardization), 1964년 UN무역개발회의(UNCTAD, United Nations Conference on Trade and Development) 그리고 환경책임경제연합(CERES, Coalition for Environmentally Responsible Economies) 등의 설립이 그 예가 된다. 많은 다른 형태의 책임 있는 기업활동과 더불어 이러한 발전은 시장이 더 시민

---

24) Severyn T. Bruyn, *A Civil Economy: Transforming the Market in the Twenty-First Century* (Ann Arbor: University of Michigan Press, 2000), p. 207.

적이 될 수 있고 시민영역을 유지하기 위해서 다른 시민부문들과 함께 일할 책임이 있다는 증거를 제공한다. 이러한 시민성이 사회적 기준이 될 수 있을지는 물론 미지수이다. 상황적으로 생각하면 포함하는 것과 포함되는 것을 반대로 생각하기 쉽다. 시민사회가 시장을 포함하는 대신에 시장이 시민사회를 포함한다. 모든 관계는 거래의 관계가 되고 신뢰와 통합을 위해 필요한 관계는 흩어질 것이다. 기업이 매스컴, 유흥산업, 언론 그리고 강한 시민사회의 유지를 위해 중요한 많은 다른 자원들을 통제할 때 하위개념이 상위개념으로 뒤바뀌는 위험을 마주하게 된다. 이러한 일을 막기 위해 시정부는 민주적 행위에 대한 적극적인 수호자가 되어야 한다. 이로써 우리는 기업과 도시의 관계에 관한 두 번째 질문, 즉 기업과 시정부의 관계에 다가가는 것이다.

기업과 시정부

기업과 시정부의 관계는 예상처럼 매우 다양하고 복잡하다. 가장 우세한 유형의 관계들을 추리기 위해서 나는 여섯 가지의 관계 모델들을 개발했다. 이 모델들은 상호배타적이지 않아서 어떤 관계는 하나 이상의 관계들을 포함할 수 있다. 여섯 가지의 모델들은 소유형, 무의식형, 비즈니스 리더형, 경쟁시장형, 박애주의형 그리고 협력(partnership)형 모델이다.

소유형 모델 | 때때로 기업, 도시관계는 단지 누가 무엇을 소유하고 있느

냐에 의해 결정되어 왔다. 땅을 소유한 자는 누구든 그 안에서 일어나는 것을 통제한다. '기업촌(city town)' 이라는 말이 이 관계에 적합하다. 예를 들어 포틀래치제재회사(Potlatch Lumber Company)는 19세기 말에 아이다호주 포틀래치시를 건설했다. 그들은 집과 가게 그리고 심지어 교회(가톨릭과 개신교 까지 지었다. 1906년까지 인구는 1000명에 달했고 그 후 1950년에 제재업의 거물기업 웨이어하우스(Weyerhaeuse)의 수중에 있던 이 회사는 그 도시를 팔기로 결심했다. 당시 그들은 267개의 집과 두 채의 아파트, 13개의 건물, 2개의 교회를 소유하고 있었다. 서점, 소방서, 소방차 그리고 두 개의 교회는 공동체에 헌납되었다. 거주자들은 그들의 집을 구매했고 1952년에 비로소 포틀래치는 마을이 되었다. 그 다음해에 주민들은 처음으로 시의회를 위한 선거에 투표했다.[25]

또 하나의 기업촌은 회사관리로부터 시민관리로의 전환하는 다소 다른 형태를 취했다. 1989년에 일리노이 대법원은 풀먼(Pullman)사가 일리노이의 풀먼에 있는 제조목적 이외의 모든 소유지를 반납할 것을 명령했다.[26] 법원은 소유지의 소유권이 시민의 자치권, 즉 함께 사는 방식에 대한 결정에 있어서 민주적 참여를 대신해서는 안 된다고 결정했다. 비록 오늘날에도 '기업촌' 으로 보이는 것이 있으나 그것들은 민주적인 단체라고 하기보다는 전민주적(pre-democratic) 단체의 대변자로서 역할을 한다. 다음에 나올 두 번째 유형은 다소 도시에 대한 반대적인 입장을 표명한다. 그들은

25) 참조사이트 www.potlatch.com/ historicalsociety/chapt_05.asp, p. 1.

26) Michael Walzer, *Spheres of Justice: A Defense of Pluralism and Equality* (New York: Basic Books, 1983), p. 297.

비즈니스 공동체의 레이더망에 드러난 적조차 없다.

무의식형 모델 | 소유형 모델처럼 무의식형 모델도 도시의 시민적 측면을 간과하는 데 이는 기업이 도시를 통제하고자 했기 때문이 아니라 오히려 그 반대였다. 이 모델에서 기업은 도시의 존재를 인지조차 하지 못한다. 이 모델을 뒷받침하는 여러 사례들이 있는데 한 기업의 다른 기업에 의한 적대적 인수(hostile takeover)에서 도시중앙부로부터 경제자산을 빼돌리면서 도시의 주변부에 거대한 체인스토어 등을 세우는 일까지 종류가 다양하다. 가장 악명 높았던 적대적 인수 중 하나는 1986년의 퍼시픽 제재회사(Pacific Lumber Company)의 경우였다. 이 제재사는 앞서 언급했던 포틀래치 제재회사와 같은 종류의 회사였다. 이 회사는 직원들과 지역공동체에 매우 온정주의적이었다. 게다가 나무를 자르는 것에 대해 오히려 계몽적인 정책을 가졌다. 나무들을 모조리 베어 버리지 않았고 2000년 된 오랜 나무들을 국가보호수로 보호했다. 이러한 목재자산들과 직원들의 퇴직금 그리고 좋은 수익성은 적대적 인수의 좋은 표적이 되었다. 허위츠(Charles Hurwitz)와 그의 회사 맥샘(Maxxam)사는 주식 1주의 액면가에 10달러를 더 주는 제안을 했고 이사회는 이를 받아들였다. 그 이후 허위츠는 무차별적으로 나무를 잘라냈고 직원들의 연금은 부실채권을 해결하는 데 사용했으며 제재업 노동자들이나 환경단체들과 지속적인 갈등을 빚었다.[27] 우리가

---

27) Lisa H. Newton, "The Chainsaws of Greed: The Case of Pacific Lumber," *In Case Studies in Business Ethics*, fourth edition, ed. Thomas Donaldson and Al Gini (Upper Saddle River, NJ: Prentice Hall, 1996).

작은 마을어귀에 거대기업인 월마트 상점을 짓는 것에 대해 적대적인 인수라 부르지는 않겠지만 그 효과는 거의 비슷하다. 이러한 행위들은 모든 사람들을 고객으로 취급함으로써 도시와 기업의 관계를 상업화시킨다. 고대 양식의 상점들을 제외한 도시의 공공지는 버려지고 쇼핑몰의 사유지 공간들에는 여기저기 간판이 걸리게 된다. 사람들은 상업적 기업의 일부분으로 보이고 도시는 상업적인 자원이 된다. 이는 다음에 소개될 보다 전통적인 유형인 비즈니스 리더형 모델과 정확히 대조된다.

비즈니스 리더형 모델 | 비즈니스 리더형 모델은 비즈니스를 운영할 줄 아는 사람은 도시도 운영할 수 있다는 가정에서 시작한다. 비즈니스 리더들은 도시의 개발계획과 이를 시행하기 위한 도시리더들과의 협업에 열정적으로 참여한다. 그들의 계획은 때로 도시주민들에게 손해가 되더라도 좋은 비즈니스 환경을 구축하려는 그들의 이해관계로부터 시작된다. 비즈니스 리더형 모델은 제2차 세계대전 직후 도시재개발 붐이 일던 시기에 미국의 많은 도시에서 대대적으로 사용되었다.

미국에서의 도시재개발은 도시중심지의 노후화에 대한 대응으로 의회가 1949년 주택법(Housing Act of 1949)을 통과시켰을 때부터 시작되었다. 도시재개발 프로그램들은 상업적인 개발을 통해서 활력 있는 도시가 만들어진다고 가정했다. 슬럼가들이 치워지고 고층사무빌딩들과 문화복합빌딩들이 지어져서 도시스카이라인 자체가 아예 변경되었다. 대부분의 계획이 상의하달식(top-down)이었고 비즈니스나 문화센터로 인해 이주해야만 하는 사람들에 대한 배려가 없었다. 도시마다 사연은 다르겠지만 재개발 프로젝트가 도시에 살고 있던 사람들보다 교외지에 사는 사람들에게 유리한 방향으로 진행되었다는 것이 여론이다. 사실 도시재개발은 도시거주민들의 집을 재건축했다기보다 아예 그들을 갈아치운 것이었다. 플레이스 매터스(Place Matter)의 저자에 따르면 "1956년과 1972년 사이에 도시재개발과 도시 간선도로 건설로 약 3,800만 명으로 추정되는 사람들이 그들의 집에서 쫓겨났다."[28] 물론 이들 대부분의 사람들은 비싼 교외지로 이사할 자원이 없었고 대신 질 낮은 도시주택으로 이주했다.

샌프란시스코만 지역의 유력경제단체인 BAC(Bay Area Council)는 기업, 도시관계들 중 비즈니스 리더 유형의 좋은 예가 된다. 이 회사는 1960년대의 도시재개발에 참여했을 뿐만 아니라 오늘날에도 활발하게 활동하고 있다. 비즈니스 리더들에 의해 1945년에 설립된 BAC는 산호세(San Jose)에서 산타로사(Santa Rosa)에 이르기까지의 전체 샌프란시스코만 지역을 위한 계획과 정책들을 개발하기 시작했다. 이들의 전략은 자금조달에 관한 리서치를 해서 지역정부가 이대로 실행하도록 제안하는 것이었다. 지역활동가이자 작가인 하맨(Chester Harman)은 BAC가 샌프란시스코만 지역의 현재모습의 상업형태를 이 때 설계했으며 그 상업들을 연결할 공공 운송 시스템을 진척시켰다고 적었다. BAC에 대해 그는 이렇게 적고 있다.

BAC는 또한 다양한 경제 기능들을 합리적으로 이 지역 전체에 소개할 수 있도록 공장 소재지 조사서와 명부를 출판하였다. 그래서 동부만(East Bay)지역은 중공업, 화학 그리고 석유 등의 중심지가 되고 지역운송의 중추로서의 역할을 하게 된다. 그리고 반도(Peninsula)와 서부만(West Bay)

---

28) Dreier, Mollenkopf, and Swanstrom, *Place Matter*, p. 118.

의 경우에는 경공업, 전자, 항공산업의 중심지가 된다. 알라미다(Alameda), 콘트라 코스타(Contra Costa) 그리고 산마테오(San Mateo) 카운티들은 제2차 오피스 개발을 지원한다. 샌프란시스코는 행정, 재정, 컨설팅, 엔터테인먼트의 중심지이다. 정교한 간선도로망과 만지역 특급수송(Bay Area Rapid Transit)시스템은 지역경제단위의 모든 부분들을 행정이 중심지, 즉 도시로 연결시킨다.[29]

BAC의 계획들 중 일부는 아마도 매우 훌륭했던 것 같다. 그 중 몇 개는 전혀 시행되지 못했는데 예를 들면 샌프란시스코의 큰 도시공원인 골든게이트공원(Golden Gate Park)을 통과하는 간선도로 계획 등이다. 비즈니스리더형 모델은 비즈니스 리더가 무엇이 도시를 위해 최선인지를 알고 시정부가 그들의 주도에 따라야 한다는 가정에 의거한다. 비록 이 모델이 회사와 도시관계의 이상적인 모델은 아닐지라도 다음에 나올 경쟁시장형 모델보다는 더 좋은 결과를 가져왔을 것이다.

경쟁시장형 모델 | 이 모델은 기업, 도시관계를 공급자들 간의 경쟁적 관계와 유사한 것으로 해석한다. 달리 말해 도시들은 거래가 이루어지는 시장에 속한다고 본다. 기업들은 그들이 공급자나 고객들과 매매를 하듯이 공공기관과도 '장사'를 한다. 기본방식은 다음과 같다. "당신이 내가 원하는 것을 해주면 나도 당신이 원하는 것을 해줄 것이다." 이러한 형태의 관계는 도시들이 기업을 끌어들이기 위해 서로 경쟁하던 1990년대 벼락경기

29) Chester Hartman, *City for Sale: The Transformation of San Francisco* (Berkeley : University of California Press, 2002), p. 6.

시절에 특히 만연했다. 시정부들은 세금감면, 유리한 대출조건 등 기업들이 그들의 도시에 정착하게 하기 위한 기타 서비스들을 제안했다. 『플레이스 매터스(*Place Matters*)』의 저자들은 비즈니스 투자유치를 위한 도시들 간의 '입찰전쟁' 식의 이러한 행위들이 세금의 부담을 기업에서 주민으로 이동시키는 '추락하는 경주(race to the bottom)' 와 같다고 본다.[30] 그들이 지적했듯이 도시들은 이러한 전략들에 너무 익숙해져서 때때로 불필요한 상황에서도 세금감면의 혜택을 제공했다. 실예(實例)로 1994년에 LA시는 당시 새로운 영화사인 드림웍스(Dream Works)의 본사를 LA시에 두게 하기 위해 회사에 7500만 달러의 세금감면 혜택을 주었다. 당시 드림웍스사가 다른 곳에 자리잡을 가능성은 거의 없었는데도 말이다.[31] 기업과 도시 사이의 이와 같은 경쟁적인 게임에 회사들만이 참여한 것은 아니다. 도시들 역시도 게임을 주도 할 수 있었다. 그들은 기업들로부터 이른바 '강탈' 이라 불릴 만한 것들을 요구했는데 이는 시의 새로운 개발로 인한 부담을 상쇄시키고자 고안된 공공요금이다. 베이사(Bay Corporation)가 캘리포니아주의 버클리로 이주했을 때 이 회사는 지역청년들 대상의 생물공학 교육 프로그램을 위해 100만 달러를 지불하기로 합의했다.[32] 요약하면 기업, 도시관계의 경쟁시장 유형은 양측이 각각 오로지 스스로에게 이득이 되는 쪽으로만 일하기 때문에 좋은 거래가 있을 경우에만 협력을 한다고 보면 된다. 이러한 경쟁적 관계는 오늘날에도 계속되지만 경쟁보다는 보호에 기반

30) Dreier, Mollenkopf, and Swanstrom, *Place Matters*, p. 100.

31) 상게서, p. 189.

32) 참조사이트 www.policylink.org/content/tools/50/73.1.asp.

을 둔 기업, 도시관계의 사례들도 많다.

박애주의형 모델 | 이 모델에서 기업은 도시의 후원자로 보인다. 전통적으로 이 모델은 기업이 아니라 개인에게 해당되는 것이었지만 최근 더 많은 기업들이 재단을 설립하고, 다양한 도시이벤트에 기여하고 비즈니스 공동체 내부에서 기업박애주의를 홍보해 왔다.

미국 전역의 도시빌딩들에 자신의 이름이 새겨지게 된 카네기(Andrew Carnegie)는 박애주의의 중요성에 대해서 많은 글을 남겼다. 그는 많은 부를 축적한 사람들이 기부나 세금을 통해서 부의 대부분을 사회에 다시 환원해야 한다고 믿었다. 사실 그는 무거운 상속세를 주장했다. 그의 주장은 매우 단순했다. "현재의 상황에서 부는 대개 개인의 성과가 아니라 대부분 공동체와 함께 이룬 결실이다."[33] 그 자신의 박애주의적 활동은 그가 카네기 철강회사로부터 은퇴한 후에 행해졌다. 그는 기업이 박애주의에 참여하라고 촉구하지 않았다. 대신 어떻게 하면 노동에 대한 대가가 회사이윤의 더 많은 몫을 근로자들에게 돌아가게 할 수 있을지에 대해 적고 있다. 그는 언젠가 기업의 부가 고용인과 고용주 모두에 의해서 창출되고 또한 그들 모두에게 분배되기를 제안했다.[34] 그는 기업이 가진 부의 일부가 도시로 기부되어야 한다고 제안하지 않았다. 대신 큰 부를 축적한 개인들이 부의 대부분을 사회에 환원해야 한다고 했다.

---

33) Andrew Carnegie, *Problems of To-Day: Wealth, Labor, and Socialism* (Garden City, NY: Doubleday, Doran and Company, 1933), p. 13.

34) 상게서, p. 67.

오늘날의 토론에서 개인박애주의와 기업박애주의 사이의 분명한 구분은 없다. 요즘 많은 회사들은 광범위한 기업박애주의 프로그램들을 가지고 있다. 예를 들어 식품업계의 거대기업인 제네럴 밀(General Mills)은 『2002년 기업 시티즌십 보고서』에서 그들이 공동체 프로그램에 6600만(66 million) 달러 이상을 기부했다고 보고했다. 그 돈들은 세 가지 채널을 통해 전해졌는데 이는 식품기증에 2170만 달러, 기업기증, 전략적 박애주의, 사회적 투자에 2680만 달러, 제네럴 밀스(General Mills)재단에 1만 8209달러 등이다.[35] 2000년에는 미국에 있는 기업재단들이 거의 30억 달러를 기부했다.[36] 기업의 기부는 기업, 도시관계들의 매우 중요한 양상이 되었다.

최근 기업박애주의의 발달로 '기업사회공헌 촉진위원회(Committee to Encourage Corporate Philanthropy)' 가 생겼다. 셰브론 텍사코(Chevron Texaco)사의 캔더(Ken Derr)와 영화배우 폴 뉴먼(Paul Newman)이 공동회장을 맡고 있는 위원회의 목적은 기업박애주의를 '기업의 사명과 비즈니스 행위의 필수적인 부분' 으로 만드는 것이다.[37] 이는 정부지출이 계속해서 줄어듦에 따라 예전에 정부가 제공했던 비영리 사회사업 기금에 대해 기업이 그 역할을 기꺼이 떠맡았거나 아니면 최소한 그 역할을 부여받은 것으로 보인다. 기업박애주의와 관련해서 공동체 프로젝트나 비영리조직을 위한 자원봉사에 직원들을 지원하는 것도 있다. 과거 수십년 동안에 많

35) 2002 Corporate Citizenship Report, p. 7 at www.generalmills.com/foundation.

36) Foundation Yearbook (2002), The Foundation Center, www.dncenter.org/research/trends_analysis/pdf/ yearbook.

37) 참조사이트 www.corphilanthropy.org.

은 기업들이 직원들에게 사회참여를 위한 휴가를 주었다. 그들이 일한 시간만큼을 기금으로 적립하여 기부하기도 했지만 대개는 장애자들을 돕기 위한 교육프로그램이나 기타 비영리 프로그램에 이들을 참여케 하였다. 예를 들면 2000년에 기업사회공헌 촉진위원회가 발행한 온라인 뉴스레터는 엔론(Enron)사에 대한 기사를 실었다. 그 기사는 엔론이 해마다 좋은 목적으로 1000만 달러 이상을 기부했을 뿐만 아니라 직원들이 학교나 기타 시 관련 조직에서 자원봉사하는 것을 지원해 왔다고 적고 있다.[38] 지속성 측면에서 보면 엔론사의 경우는 예외적 일지도 모르지만 한 회사의 박애적 프로그램이 기업의 온전성을 나타내는 믿을 만한 척도가 될 수 있음을 생각하게 한다. 다음 파트너집형 모델을 살필 때 이 주제를 다루기로 한다.

파트너십형 모델 | 오늘날 많은 도시들에서 기업들은 공통된 경제적 · 사회적 · 환경적 문제들을 다루기 위해 공동체그룹이나 정부기관들과 협력한다. 이러한 파트너십은 매우 다양하다. 가장 유명한 것들 중 하나는 1993년에 20주년 기념행사를 했던 쇼어은행(Shorebank Corporation)이다. 쇼어은행은 사우스 쇼어(South Shore)라 불리는 시카고의 한 지역에서 이 곳 주민들의 주택과 경제적 필요품들을 제공하기 위해서 비영리조직과 영리조직들을 결합시켰다.[39] 그 사명은 사우스 쇼어지역으로부터 '투자회수'

38) Charles Oslon, "Enron Philanthropy: Smart, Bold, Ambitious, Innovative, United," at www.corphilanthropy.org.

39) Richard P. Taub, *Community Capitalism: The South Shore Bank's Strategy for Neighborhood Revitalization* (Boston, MA: Harvard Business School Press, 1994).

를 하려는 기업들의 결정을 번복하게 하는 것이었다. 그들은 그 곳 공동체를 위한 주택공급이나 소기업 프로젝트를 위한 대출금을 지급하고 공동체 외부로부터 투자를 유치하는 역할의 금융기관을 창설함으로써 이 목적을 달성했다. 기업과 개인들이 참여한 이 외부투자는 공동체 개발을 위한 자금을 제공했고 또한 투자자들에게도 수익을 안겨 주었다. 이것이 '파트너십' 이라고 불리지는 않았지만 각 측이 시민들의 삶을 향상시키기 위해 서로에게 협력함으로써 사실상 그와 같은 기능을 제공한 것이다. 파트너십의 또 다른 사례는 앞서 비즈니스 리더형 모델에서 언급했던 BAC의 최근의 활동내용이다. BAC는 비즈니스 리더형 모델에서 파트너십 모델로 발전했다. 2003년 홍보 브로셔에 나타난 프로젝트 리스트를 살펴보면 이 사실을 예상할 수 있다.

- 15개의 파트너조직들과 협력하여 운송프로젝트인 운송권(Transportation Initiative) 관리
- 지속가능 위원회(Sustainable Communities) 프로젝트를 위한 연합체, 만협약(Bay Area Alliance) 관리
- 공동체 관계자들과 협력하여 가장 빈곤한 지역으로의 투자유치를 위한 기초투자공동체(Community Capital Investment) 발기추진
- 만지역의 교육과 직업훈련을 위한 만교육노동준비회의(Bay Area Education and Workforce Preparation Council)에 대해 후원 및 인력지원
- 공항 인프라스트럭처 시설 향상, 국제무역증진, 근무 사생활 보호를 위한 지원 추진

기업, 정부기관 그리고 시민그룹들 간의 협력은 현대세계에서 흔히 볼 수 있다. 지속가능한 발전을 위한 세계비즈니스위원회(World Business Council for Sustainable Development)에서 발행한 『바른 행동, 바른 언행(*Walking the Talk*)』이나 그 밖의 다른 서적들에서 기업, 도시파트너십에 대한 다양한 사례들을 발견할 수 있다.[40] 이러한 파트너십의 성장이 시사하는 바는 도시생활 개선에 참여하는 여러 기관들의 공동지원과 협력이 없을 때 이러한 일들이 성공할 수 없다는 인식이 늘고 있다는 점이다. 기업과 도시의 관계에 대한 여섯 가지 다른 모델들을 돌아볼 때 어떤 것이 기업의 온전성을 증진시키고 어떤 것이 그렇지 않은지 어떻게 알 수 있을까? 그 결정은 두 개의 서로 다르지만 관련된 주제, 즉 기업과 도시의 상호의존성과 기업의 효용성(또는 기업의 사명)에 달려 있다.

기업과 도시의 상호의존

2001년 9.11사태를 통해 드러난 것들 중에 가장 눈에 띄는 것이 비즈니스와 시민조직(civic organizations) 간의 상호의존성이다. 세계무역센터 빌딩은 뉴욕시에 위치하는 세계비즈니스의 정점(pinnacle)으로서 존재해 왔

40) Holliday, Schmidheiny, and Watts, Walking the Talk.There are also many websites that provide cases of corporate partnership, such as the Business for Social Responsibility website at www.bsr.org.

다. 그것들을 파괴시킨 비행기는 비즈니스뿐만 아니라 시민공동체도 공격한 셈이다. 뉴욕시의 소방관들과 사립안전요원들은 생명을 구하기 위해 그곳으로 달려갔다. 100만장자들과 최저임금 노동자들은 그들이 피난을 시도했을 때 서로를 돌봤다. 그 날은 어느 누구도 '경제부문'과 '시민부문'을 구분하지 않았다. 빌딩잔해들이 그들의 도시로 떨어졌을 때 '그라운드 제로(ground zero)'로 불리워진 지역은 도시의 피해와 비즈니스의 재앙 모두를 의미했다.

그러나 기업과 도시 간의 상호의존도는 똑같지 않다. 왜냐 하면 기업들은 도시 속에 존재하나 도시가 기업 속에 포함되는 것은 아니기 때문이다. 도시 없는 기업을 상상해 보라. 법을 집행할 법집행기관들을 없애 보라. 법률을 없애 보라. 사람들에게 진실을 말하라고, 약속을 지키라고, 다른 사람들에게도 똑같은 것을 기대하라고 가르치는 윤리공동체를 없애 보라. 안정적인 사회규율을 없애 보라. 그러면 기업에게는 어떤 일이 일어날까? 그들은 철수하거나, 쇠퇴하게 되거나, 아니면 그들 스스로를 보호하기 위한 안전 세력들을 가지고 봉건시대에서처럼 될 것이다. 불행히도 여기에서 우리는 우리의 상상력을 동원할 필요가 없다. 기업들이 그들 자신의 사법시스템과 교육시스템을 가지고 많은 다른 공공재를 떠맡도록 되기 전까지는 그들은 그들이 거주하는 도시와 국가에 의존하게 된다.

그들을 보호하는 법에 있어서, 그들의 시장을 유지시키는 규정에 있어서, 그들의 경쟁을 모니터하는 감사(監査)에 있어서, 그들이 선의를 가지고 일할 수 있게 하는 공공재에 있어서, 기업들은 도시와 정부에 의존한다. 달리 말해서 기업의 발전은 기업통제 하에 있지 않는 조건들에 달려 있다. 공공자원들로부터 독립되어 있다고 여겨지는 '민영'기업에 대한 관념에도 불구하고 사실 현대기업의 존재는 공공자원에 달려 있다.

물론 오늘날 대부분의 도시들 또한 기업들에 의존한다. 회사들은 사회의 발전을 위한 경제적인 기반을 일정부분 제공한다. 그들은 또한 도시의 노동인력들에게 직업의 기회를 제공한다. 도시는 기업이 제공하는 세입과 직업들을 필요로 한다. 문제는 경제학이나 정치학이 시민생활의 성격을 결정하느냐 아니냐이다. 민주적인 단체들과 자치규율을 위해서 정치를 위한 균형이 숙고되어야 한다.

시민사회를 많은 배우들이 속해 있는 드라마로 상상해 보자. 배우들이 일이 발생함에 따라서 대본을 쓰기도 하고 수정하기도 한다. 그 드라마의 제목은 도시에 관한 것이지 기업에 관한 것이 아니다. 기업들은 도시이야기에서 일부분을 차지할 뿐이다. 기업들은 이 드라마 '안에서' 중요한 역할을 가진 배우로서 존재하지만 그들이 그 연극을 통제해서는 안 된다. 도시가 연극을 감독하는 것이다. 무대에는 다른 배우들도 있어서 그들의 역할들을 수행한다. 연극이 어떻게 전개될지는 아직 적혀져 있지 않다. 그 안에는 많은 즉흥적인 행동들도 있다. 그리고 윤리적인 관리자로서 그리고 정치적인 존재로서의 도시는 연극을 계획했던 모습대로 감독할 책임을 여전히 가지고 있다. 사실상 드라마는 이러한 사명을 수행할 도시의 노력에 대한 것이다.

기업과 도시의 사명

비록 기업들처럼 도시들도 매우 다른 사명들을 가지고 있을지 모르지만 그들은 분명 좋은 목적을 가지고 있을 것이고 좋은 도시들이 되도록 노력해야만 한다. 좋은 도시란 무엇인가? 도시학자인 프리드먼(John Friedmann)에게 있어서 도시는 그 안에 속하는 모든 사람이 번영할 수 있는 환경을 조성해야 한다. 그는 이렇게 적고 있다.

모든 인간은 태어나면서부터 공동체 속에서 그들 고유의 지적·육체적·영적인 능력을 완전히 개발할 권리를 가지고 있다. 이는 인간번영의 권리이고 나는 그것을 인권의 가장 근본적인 것으로 생각한다.[41]

프리드먼의 견해는 아리스토텔레스가 말하는 인간의 'eudaimonen', 즉 자아번영의 개념에 뿌리를 두고 있다. 번영의 기회를 가지고 있는 인간에게 있어서 좋은 도시는 사회적으로 적당한 주택과 감당할 만한 의료시스템, 공정하게 보상하는 직업 그리고 충분한 사회적 공급물품들을 제공해야 한다.[42] 비록 인간번영을 위해 사회적으로 무엇이 필요한지에 대해서 다른 의견들이 있을지도 모르나 위의 네 가지가 심사숙고해 볼 만한 이슈라는 점은 분명하다. 즉 협의해 보아야 할 부분인 것이다.[43]

도시의 효용성이 무엇인가에 대한 것뿐만 아니라 인간번영에 대한 도시의 관점을 찾아볼 수 있는 하나의 방법은 도시의 사명서나 헌장을 살펴보

---

41) Friedmann, *The Prospect of Cities*, p. 110. Italics in original.

42) 상게서, p. 113.

43) For an analysis of the social conditions for self-development, *see Carol Gould, Freedom and Social Cooperation in Politics, Economy, and Society* (Cambridge: Cambridge University Press, 1988).

는 것이다. 미국에서 도시는 그들의 내정(內廷) 자치권, 즉 내부정무를 다스릴 권리를 주(state)로부터 부여받는다. 샌프란시스코 도시강령(City Charter)의 전문(前文)은 내정자치가 수반하는 것에 대해서 아래와 같이 표현하고 있다.

캘리포니아주 헌법에 의해 부여된 내정자치권의 혜택을 최대한 달성하기 위해서, 도시생활의 질을 향상시키기 위해서, 시와 군의 행정업무에 대해 모든 사람들과 기관들이 참여하도록 장려하기 위해서, 시정부가 효과적이고 효율적으로 사람들의 요구를 충족시키도록 하기 위해서, 공공서비스에서 책임성과 윤리성을 제공하기 위해서, 사회적 조화와 유대를 조성하기 위해서, 그리고 모든 시민들의 기회균등을 보장하기 위해서 우리 샌프란시스코시와 주(county)사람들은 이 강령을 시와 주의 근본적인 법규로서 제정하고 확립하는 바이다.[44]

물론 현대의 도시는 다른 공동체나 지역구의 혼합형으로 보일 수 있지만 이 전문(前文)은 도시가 하나의 공동체, 즉 '모든 주민들에게 동등한 기회'를 보장하고 '사회적 조화와 유대'를 조성하는 것이 되고자 애쓰고 있음을 보여 주고 있다고 생각한다. 더욱이 이 강령은 시정부와 공공서비스에서의 책임성과 윤리성을 주장하고 있다. 누구도 샌프란시스코시가 항상 사명에 충실했다고 주장하지 않겠지만 이 강령은 시정책과 제안들을 정당화하거나 비판하는 데 지침으로써 사용될 수 있다.

---

44) 참조사이트 www.sfgov.org/site/government_index.asp.

이 사명서 또는 조금씩 변형된 타 도시들의 사명서들을 볼 때 기업은 어떻게 이것과 관련지어 설명해야 하나? 우선 그들은 문화적 · 대인적 · 조직적 차원에서의 온전성을 증진시켜야 한다. 그들은 다름과 의견차이에 대해 개방적인 커뮤니케이션 패턴을 만들고, 사회적으로 상호호혜적인 대인관계를 확고히 하고 그들이 속하는 사회시스템에서 가치 있는 목적을 추구해야 한다. 이러한 세 가지 차원에서 온전성을 실천하면 도시의 사명을 완수하는 데 도움이 될 것이다. 왜냐하면 기업내부에서 개발된 커뮤니케이션 패턴은 기업과 다른 시관련 조직들과의 적절한 관계를 발전시키는 데도 사용될 수 있다.

비록 회사들이 문화적 · 대인적 · 조직적 차원의 문제에 직면하게 된다 하더라도 그들은 어떻게 적합한 경계들을 발전시킬지에 대해 학습이 되어 있을 것이다. 요즘 같은 경쟁과 기술의 세상에서는 그 경계들이 쉽게 간과되기 때문에 이것이 특히나 더 중요하다. 만약 시공무원이 '친기업적' 정책을 취하지 않는다 싶으면 돈이나 기업철수의 위협으로 시의 행정에 영향을 가하려는 압력들도 있다. 별개가 아니라 그 일부가 되었을 때 시민사회는 항상 쉽지만은 않다. 그것은 때때로 경쟁자들이 조장하는 공세로부터의 피하기를 요구한다. 만약 기업들이 시민사회에서 그들의 적합한 역할을 발견한다면 그들은 킨(John Keene)이 시민사회의 모든 사람들이 공통적으로 가져야 한다고 제안한 것을 얻게 될 것이다.

오늘날 세계시민사회는 다양성 · 정체성의 항구, 즉 많은 상응하거나 갈등하는 윤리가 만나는 곳이다. 이 안에 사는 사람들은 최소한 한 가지 공통점을 가지는데 이는 스스로가 신이라고 착각하거나 신처럼 행동하려고 하는 사람들이 과장되고,

거만하고, 권력에 굶주린 듯 행동하는 것에 대해 이들이 윤리적인 혐오감을 가진다는 것이다.[45]

달리 말하면 시민사회에 존재하는 회사들은 다름과 의견차이에 대한 개방을 조성하는 범세계적인 대화에 참여하고 이러한 대화들을 통해서 더 큰 관계의 일부가 되는 법을 배워야 하다. 기업들은 또한 시민사회와 더불어 시정부의 온전성에 대해서도 관심을 가질 필요가 있다. 이러한 책임은 다음에 이어지는 도시협력원칙으로써 설명 될 수 있다.

비즈니스 기업들은 도시의 사명을 방해하지 않고 때로는 그것을 장려할 책임이 있다.

여기에서 말하는 '방해하지 않을'의 의미는 시관료들이나 직원들에게 부당한 압력을 행사하여 그들의 결정에 영향을 주는 것과 같은, 공동체자치를 위한 시민들의 민주적인 참여를 가로막는 행위나 정책들을 지칭한다. 기업, 도시관계의 여섯 가지 모델 중에서 소유형과 무의식형 그리고 경쟁시장형은 이 원칙을 위반하는 것처럼 보인다. 비즈니스 리더형은 만약 이것이 파트너십 모델 가까이로 이동하고자 한다면 원칙을 광범위하게 해석할 때 이 원칙에 포함될 수 있다. 파트너십형과 박애주의형 모델은 도시가 그 사명을 성취하는 것을 방해하지 않는 쪽에 가장 가깝다. 반면에 최근 미

45) Keene, *Global Civil Society?*, p. 208.

국에서는 기업파트너십과 박애주의형 활동가들이 비영리조직과 합작하여 공동체자치로부터 민주적인 형식을 박탈하려던 몇몇 사례들이 있었다. 그렇다면 정부기관들, 비영리조직들, 그리고 기업들 사이에서 가장 적절한 관계구성은 무엇일까? 경우에 따라 다 다르겠지만 몇 가지 가능성들을 살펴보다 보면 미국의 초등교육의 기금마련에서의 최근 몇몇 사례들을 볼 수 있다.

도시 협동과 공교육의 자금조달

2003년에 뉴욕타임스는 빌 앤 멜린다 게이츠(Bill and Melinda Gates)재단이 3만 6000명의 학생들을 위한 작고 대안적인 고등학교를 시작할 수 있도록 비영리그룹에게 3100만 달러를 기부했다고 보도했다. 이 학교들은 이른바 국가의 공립학교에서 '낙제했거나 잊혀진' 아이들을 위한 교육을 제공할 것이다.[46] 그들 돈의 대부분은 비영리재단들에게 들어가서 그들이 이러한 아이들을 위한 학교를 창설할 수 있게 한다. 이러한 아이들을 돕는 문제의 시급성을 고려하면 한편으로는 이러한 대의를 추진한 것에 대해 게이츠재단에 박수갈채를 보내지 않을 수 없다. 반면 우리가 시민적 관점을 취하고 공동체자치의 온전성을 살피게 되면 여기에는 뭔가 실패적인 것이

46) 참조사이트 nytimes.com, February 26, 2003.

있는 듯하다. 왜 공립학교들은 어떤 학생들에 대해서 그리 형편없는 기관이 되는 것일까? 분명 하나의 이유는 교육자원을 위한 충분한 기금이 부족하기 때문이다. 그러므로 게이츠재단은 공립학교가 필요로 하는 바로 그것, 즉 돈을 마련하는 일을 하고 있는 셈이다. 그렇다 하더라도 이것이 누구든 돈을 지원한 자가 어떤 아이들에게 교육혜택이 돌아가게 할 것인가에 대해서도 결정해야 한다는 뜻인가? 그것에 동의하는 사람은 거의 없을 것이다. 누가 공교육을 위한 기금을 통제해야 하는지는 교육이 사회에서 어떻게 배분되어야 한다고 우리가 생각하는지에 달려 있다.

공교육을 위한 자금조달에서와 같이 자원들이 징부(주와 시에서 신출된 교육위원회)나 시장(공교육의 사립화) 또는 증여(개인이나 기업의 기부)나 위의 세 가지의 혼합형 중 어느 하나에 의해서 배분된다고 가정해 보자. 어떤 종류의 배분이 기업과 도시의 온전성뿐만 아니라 공교육의 온전성도 증진시키겠는가? 똑같은 질문으로 정의라는 개념을 개발시킨 월저(Michael Walzer)의 저서에 따르면 기금의 분배는 그 기금이 돕고 있는 대상물의 사회적 의미에 달려 있다.[47] 월저가 단순히 '의미' 라고 하지 않고 '사회적 의미' 라는 용어를 사용한 이유는 교육과 같은 대상의 의미는 사회적으로 만들어지기 때문이다. 만약 우리가 다른 종류의 상품이나 대상물을 고려한다면 우리는 아마도 어떤 것들은, 예를 들어 시민권, 안전한 지역구, 노숙자들을 위한 안식처 등은 정부가 제공해야 한다는 것에 동의할 것이다. 또한 맥주나 휴지 또는 휴대폰 같은 것들은 시장에 의해 제공되어야 한다고 동

47) Walzer, *Spheves of justice*, p. 9.

의할 것이다. 마지막으로 어떤 것들은 '기부' 되어야 한다고 생각할 텐데 이는 그 대상의 의미가 주는 행위와 연결되어 있기 때문이 아니라 다른 사람들이 알지 못하는 가능성을 어떤 사람들은 알고 있기 때문일 것이다. 기업가 정신에 의한, 그러한 자금조달은 다른 사람들이 생각하기에 새로운 가능성을 창출한다. 그렇다면 어떻게 공교육은 자금조달 되어야 할까? 〈도표 5.3〉은 선택사항들을 보여 준다.

논리적 영향력	시장 단독	혼합	정부 단독	기부
공교육자금 조달형태	○ ○	○ ○	○ ○	○ ○

〈도표 5.3〉 공교육의 자금조달

만약 우리가 하나 이상에 체크할 수 있다면 어느 정도의 비중이 각각에 부여되어야 하는가? 이는 공교육이 무엇을 위해 존재하느냐에 달려 있다. 그것에 대한 답이 여러가지 있을 수 있겠지만 가장 중요한 목적은 아이들이 시민이 되도록 가르치는 것이다. 만약 우리가 공립학교의 자금조달을 하는 데 박애주의자들의 기부금에만 의존한다면 우리는 아이들에게 시민정신에 대해 무엇을 가르치고 있게 되는 것인가? 학교를 운영하도록 선출된 교육공무원들을 배재시키는 것은 결코 있어서는 안 될 일이다. 그렇다고 비공립학교들, 종교학교나 특수목적학교가 도시의 온전성을 해치고 있다는 말은 아니다. 다만 그들의 사명이 공교육의 사명이나 그들이 존재하는 도시의 사명과 어울려야 한다는 뜻이다. 비록 공교육에 대한 기부자들은 다급한 상황에서 단기적으로 매우 유용할 수 있으나 이들이 민주적 기관이나 활동들의 전반적인 개발에까지 지원할 필요는 없다. 그들은 공교육에 관한 대화들을 통제해서는 안 된다.

이는 기업이 공교육에 대한 관심을 가져서는 안 된다는 것을 의미할까? 전혀 그렇지 않다. 그들은 직업세계에서 필요로 하는 기능들을 공교육이 제공하고 있는지, 그리고 이 문제와 관련해서 그들의 방침이 매우 도움이 될 수 있는지에 대해 온당한 관심을 가진다. 사실 공교육에 대한 기업관여의 강한 주장이 있는데 이는 기업의 시민성은 자본주의의 존속을 위해 필수적이라고 한 로그스던(Logsdon)과 우드(Wood)의 주장이다.[48] 그러나 이 주장은 기업에게 이익이 되는 경우에 한해서만 기업참여를 정당화시키는 약점이 있다. 기업은 그보다는 더 신뢰받을 필요가 있다. 시민적인 관점은 시민적 협력에 무언가를 더 추가하고 있는데 그것은 기업의 온전성이라는 관점에서 기업이 해야만 하는 것들이다.

온전한 경영을 위해서 기업은 때때로 도시의 사명을 진척시킬 의무가 있는데 이는 기업이 사회의 일부분이기 때문이다. 그것이 시민적 협력의 원칙 중 나머지 절반에 해당된다. 그렇다면 그들이 공교육을 장려할 수 있는 방법은 무엇일까? 우선 그들의 정책이나 업무들이 공교육을 방해하고 있지는 않은지 아니면 어떻게 장려하는지를 살펴보아야 한다. 기업의 문화가 직원들이 그들 자신이나 그들 자녀들에게 교육이 중요하다고 인식하도록 학습을 장려하는지? 직원들에게 너무 많은 일을 기대함으로써 그들이 아이들의 교육에 참여할 시간이 혹시 거의 없지는 않은지? 직원들이 그들 아

48) Logsdon and Wood, *"Business Citizenship,"* p. 181.

이들의 학교에 방문하거나 부모활동에 참여할 시간이 있는지? 직장에서의 대화들이 시민적(또는 공적) 포럼에 참여하기 위한 직원들의 기대나 능력들 높이는 시민호혜적 관계를 장려하는가? 공동체에 의해서 발생된 이익이 임금과 세금에 의해서 공동체 안에서 사용되는가? 기업이 이러한 질문에 어떻게 대답할지의 문제는 기업이 직원들로 하여금 지역학교에서 일주일에 몇 시간씩 자원봉사 하도록 지원하거나 컴퓨터 등을 기부하는 일보다 공교육의 온전성에 훨씬 더 많은 영향을 끼칠것이다.

기업정책이나 절차를 살펴봄으로써 문화적 · 대인적 차원에서의 기업 온전성을 살펴본 후에야 기업은 어떻게 그들이 도시기관이나 시정부와 협동적으로 대화에 참여할 수 있을지를 살펴볼 수 있다. 대화의 시작이 서로에게 관심을 기울이는 것에서 비롯된다고 언급한 제1장의 논의를 기억해보라. 사회적 차원에서 기업과 시기관들은 비슷한 선택에 직면한다. 그들은 서로를 향하거나 아니면 등지게 될 수 있다. 시민사회에 참여하기 위해는 기관들이 서로를 향하고 어떻게 도시가 사명을 완수할 것인가에 대해 대화를 시작해야 한다. 이 대화는 제2장에서 설명한 대로 공적인 협의를 위한 조건을 요구하는데 제2장에서는 개성이나 돈과 같은 밖으로 드러나는 힘보다 대화의 힘이 정책과 활동을 결정짓는다고 다룬 바 있다. 의견차이와 다름이 상호학습의 계기가 되는 이러한 대화들을 통해서 기업은 어떻게 시민 협동에 참여할 것인지를 배우게 된다. 그들은 사무실을 특정지역에 위치시킴으로써 그 곳의 경제 및 사회적 삶을 향상시킨다는 것을 알게 될지도 모른다. 그들은 또한 퇴직한 시민들이 회사의 탁아소를 돌보기를 원한다는 사실을 알게 될지도 모른다. 더 일반적으로 그들은 인간욕구를 충족키시고 인권을 존중하는 도시의 업무에 어떻게 참여할지를 배울 것이다.

피어스의 '대화적 문화' 와 관련한 회사의 과제는 크고 새로운 것이 더 좋다는 식으로 가정하는 현대식 해결책을 넘어서 다름과 상호학습의 인지를 가능하게 하는 범세계적인 대화로 나아가는 것이다. 이는 도시기관들도 마찬가지이다. 여기에서의 관건은 단지 기업의 온전성만이 아니라 도시들의 온전성도 포함된다.

법률과 기업활동에 필요한 기틀을 제공함으로써 도시는 기업활동들을 포함하는 용기(用器)라고 나는 묘사해왔다. 그러나 가끔 그 용기가 구멍이 뚫렸다 싶을 때도 있다. 정부의 부패, 이기주의, 연고주의의 행위들 때문에, 윤리적인 시각이 이상주의적이고 안이한 희망의 소산으로 오해받기도 한다. 신뢰할 수 있는 정부를 만드는 것은 포용의 정책개발을 수반하는 일종의 '투쟁' 이다. 시정부는 기업처럼 온전성에 대한 똑같은 요구에 직면하는 데 이는 그 안에 속하는 누구에게든 보여 줘야 할 '개방성' 이다. 시의회가 시민적 사명에 전념하고 있다는 신뢰가 생기고 난 후에야, 시민협동으로부터 나오는 대화가 이루어질 것이다. 그러나 어떤 상황에서도 관건은 도시가 이상적인 상태에 일정부분 도달했느냐의 문제가 아니라 신뢰와 참여를 이끌 잠재력을 가지고 있느냐, 그렇지 않느냐에 관한 것이다.

비슷한 어려움은 많은 기업리더들에게도 존재한다. 많은 경우 그들의 좋은 의도에도 불구하고 그 문제들은 그들의 특권적인 위치 때문에 다른 사람들에 대한 기업정책의 실질적인 효과를 얻어내지 못한다는 점이다. 기업과 정부기관들 사이의 대화는 시민생활에서 인간번성을 증대시키기 위한 새로운 가능성들을 여전히 개별할 수 있다. 기업 자신만으로는 그 번성을 조장하지는 못한다. 마치 공공기업과 정부기관들이 기업들을 필요로 하듯 그들 역시도 공공기업과 정부기관들을 필요로 한다. 이러한 대화들이 온전함을 가지기 위해서는 각각의 참여자들이 도시의 사명과 도시생활의 동력의 안내를 받으며 서로와 협동할 필요가 있다.

물론 이러한 대화들 중 하나는 모든 참여자들이 자연환경을 고려해야 하는 의무에 관한 것이 될 것이다. 자연환경은 오늘날 시민사회를 보듬고 있는 환경이다. 그리고 어떻게 그것이 번영할 것인가가 결국은 도시와 기업들의 번영을 결정할 것이다. 다음 장에서 증명하겠지만 기업의 온전성은 기업들이 도시들과 협동적인 노력에 참여하는 것뿐 아니라 자연을 희생해서 인간번영을 이루던 과거의 모습에서 인간과 비인간 모두의 자연번성을 추구하는 모습으로 옮겨갈 것을 요구한다.

이론에서 실행으로

복습을 위한 질문들 |

1. 우리가 살고 있는 도시나 도시지구에서 그 곳 시민들의 삶의 질을 결정짓는 주요한 추세들에는 어떤 것들이 있는가? 기업들은 어떻게 이러한 추세들에 반응하고 있는가?
2. 여러분은 회사에서, 도시지역에서, 가정에서 보울딩(Boulding)의 3요소인 위협, 거래, 통합전략을 어떻게 균형있게 사용하는가?
3. 경제와 시민사회와 정부를 상황적 관점으로 바라볼 때의 장점들과 단점들은 무엇인가?
4. 여러분의 도시는 어떻게 민주적인 제도들을 지원하거나 지원하지 않

고 있나?

5. 기업/도시 간 관계에 대해 여러분은 어떤 이미지를 가지고 있나?
6. 여러분의 도시의 사명은 무엇인가? 어떻게 여러분의 회사정책과 절차들은 그 도시의 사명을 증진시키나?

별첨 워크시트의 활용방안 | 워크시트 #10을 활용하여 기업들과 여러분 도시들 사이의 관계들을 조사해 볼 수 있다. 여러분은 서로 다른 기업, 도시 간 관계들을 조사하고 그들이 도시의 사명을 완수하기 위해 얼마나 잘 협력하고 있는지 평가해 볼 수 있다.

워크시트 #11을 활용하여 어떻게 서로 다른 물건들이 그것들의 사회적인 의미에 의해 유통되어야 하는지 생각해 볼 수 있다. 여러분이 시장, 정부, 기부, 또는 세 가지의 혼합 중 어느 하나를 선택함으로써 그 물건의 사회적 의미에 대해 여러분이 이해하고 있는 바를 표현하게 된다.

6 자연을 보존하는 환경의 온전성

도시의 사명을 달성하기 위해 시민사회단체들과 협력해야 기업이 온전하게 된다는 명제를 우리는 제5장에서 도출하였다. 또한 시민사회가 어떻게 기업과 협력할 수 있는지를 살펴보았다. 제6장에서는 도시와 기업이 속해 있는 자연환경을 탐색해 봄으로써 온전한 기업의 마지막 차원을 살펴보고자 한다. 기업은 자연과의 관계에서 어떻게 온전하게 될 수 있을까?

기업과 자연의 관계를 이해하려면 우리의 상상력과 지식을 모두 동원해야 할지도 모른다. 지구온난화에 대해 주목하라고 외치는 것은 자연이라고 사람들은 말할지도 모르지만 사실은 우리에게 주목하라고 간청하고 있는 것은 미래에 대해 걱정하고 있는 사람들이다. 하지만 어떤 느낌이 있고 그 속에서 우리는 몸의 소리에 귀를 기울임으로써 자연의 소리를 들을 수 있다. 결국 우리 인간은 자연의 창조물이기 때문이다. 우리가 인생의 각기 다른 단계마다 경험하는 활력과 연약함은 자연이 우리들에게 하는 이야기들이다. 따라서 어떤 조직단체가 자연을 보는 관점을 이해하는 하나의 방식은 조직단체가 그 구성원들의 건강을 돌보기 위해 어떻게 조직되어 있는가를 살펴보는 것이다.

어떠한 인간사회조직도 부분적으로는 말 그대로 자연적으로 만들어졌지만 일터를 가진 일부 사회조직은 자연환경과 대부분 분리되도록 만들어졌다. 예를 들면 기업은 전기로 만든 빛을 이용하여 낮과 밤을 가진 지구의 리듬을 벗어나는 일터를 만들었다. 일주일 내내 매일 24시간 운영되는 글로벌 커뮤니케이션 세계로 인해 근로를 위한 시간과 가족과 커뮤니티를 위한 시간을 구분하는 경계가 대부분 없어지고 있다. 제2장에서 필자가 주장한 바와 같이 새로운 것은 무엇이든지 더 좋다는 기술의 세계가 현대적인 문화에 배어 있는 한 적정한 선에서 경계를 구분짓는 것은 어려울 것이다. 여기에는 인간 몸과 관련된 경계뿐만 아니라 자연의 모든 경계도 포함되어 있다. 그렇다고 해서 우리 인간이 자연 속에서만 살아야 한다고 주장하는 것은 아니다. 자연은 지진, 진흙사태 및 태풍 등을 통해 인간사회를 위태롭게 할 수 있으며 우리의 살림을 파괴할 수도 있다. 우리는 현대의학, 도시개발 또는 정보기술 등을 던져 버릴 필요는 없다. 대신에 우리는 기술의 한계를 잘 이해하도록 새롭게 대화를 나누는 것이 필요하다. 어떻게 하면 우리 사회를 기술시대에 적합하도록 만들 것인가를 토론하는 (피어스가 정의한) 현대사회의 논의에 참여하는 대신에 우리는 어떻게 하면 기술을 인간시대에 적합하도록 만들 것인가를 토론하는 논의를 시작할 필요가 있다. 우리는 온전하게 되기 위하여 시민사회와 자연 사이의 연계에 대해 눈을 뜨게 해 주는 논의를 고안해낼 필요가 있다.

제6장에서는 기업행동과 온전성의 배경이 되는 자연환경을 놓고 벌어지는 현재의 토론이 복잡하다는 것을 보여 주는 서로 다른 3개의 논의들을

살펴볼 것이다. UN이 후원하는 지속성에 대한 논의, 세계무역과 금융에 대한 우즈(Bretton Woods)의 논의, 자연의 온전성에 대한 생태학적인 논의 등을 살펴볼 것이다. 몇몇 기업들이 이 논의들에 개입하여 왔기 때문에 우리는 이 논의의 가능성과 한계에 대해 이해할 수 있게 되었다.

이들은 지구적인 차원의 환경이슈들을 다루는 글로벌 논의들이다. 물론 국가차원이나 지방차원의 논의들도 있다. 사실 1960년대부터 1990년대 사이에 미국기업들은 환경단체와 정부기관들과 의논하였다. 이 의논들의 내용을 요약해 보면 세 개의 글로벌 논의들을 앞서는 이전단계를 볼 수 있다. 왜냐하면 이들 미국의 이야기들은 기업, 비정부기구 및 정부기관들이 지속가능성에 대한 논의에서 균형을 유지하는 것이 어렵다는 것을 일부 보여주고 있기 때문이다. 제6장에서 보는 바와 같이 이 세 개 그룹들은 제5장에서 다룬 바 있는 사회적인 온전성뿐만 아니라 환경적인 온전성을 이루기 위해 서로 협력할 필요가 있다.

환경보호에 대한 미국에서의 논의

호프만(Andrew Hoffman)은 자신의 저서 '이단에서 정론까지(From Heresy to Dogma)' 에서 1950년대 이후 40년 동안 환경에 대한 기업들의

1) Andrew J. Hoffman, *From Heresy to Dogma: An Institutional History of Corporate Environmentalism* (San Francisco: New Lexington Press, 1997).

논점들이 상당히 달라졌다고 주장하였다.[1] 그의 책 제목이 보여 주는 것처럼 자연환경에 대한 주제는 사업을 성가시게 하는 분야에서 전략적인 사업계획의 한 분야로 변모하였다고 그는 믿고 있다. 굴뚝에 대한 사람들의 인식이 어떻게 변해왔는지를 다음과 같이 예시함으로써 그는 이들 변화를 보여 주고 있다.

1950년대는 환경에 대한 규범이 제도화되기 이전시대로서 당시 굴뚝은 일자리, 경제성장과 산업경쟁력 등을 대표하는 등 호의적으로 여겨졌다. 하지만 공업차원의 환경주의시대인 1960년대에 오면 굴뚝은 바람직스럽지 못하고 더럽고 냄새나는 상징이 되었다. 규제차원의 환경주의시대인 1970년대에 오면 굴뚝은 정부가 통제해야 할 대상이 되었다. 사회적인 책임을 강조하는 1980년대에 오면 굴뚝은 지역주민의 건강에 해로운 독성 환경오염원천으로 여겨졌다. 마지막으로 전략적인 차원의 환경주의시대인 1990년대에 오면 굴뚝은 쓰레기로 상징화된다.[2]

호프만이 말하는, 이른바 1950년대의 공업차원의 환경주의시대에서 1990년대의 전략적인 차원의 환경주의시대에 이르기까지 나타나는 이러한 변화들은 기업의 내부와 외부에서 발생했던 사건들을 대표적으로 보여주고 있다. 이 변화들에 대한 그의 이야기들은 카슨(Rachel Carson)의 책 『침묵의 봄*(Silent Spring)*』의 발간(1962)과 더불어 시작되었는데 카슨은 그녀의 책에서 DDT(농업용 살충제) 사용의 위험성을 폭로하고 보다 중요

---

2) 상게서, pp. 148~9.

하게는 당시 만연했던 기술낙관주의에 대해 의문을 제기하였다. 이러한 기술낙관주의는 또한 1969년에 발생하였던 산타 바바라 원유 누출사건으로 인해 도전을 받았으며 특히 1970년 처음으로 개최된 '지구의 날(The First Earth Day)' 에 환경이슈에 대한 일반대중의 자각이 정점에 이름으로써 보다 극적으로 도전을 받았다. 전국에서 2000만 명이 넘는 사람들이 참가하여 환경을 국가적인 주제(agenda)로 만들었기 때문이다.

이듬해인 1971년 닉슨 미국대통령이 '환경보호법'에 서명을 하면서 환경보호정책은 기업의 자발적인 규제영역에서 정부의 강제적인 규제영역으로 바뀌게 되었고 정부는 환경문제에 대한 해결책을 찾아내는 임무를 맡게 되었다. 이 기간에 러브운하사건이 발생하였다. 1978년 후커화학회사(Hooker Chemical Corporation)가 2만 1800톤이 넘는 독성 화학물질을 나이아가라폭포에 있는 러브운하에 방류한 사건이 발생하였다. 1953년 후커는 쓰레기 매립장을 진흙으로 덮고 이를 1달러에 시에 매각하였다. 시 당국이 매립지 위에 학교와 주택을 지은 후 독성 화학물질이 지표 위로 스며나오기 시작하였다. 이러한 재앙으로 인해 카터 미국대통령은 '환경대응, 보상 및 배상책임 종합법' 에 서명을 하였고 이에 따라 기업들은 그들이 사용했던 토지에 남아 있는 독성 위해물질을 깨끗하게 제거해야 하는 의무를 지게 되었다. 이러한 규제정책으로 인해 기업들과 정부산하의 환경기관들 사이에는 긴장이 고조되었다.

레이건 미국대통령은 1981년 취임할 당시 정부규제를 완화함으로써 이러한 긴장관계를 해소하려고 하였다. 하지만 호프만이 지적한 바와 같이 이것은 정반대의 결과를 초래하였다. 환경단체들은 기업들을 직접 압박하는 쪽으로 환경운동방향을 전환하였고 운동의 초점을 정부규제를 준수하는 것에서 기업의 환경책임 프로그램을 개발하는 것으로 바꾸었다.[3] 1984년 인도에서 발생한 보팔참사와 1989년 엑슨 석유회사의 원유 누출사고 등으로 인해 환경재앙은 무거운 배상책임으로 다가왔다. 보험회사들은 이들 재앙으로 인한 환경비용을 검토하기 시작하였고, 기업들은 환경이슈들을 전략계획에 통합하기 시작하였다. 호프만은 1990년대의 환경주의는 다음과 같이 이전과 매우 다르다고 보았다.

결과적으로 환경주의는 점점 더 환경이슈와 관련이 없게 되었다. 보험회사들이 기업들에게 환경보호 압박을 가하자 기업들의 환경관리는 환경 그 자체가 아니라 위험관리 이슈가 되었다. 경쟁업체들이 환경문제로 압박을 가하자 환경관리는 경쟁전략의 이슈가 되었다. 투자자들 입장에서 보면 환경관리는 주주가치의 이슈가 되었다. 기업들은 환경주의를 마케팅, 회계 및 재무관리 분야와 접목시키는 방향으로 관리운영 방식을 변경하게 되었다.[4]

환경에 대한 관심사가 일상적인 경영관리의 일부분이 되었다고 호프만이 주장을 해도 기업들이 통제불가능한 논의에 참여할 필요가 없을 정도로 그렇게 환경을 고려하는지는 알 수 없다. 달리 표현하면 기업들은 보다 큰 전체의 일부가 되기보다는 스스로 전체가 되었다. "전략적인 환경주의를 통해 비영리단체, 기업, 정부기관들이 자연을 보존하기 위한 대화에서 정확하게 균형을 이루고 있는가?"라는 것이 문제이다. 패스트푸드 업계의 거

3) 상게서, p. 88.

4) 상게서, p. 183.

인 맥도널드와 '환경방어기금(EDF, The Environmental Defence Fund)' 의 협력관계에 대한 이야기에서 이 질문에 대한 답이 필요한 이유가 있다.

맥도널드와 환경운동 | 1980년대에 '버몬트인들의 환경정화모임(Vermonters Organized for Cleanup)' 과 '위험폐기물을 청소하는 시민들(Citizens Clearinghouse for Hazardous Wastes)' 등과 같은 환경보호단체들은 폴리스티렌 포장재료를 광범위하게 사용하는 맥도널드에 반대하는 국제적인 캠페인 그룹을 만들었다. '환경보호기구(The Environmental Protection Agency)' 의 보고에 따르면 폴리스티렌 생산과정은 1986년 화학물질을 만드는 과정 중에서 5번째로 많은 양의 독성물질을 배출하였다는 것이다. 또한 폴리스티렌을 태우는 과정에서 암을 유발하는 화학물질이 배출된다는 것이다. 폴리스티렌을 만들고, 사용하고 폐기하는 것이 본질적으로 위험하다는 것이다. 1987년 맥도널드는 스티로폼 음식포장재에 더 이상 CFC(chlorofluorocarbon, 염화플루오르화탄소, 프레온가스)를 사용하지 않겠다고 발표하였고 '국가자원방어위원회(The National Resources Defence Council)' 와 '지구의 친구들(The Friends of the Earth)' 뿐만 아니라 환경방어기금 등의 환경보호단체들이 이를 환영하였다.

맥도널드의 적극적인 실천으로 인해 국내외 풀뿌리운동 그룹들은 환경운동을 새롭게 설정하였다. 1990년 맥도널드는 환경방어기금과 협력관계를 구축하고 스티로폼을 점진적으로 사용하지 않기로 약속하였다. 이것은 기업과 환경단체 간의 새로운 협력모델이 되었다. 협력 10주년 자리에서 환경방어기금의 상임이사 크룹(Fred Krupp)과 맥도널드의 회장 그린버르그(Jack Greenberg)는 맥도널드의 성과를 다음과 같이 발표하였다.

- 15만 톤의 맥도널드 포장재를 절약하였음.
- 재활용재로 만든 제품을 30억 달러 이상 구매하였음.
- 식당 쓰레기를 30% 이상 줄이면서 100만 톤 이상의 골판지를 재활용하였음.[5)]

상기 결과는 협력관계가 변화를 이룩할 수 있다는 것을 보여 준다. 맥도널드와 환경방어기금의 협력관계는 제5장에서 제시한 '시민경제(civil economy)'의 좋은 예가 된다. 문제는 자연보호를 위한 논의에서 맥도널드가 환경방어기금의 지원을 받아 주도권을 장악하고 있는 것인지 아니면 맥도널드와 환경방어기금이 함께 이러한 논의에 참여하고 있는 하나의 참석자에 불과한 것인지에 대한 것이다. 즉, 환경이 보호되고 있다고 시민들이 여길 수 있도록 시민사회의 세 가지 기본조직인 비영리단체, 기업, 정부기관들은 이런 변화과정에 동참해 왔는가? 아니면 정부기관들을 제외함으로써 맥도널드의 온전성뿐만 아니라 패스트푸드 업계 전체의 온전성을 유지할 수 있는 법규들을 제정할 수 있는 것을 저해하는 것은 아닌지? 만약 맥도널드는 쓰레기 배출량을 줄인다 하더라도 다른 패스트푸드 업체들이 그렇지 않다면 전체 쓰레기 배출규모는 결국 증가할 것이다. 비영리단체들은 맥도널드와 협력관계를 유지함으로써 맥도널드가 내부문제를 해결하는 것을 도와 주게 되지만 이로 인해 제도적인 문제를 제도적인 방식으로 해결하지 못하도록 함으로써 의도하지 않은 결과를 초래할지도 모른다. 왜냐

---

5) 참조사이트 www.environmentaldefense.org/pressrelease.efm? ContentID=1299.

하면 제도적인 문제를 해결하기 위해서는 기업과 비영리단체들의 관여뿐만 아니라 정부기관들의 관여가 필요하기 때문이다.

환경보호 이슈에 대한 미국기업들의 이야기를 살펴보면 2개의 메시지가 있다. 하나는 제6장의 기본가정을 확인해 주는 메시지로서 기업이 환경을 논의하는 대화상대를 바꾸면 환경을 보호하는 실천방안을 바꿀 수 있다는 것이다. 다른 하나는 환경을 보호하기 위한 미국에서의 논의가 특히 레이건 대통령 시대 이후 정부기구들을 충분하게 참여시키지 않은 채 기업과 비영리단체 간의 민간차원에서 계속 이루어질 것인지에 대한 것이다. 환경을 보호하자는 글로벌 논의들을 보면 이들 3개 조직들 사이의 균형이 무엇보다 중요해지면서 동시에 균형을 이루는 것이 보다 어려워지는 것을 발견하게 된다. UN이 지원하는 지속가능성에 대한 논의들부터 살펴보자.

지속가능성에 대한 UN에서의 논의

지속가능성에 대한 UN의 논의들은 기후문제로부터 시작되었다. UN이 설립되자 바로 기후패턴과 일기예보를 연구하기 시작하였다. 사상 처음으로 세계각지로부터 기후정보를 집적하여 표준화할 수 있게 되면서 세계기후의 변화모습을 파악할 수 있게 되었다. 그 후에 UN연구자들은 정보기술을 활용하여 인간이 자연환경에 주는 효과를 파악할 수 있게 되었다

1968년 UN총회는 제1회 '인간과 환경컨퍼런스(Human Environment Conference)'를 1972년에 개최하도록 의결하였다. 스웨덴 스톡홀름에서

개최된 대회에서 북반구 부자나라들이 환경보호에 대한 관심사와 남반구의 가난한 나라들이 경제성장에 대해 갖는 관심사 사이에 존재하는 중요한 딜레마들이 드러났다. 이와 같이 국가별 주제들이 상이하기 때문에 글로벌 차원에서 합의를 도출하기 위해 사회적인 관심사와 환경적인 관심사를 함께 고려하게 되었다. 지속가능성이라는 개념은 이러한 합의를 도출하기 위한 핵심개념이 되었다. 비록 이 개념이 현재 각기 다르게 사용되고 있지만 핵심내용은 현재 세대의 욕구를 채우기 위해 미래 세대의 욕구충족능력을 없애면 안 된다는 것이다. 모든 국가들이 자신들의 미래세대에 대해 관심을 갖고 있기 때문에 과거나 현재가 아닌 미래는 함께 묶을 수 있는 공통주제가 될 수 있다. 대회 마지막에 지속가능성에 대한 논의를 계속할 수 있도록 'UN환경계획(UNEP, The United Nations Environment Program)'을 설립하였다.

1972년 로마클럽이 『성장의 한계*(The Limits of Growth)*』라는 보고서를 발간하면서 지속가능성에 대한 논의를 글로벌 차원에서 보다 체계적으로 분석할 수 있게 되었다. 이 보고서는 이탈리아 실업가 페치(Aurelia Peccie)와 스코틀랜드 과학자 킹(Alexander King)이 함께 조직한 과학자와 경제학자들 그룹이 4년 동안 연구한 결과를 바탕으로 작성되었다. 이들은 5개 요인들—가속화되는 산업화, 급속한 인구성장, 광범위한 영양부족, 재생불가능한 자원들의 고갈, 악화되는 환경—을 뽑아내어 이 개별 요인들이 피드백 과정을 통해 어떻게 서로를 강화하는지를 검토하였다. 이들의 결론은 다음과 같다.

세계인구, 산업화, 환경오염, 식량생산 및 자원고갈 등에서 현재의 증가추세가

지속된다면 지구는 다음 100년 이내에 성장의 한계에 도달할 것이다. 가장 가능성이 높은 결과는 어느 날 갑자기 통제할 수 없을 정도로 인구와 공업능력이 하락하는 것이다.[7)]

많은 사람들이 다음과 같이 내린 이들의 두 번째 결론을 잊어버리고 이들의 주장을 지극히 낙관적인 것으로 보았다.

이들 증가추세를 바꾸고 먼 미래까지 지속할 수 있는 생태적이고 경제적인 안정성을 구축할 수 있다. 각 개인들이 필요로 하는 기본적인 물질욕구를 충족시키면서 개별적인 잠재력을 농능하게 발휘할 수 있는 그러한 글로벌 균형을 계획할 수 있다. [8)]

1992년 『성장의 한계』의 주요 연구자들은 사실상 분석결과를 재검토하고 자료를 업데이트하면서 자신들의 주장이 여전히 유효하다고 결론을 내렸다. 왜냐하면 세계의 기술이 진보하고, 성장한계에 대한 자각이 커지고 환경보호정책이 강화되고 있음에도 불구하고 많은 자원들이 지속가능한 성장의 한계 이상으로 소비되고 공해물질들이 배출되어 왔기 때문이다.[9)] 그들의 비전에 담겨있는 '지구상의 모든 사람들이 각자의 기본적인 물질

---

7) Donella H. Meadows, Dennis L. Meadows, Jorgen Randers, William W. Behrens III, *The Limits of Growth* (New York: Meridian Books, 1972), p. 29.

8) 상게서.

9) Donella H. Meadows, Dennis L. Meadows, Joegen Randers, *Beyond the Limits of Growth* (White River Junction, VT: Chelsea Green Publishing Company, 1992), p. 14.

적인 욕구를 충족하면서 동등한 기회를 바탕으로 각자의 잠재력을 실현할 수 있는' 글로벌 계획은 이러한 방향으로 논의를 하려는 많은 노력에도 불구하고 아직도 이루어지지 않았다.

이를 추진하는 원동력이 3개 그룹에 의해서 생겨났다. 자연과 천연자원보존을 위한 '국제자연보존연맹(IUCN, The International Union for the Conversation and Natural Resources)', 'UN환경계획(UNEP, The United Nations Environment Program)', '세계야생동물기금(WWF, The World Wildlife Fund)' 등의 3개 그룹이 1980년에 조직한 '세계보존계획(The World Conservation Strategy)' 이 그것이다. 이들은 다음과 같이 전체 생태계를 고려하는 새로운 윤리를 제안하였다.

궁극적으로는 생태보존목적을 달성할 수 있는 방향으로 생태계에 대한 우리 전체의 행동이 완전히 바뀌어야 합니다. 새로운 윤리는 인간뿐만 아니라 동식물도 포함하고 있는데 인류가 생존과 번영의 기반이 되는 자연세계와 조화를 이루면서 살아갈 것을 요구하고 있습니다. 환경교육의 장기적인 목적은 이러한 새로운 윤리와 함께 하는 행위와 태도를 강화하는 것입니다.[10)]

네덜란드 총리인 브른트란드(Gro Harlem Brundtland)의 이름을 따서 1987년 발간된 『브른트란드 보고서』 '우리 공동의 미래(Our Common

---

10) 다음 글에서 인용함. J. Ronald Engel and Joan Gibb *Engel*, "Introduction: The Ethics of Sustainable Development," in *Ethics of Environment and Development: Global Challenge, International Response* (Tucson and London: University of Arizona Press, 1993), p. 3.

Future)' 를 포함하여 다양한 여러 그룹의 활동과 회의에서 글로벌 지속성에 근거한 새로운 윤리가 필요하다는 점을 계속해서 논의하였다.[11] 논의 이상의 것이 필요해졌다. UN 회원국들 또한 이러한 글로벌 커뮤니티를 형성하기 위한 새로운 협정이 필요해졌다.

1992년 리우데자네이루에서 개최된 지구정상회의에서 150개국 이상의 정상들은 'UN기후변화협약(FCCC, The Framework Convention on Climate Change)', '리우선언(The Rio Declaration)', '아젠다 21(Agenda 21)', '생물다양성에 관한 협약(CBD, The Convention on Biological Diversity)', '삼림원칙(The Forest Principles)' 등에 서명하였다. 이협약과 신인들은 생물다양성이 파괴되고 온실가스가 계속 증가하는 등의 짐중하는 환경위협과 경제발전을 함께 다루고 있다.

UN기후협약은 온실가스를 감축해야 하지만 또한 경제발전, 특히 가난한 나라의 경제발전을 희생하면서 감축할 수는 없다는 내용을 담고 있다. 이에 따라 모든 회원국들에게 온실가스 배출량을 감축하라고 요구하였지만 선진국들에게는 자발적으로 2000년까지 온실가스 배출량을 1990년 수준으로 낮추라는 등 더 많은 것을 요구하였다. 세계인구의 20%에 불과한 선진국들이 세계천연자원의 80%를 소비하고 있으며 온실가스의 70%를 배출하고 있었기 때문이었다. 1995년 후속논의에서 150개 회원국들은 리우선언 이후 온실가스 감축이 부진하다는 평가를 바탕으로 보다 강력한 협정을 추진하게 되었다. 보다 강력하게 온실가스를 감축하기 위한 협정을 만들 목적

11) 상게서, p. 3.

으로 기후변화에 대한 교토회의를 준비하는 실무작업이 시작되었다.

1997년 개최된 '교토회의' 에서 만 명이 넘는 회원국 대표, 옵저버 및 저널리스트들이 제3회 '당사국총회(COP, Conference Of the Parties)' 에 참석하였다. COP는 UN의 공식기구로서 기후변화를 계속해서 논의하던 예전의 '정부간협상위원회(INC, International Negotiating Committee)' 를 대체한 조직이다. 당사국 총회는 지구온난화가 심화되고 있다는 점에 초점을 맞추었다. 이를 통하여 선진국들이 6개의 온실가스 배출량을 2008년에서 2012년까지 총체적으로 5.2% 낮추도록 하는 강제규정을 제정할 수 있었다. 이를 위해 선진국들은 온실가스 배출권을 사고 팔 수 있게 되었다. 예를 들면 할당량 보다 온실가스를 적게 배출한 국가는 남은 감축량을 할당량 보다 많이 배출한 국가에 팔 수 있다. 또한 지속가능한 발전을 위해 필요한 배출권을 확보할 수 있다. 이러한 유연성에도 불구하고 교토의정서 서명에는 많은 시간이 소요되었다. 1998년 부에노스 아이레스에서 개최된 네 번째 당사국 회의에서 150개 대부분의 회원국들이 의정서에 서명하였다. 물론 서명이 발효되려면 이 국가들의 국회비준이 필요하다. 특히 미국을 비롯하여 몇몇 국가들이 교토의정서를 비준하지 않았기 때문에 아직은 발효되지 못하고 있다. 여전히 여러 국가들이 자신에게 주어진 할당량을 달성하기 위한 목표를 설정하였으며 여러 다국적기업들 또한 이를 위해 노력하고 있다. 이들 노력에 기업들의 참여를 촉구하기 위해 UN 사무총장 코피 아난(Kofi Annan)은 2000년에 '글로벌 콤팩트(Global Compact)' 를 주도하였다.[12)]

12) 참조사이트 www.un.org/partners/business/gcevent/press/opening_remarks.htm

도표6-1 글로벌 콤팩트

글로벌 콤팩트는 기업들이 자신들의 영향력이 미치는 범위 안에서 인권, 노동기준, 환경 및 반부패 등의 분야에서 일련의 핵심가치들을 수용, 지지 및 실천할 것을 요구하고 있다.

인권분야

- 원칙 1: 기업은 국제적으로 선언된 인권보호를 지지 및 존중해야 한다.
- 원칙 2: 기업은 확실하게 인권남용에 공모해서는 안 된다.

노동기준분야

- 원칙 3: 기업은 노조결성의 자유를 지지하고 단체협상권을 효과적으로 인정해야 한다.
- 원칙 4: 기업은 어떠한 형태의 강제노동도 없애야 한다.
- 원칙 5: 기업은 어린이 노동을 효과적으로 없애야 한다.
- 원칙 6: 기업은 고용과 직업에서의 차별을 없애야 한다.

환경분야

- 원칙 7: 기업은 환경보호 예방책을 지지해야 한다.
- 원칙 8: 기업은 주도적으로 보다 큰 환경책임을 촉진해야 한다.
- 원칙 9: 기업은 환경친화적인 기술의 개발과 확산을 장려해야 한다.

이는 다국적기업들이 인권, 노동 및 환경분야의 9개 원칙을 준수하도록 이들의 동참을 이끌어내는 것이다. 2004년 반부패분야가 추가됨으로써 4개 분야의 10개 원칙으로 늘어났다(〈도표 6.1 참조〉). 2000년 약 50개의 기업들이 이 원칙들에 동참하였고 다른 기업들이 그 이후 참여하였다. 이것은 UN이 지속가능한 경제를 만들기 위해 다국적기업의 잠재력을 활용하고자 하는 대표적인 시도이다. 이것은 또한 2002년 요하네스버그에서 개최된 지구정상회담의 주제였다.

요하네스버그 회담에서는 환경보호와 인간개발이라는 2개의 주제가 예전보다 밀접하게 연계되었다. 예를 들면 깨끗한 물을 공급하여 고갈된 어족자원을 되살리는 일들은 빈곤퇴치와 환경보호 모두에게 의미있는 방법이라는 것이다. 인간사회의 개발과 인간이외 사회의 보존은 지금까지 갈등관계로 인식되어 왔으나 현재는 상호보완관계로 인식되고 있다. 무엇을 해야 하는지는 예전보다 명확해졌으나 이를 달성하는 방법을 찾아내기는 보다 힘들어졌다.

일부 사람들에게는 글로벌 콤팩트와 같은 프로젝트가 최상의 희망이다. 글로벌 콤팩트에 가입한 기업 중에서 많은 기업들이 이미 앞서 검토한 지속가능성에 대한 각종 UN회의에 참여하고 있다. 예를 들면 리우회의를 준비하면서 스트롱(Maurice Strong) 의장은 스위스기업가 슈미트하이니(Stephan Schmidheiny)를 지구정상회의의 기업과 산업자문위원으로 초빙하였다. 슈미트하이니는 지구정상회의에 여러 명의 업계를 리드하는 기업지도자들을 초빙하여 기업사회를 대표하도록 하였다. 이 그룹들은 '세계지속가능발전기업협의회(WBCSD, The World Business Council for Sustainable Development)'를 결성하고 기업의 환경주도권을 옹호하는 리더

그룹이 되었다.

WBSCD가 발간한 첫 번째 주요 저서인 『변화하는 진로(*Changing Course*)』에서 슈미트하이니는 "지속가능한 발전의 기반은 그 안에서 다른 자원뿐만 아니라 환경비용을 고려하여 가격이 형성되고 있는 개방적이고 경쟁적인 시장시스템이다"라고 주장하였다.[13] 10년 후에 세계지속가능발전기업협의회는 『언행일치: 지속가능한 발전을 위한 기업사례(*Walking the Talk: The Business Case for Sustainable Development*)』라는 저서를 통해 지속가능한 발전을 촉진하기 위해서는 시장을 이용해야 한다고 계속해서 강조하였다. 이와 함께 이들은 시장이 진실로 누구에게나 개방되도록 기업들이 다른 조직과 함께 일을 해야 한다는 점을 충분하고도 남을 정도로 인식하였다. 다른 기관과 협력하여 일을 함으로써 즉 "기업, 비정부기구(NGO) 와 경우에 따라서는 정부와 정부산하기관들이 보유하고 있는 보완적인 역량을 결합할 수 있도록 이들과 협력관계를 구축함으로써 강력한 시너지를 도출할 수 있다"는 것이다.[14] 이러한 협력정신에 따라 세계지속가능발전기업협의회는 2002년 글로벌 콤팩트에 서명하였다. 글로벌 콤팩트에 가입한 기업들은 주요 의무사항의 하나로서 자신들의 환경과 사회적인 성과를 보고해야 한다.

1990년대 중반 일부 유럽기업들이 재무적인 성과뿐만 아니라 환경과 사회적인 성과를 보고하기 시작하였다. UN환경계획(UNEP)을 포함하는 국

13) Steven Schmidheiny, *Changing Course: A Global Business Perspective on Development and the Environment* (Cambridge, MA: MIT Press, 1992), p. 14.

14) Holliday, Schmidheiny, and Watts, *Walking the Talk*, p. 162.

제단체들의 연합모임은 1997년지속가능성 보고서의 가이드라인을 제작하여 무료제공하는 '글로벌 리포팅 이니셔티브(GRI, Global Reporting Initiative)' 를 설립하였다.[15] 이 가이드라인은 투명성, 포괄성 및 정확성 등을 포함하여 표준적인 회계절차를 따르고 있다. 1999년 브리스톨-마이어즈 스퀴브(Bristol-Myers Squibb), 브리티시 텔레콤(British Telecom), 프록트 앤드 갬불(Proctor and Gamble), 셸(Shell) 등의 20개의 거대기업들이 가이드라인을 작성하였다. 모든 발표기업들이 GRI 가이드라인을 준수하는 것은 아니지만 2000년 기준 『포춘(*Fortune*)』지 500대 기업의 거의 절반이 연차보고서에서 환경적인 그리고 사회적인 책임을 어떻게 수행하였는지에 대한 정보를 공개하였다.[16]

3개 분야(경제, 사회 및 환경)의 성과보고관행과 글로벌 콤팩트는 지난 10년 간의 지속가능한 발전에 대한 구두논의를 확실하게 변화시켜 왔으나 일부 사람들은 이러한 변화가 적절한지에 대해 의아해하고 있다. 자덱(Simon Zadek)은 이러한 회의주의 배후에 있는 3개의 의구심에 대해 말하고 있다. 즉, 기업들이 공식적으로 발표하는 것과 내부적으로 실행하는 것 사이에는 갭이 존재하고 있는 것은 아닌지, 기업과 환경그룹 및 UN과의 협력관계는 보다 효과적인 정부규제가 제정되는 것을 사전에 막고 있는 것은

---

15) 상게서.

16) Rosie Lombardi and Mel Wilson, "Globalization and its Discontents: The arrival of Triple-Bottom-Line Reporting," *Ivey Business Journal* (September/October, 2001). www.pwcglobal.com/extweb/manissue.nsf/docid/F2C229B0D463808285256AEC005F1A37

아닌지, 이러한 협력관계가 개혁할 필요성이 있는 글로벌 경제모델을 정당화시켜 주고 있는 것은 아닌지 등과 같은 의구심이 있다는 것이다.[17] 아마도 다음 질문을 통해 이런 의구심에 대한 답을 찾아볼 수 있다. 이들 사이의 관계에 대한 이미지는 별도로 존재하는 서로 다른 조직 사이의 관계에 대한 이미지인가 아니면 제5장에서 개발된 이미지, 즉 경제를 시민사회와 법률에 의한 규제라는 배경에서 바라보는 이미지와 같은 배경 이미지인가? 진보를 보장하는 법률로 규제하지 않고도 기업들이 지속가능한 발전을 위해 스스로 노력할 수 있는지에 대해 사람들은 의구심을 갖게 마련이다.

UN은 법률로 규제할 수 있는 위치가 아니기 때문에 또한 일부 국가들은 환경규제에 대한 국제조약에 서명할 의지가 없기 때문에 지속가능한 발전에 대한 모임에서는 앞 장에서 본 바와 같이 정부기능에 버금가는 역할을 담당할 수 있는 글로벌 기관에 대해 논의할 수 없는 한계가 있다. 그 결과 세계지속가능발전기업협의회가 최근에 발간한 저서의 부제가 '지속가능한 발전을 위한 기업사례' 인 것에서 보는 바와 같이 환경보호를 위한 최상의 주장은 '기업사례' 에 불과하다.[18] 만약 이것이 우리의 글로벌 미래를 결정하는 유일한 논의라면 우리 모두는 지속가능한 세계가 기업들의 이해관계에 포함되어 있다는 것을 그들이 깨닫기를 기다려야 한다고 누군가가 주장할 수 있지만 그렇게 기다릴 수는 없다. 두 번째의 논의는 지속가능한 발전에 대한 논의와 경쟁관계에 있을 뿐만 아니라 점점 더 강력해지는 것 같

---

17) Simon Zadek, *The Civil Corporation: The New Economy of Corporate Citizenship* (London and Sterling, VA: Earthscan Publications, 2001), p. 93.

18) Holliday, Schmidheiny and Watts, *Walking the Talk.*

다. 세계무역과 금융에서의 이러한 논의는 정부기관에 의해서 시작되었다.

세계무역과 금융에 대한 논의

제2차 세계대전이 끝나가던 1944년 뉴햄프셔의 브래튼우즈에 모인 45개국 대표들은 종전 이후의 세계경제질서를 재건하고 국제통화정책을 수립하는 데 필요한 기구를 창립하기로 합의하였다. 그 결과 나중에 세계은행(World Bank)으로 부르는 국제부흥개발은행(IBRD, International Bank for Reconstruction and Development), 국제통화기금(IMF, International Monetary Fund), 1987년 세계무역기구 (WTO, World Trade Organization)가 되는 관세 및 무역에 관한 일반협정(GATT, General Agreement on Tariffs and Trade) 등이 설립되었다. 이 기구들은 브래튼우즈 기구들로 부르게 되었다.

이 합의들로 인해 금과 연계된 미국 달러는 나머지 국가들의 통화가 연계되는 기축통화가 되었다. 이와 같이 국제무역과 금융에서의 미국지배는 이후 수 십년 간에 걸쳐 무역과 개발에 관한 논의에 막대한 영향을 미쳤다. 하나의 결과로서 이미 1970년대에 감지되었지만 미국은 UN무역개발협의회(UNCTAD, United Nations' Conference on Trade and Development)에 대한 지원을 철회하였다.

UN무역개발협의회는 개도국들을 세계경제 속으로 통합시킬 목적으로 1964년에 설립되었다. 남반구 국가들의 많은 지도자들은 UN이 북반구의 부국들과 남반구의 빈국들 사이의 경제적 불평등을 바로잡는 수단으로 활용되기를 희망하였다. 이들은 1960년대에 UN무역개발협의회에 다음과 같은 내용을 제안하였다.

- 가격하한선에 대한 협상을 바탕으로 1차 상품가격 안정도모
- 개도국이 선진국에 공산품을 수출할 때 개도국 경제개발을 위한 명목으로 다른 선진국 수출제품에 비해 낮은 수입관세율을 적용하는 일반특혜관세제도 도입
- 대외원조의 확대와 촉진[19)]

이러한 제안들을 통해 남반구의 개도국들은 북반구의 신진국들과 경쟁할 수 있는 가능성이 높아졌으나 북반구의 선진국들은 많은 양보를 해야하였다. 국가들 간의 평등을 촉진하고자 하는 운동에 동참하는 대신에 미국은 UN무역개발협의회에 대한 지원을 중단하였고 무역과 통화정책에 대한 국제적인 이슈를 브래튼우즈 체제로 이전하여 다루었다.

미국이 통제하는 대부분의 국제기구에서 국제무역 이슈를 다루게 되자 예측못한 사건이 발생했을 때 예상 이상으로 좋지 못한 결과들로 나타났다. 1970년대에 발생하였던 2개의 사건, 즉 1971년 미국 달러의 금태환(정부, 중앙은행이 화폐와의 교환으로 금을 제공하는 것) 정지와 석유수출국기구(OPEC, The Organization of Petroleum Exporting Countries)의 발전은 특히 우려할 만한 것이었다. 전자로 인해 환투기의 문이 크게 열렸고 후

19) Walden Bello, *The Future in the Balance: Essays on Globalization and Resistance* (Oakland, CA: Food First Books, 2001), p. 3.

자로 인해 서유럽은행들은 오일달러가 넘쳐났다. 이들 은행들은 개도국들에게 매력적인 조건으로 차관을 제공하였으나 국제금리가 오르자 많은 개도국들이 외채를 갚을 수 없게 되었다. 이에 따라 경제성장을 촉진할 목적으로 설립되었던 세계은행과 IMF가 서유럽은행들의 부실채권을 구제하는 일을 맡게 되었다. 위험한 대출과 환율변동으로 인해 국제금융시스템은 불안정해졌고 일부 국가들에게는 재앙이 되었다. 더구나 미국의 레이건 대통령 시절 브래튼우즈 체제는 자유무역과 규제완화라는 급진적인 신자유주의 이데올로기를 채택하였다. 벨로(Walden Bello)에 따르면 이 변화들로 인해 다음과 같은 결과가 나타났다.

12년 동안 장기집권한 레이건-부시 정권말기인 1992년까지 남반구의 개도국들은 완전히 바뀌었다. 즉, 아르헨티나에서 가나에 이르기까지 경제분야에 대한 정부개입은 급격하게 축소되었고 국영기업은 효율성이라는 미명하에 민영화되었다. 선진국으로부터의 수입제품에 대한 각종 보호장벽은 급격하게 축소되었고 수출우선정책을 통해 국가경제는 선진국이 지배하는 세계자본주의 시장체제에 보다 강건하게 통합되었다.[20)]

1990년대 자유시장 체제를 통해 자국제품을 사주는 소비자들을 확보할 수 있는 북반구 선진국들이 대부분의 자유무역혜택을 가져가는 증거들이 많아짐에도 불구하고 세계무역기구는 계속해서 시장개방을 촉구하였다.

20) 상게서, p. 12.

이러한 과정은 2001년 미국 시애틀에서 일시적으로 정지되었다. 이 때 거리의 시위자들은 각국 대표들이 무역장벽을 철폐하려는 회의에 참석하지 못하도록 저지하였고 결국 각국 대표들은 귀국할 수밖에 없었다.

브래튼우즈의 국제기구들과 그 반대자들뿐만 아니라 다국적기업들과 소비자들도 세계무역을 논의하여 왔다. 기업들은 자유무역과 시장개방이라는 주제뿐만 아니라 글로벌 소비라는 주제도 논의하여 왔다. 일부 기업들이 지속가능한 발전이라는 논의에 참여한 것과 같이 다른 기업들은 세계무역에 관한 논의에 참여하여 왔다. 이 논의들의 주요 주제는 소비를 촉진하는 방안이었다.

소비촉진에 대한 논의들 | 세계무역센터와 미국 국방부에 대한 9.11테러 공격으로부터 새롭게 알려진 여러 사실들 중의 하나는 '미국의 생활방식'이 소비와 매우 밀접하게 연관되어 있다는 점이다. 미국을 증오한 사람들이 미국의 소비를 멈추게 하지 못하는 신호와 같이 테러발생 수일 동안 미국 국기가 새겨진 쇼핑백들이 미국 전역에 나타났다. 쇼핑은 애국적인 행위였다. 소비에 가치를 두는 이러한 모습은 오랜 역사를 지니고 있다. 부흐홀츠(Buchholz)와 로젠탈(Rosenthal)은 1998년 다음과 같이 썼다.

지난 40년 동안 몇몇 예외는 있었지만 선진공업사회 국민들의 가장 중요한 목적은 보다 많은 제품을 구입하고, 보다 많은 것을 확보하고 물질적인 부를 늘려나가는 것이었다. 광고를 쏟아 붓고 쉽게 구매하도록 제품을 만들어 소비자를 흐뭇하게 함으로써, 즉 일반적으로 물질주의적인 개념으로 좋은 삶을 규정하여 소비사회를 촉진함으로써 생겨난 소비문화 덕분에 기업들은 이익을 얻었다. 이러한 흐름

으로 인해 인류는 이전 세대들이 소비한 규모를 다 합한 것만큼이나 많은 양의 제품과 서비스를 1950년대 이후 소비하였다.[21)]

세계무역을 통해 글로벌 소비규모가 늘어나자 운송으로 인한 환경비용이 같이 증가하는 부수효과도 나타났다. 예를 들면 보잉 747 비행기가 뉴욕과 런던을 왕복비행하면 약 440톤의 이산화탄소를 방출하는 데 이는 '80대의 SUV 자동차가 1년 동안 운행하면서 내뿜는 규모' 와 거의 맞먹는다.[22)] 많은 경우 이러한 환경손실은 무시되어 왔다. 세계지속가능발전기업협의회가 발간한 『언행일치』라는 책에서 저자들은 글로벌 운송의 이점을 다음과 같이 찬양하고 있다.

반도체칩을 미국에서 디자인하고 웨이퍼를 만들어 말레이시아로 보내면 거기서 조립 및 최종검사과정을 거친 다음 싱가포르로 운송되어 선적된다. 그 결과 규모의 경제가 커지고 생산비용이 낮아지고 경쟁력이 향상되면서 새로운 시장이 나타난다.[23)]

이러한 이점들이 확실한 것처럼 운송으로 인한 환경손실 또한 확실하다.

---

21) Rogene Buchholz and Sandra Rosenthal, "Toward an Ethics of Consumption: Rethinking the Nature of Growth," in *The Business of Consumption: Environmental Ethics and the Global Economy*, ed. Laura Westra and Patricia Werhane (New York: Rowman and Littlefield, 1998), pp. 225~6.

22) "Briefings," *The Green Business Letter* (March, 2003), p. 2.

23) Holliday, Schmidheiny and Watts, *Walking the Talk*, p. 44.

이것은 컴퓨터칩뿐만 아니다. 오늘날 주요도시에서는 세계 곳곳에서 생산되는 거의 모든 제품들을 구할 수 있다. 특히 농산품들이 그렇다. 인도 뉴델리에 소재한 '과학, 기술 및 생태연구재단(Research Foundation for Science, Technology, and Ecology)'의 이사인 시바(Vandana Shiva)에 따르면 "닭고기는 평균적으로 2000km를 이동한 다음 소비되고 요구르트와 원재료는 3500km를 이동한 다음 유통과정에서 다시 4400km를 더 이동한다"[24]는 것이다. '세계화에 관한 국제 포럼(IFG, International Global Forum)'에 의하면 서유럽 수입국에서 소비되는 음식들은 원산지로부터 평균 2400km나 이동한다는 것이다.[25] 이러한 원거리이동에 따른 환경비용을 고려하여 세계화에 관한 국제포럼이 내린 결론은 "지구의 건강과 도시생활의 질을 향상시키기 위해서 내려야 할 가장 중요한 조치는 국제적인 원거리 운송량을 줄여야 한다"는 것이다.[26]

글로벌 운송에 의한 환경비용을 제품가격에 반영하면 소비자들은 적어도 자신들의 구매가 미치는 효과에 대해 좀더 알게 될 것이다. 그럼에도 불구하고 소비자들은 기업광고 때문에 이런 제품들을 여전히 구매할 것이다. 기업의 광고투자는 기가 막힐 정도이다. 1986년 미국의 광고시장규모는 1000억 달러였다. 그 규모는 2000년 2310억 달러로 늘어났다.[27] 1998년 세

24) Vandana Shiva, "The World on the Edge," in *Global Capitalism*, ed, Will Hutton and Anthony Giddens (New York: The New Press, 2000), p. 115.

25) Alternative to Economic Globalization: A Better World is Possible: A Report of the International Forum on Globalization (San Francisco: Berrett-Koehler, 2002), p. 176.

26) 상게서, p. 165.

27) New York Times 2003 Almanac, p. 350.

계광고 시장규모는 4370억 달러였다.[28] 2001년 미국 3대 광고주에는 지엠과 포드가 들어 있다.[29]

포드의 사례는 SUV 자동차에 대한 그들의 견해 때문에 매우 흥미롭다. 2000년도에 포드는 첫 번째 『기업시민보고서』를 발간하면서 그 안에 SUV 자동차가 일반 자동차와 충돌하면 상대 운전자가 사망할 확률이 3배나 높다는 점, 보통 자동차보다 5.5배나 많은 공해물질을 배출한다는 점 그리고 석유 4.5리터당 16~21리터밖에 운행하지 못한다는 점을 인정하였다. 이러한 요인에도 불구하고 포드는 이윤이 많기 때문에 계속해서 SUV 자동차를 생산하고 있다. 회장인 포드 2세(William C. Ford Jr.)는 다음과 같이 말하고 있다. "우리가 SUV 자동차를 생산하지 않으면 다른 누군가가 생산할 것이고 이들은 우리만큼 책임을 가지고 이를 공급하지 않을 것이다."[30] 하지만 포드 회장은 포드가 소비자의 욕구에 부응할 뿐만 아니라 이들 소비를 새로이 만들어 낸다는 말은 하지 않았다. 포드는 20억 달러가 넘게 광고비를 사용하였던 것이다.[31]

시장을 지속가능한 발전에 맞추어야 한다고 믿는 사람들이 보기에 글로벌 경제는 과도한 소비로 인해 심각한 딜레마에 빠져 있다. 세계의 모든 사람들이 미국의 평균적인 국민이 소비하는 만큼 소비하려면 지구가 2개나

---

28) David Korten, *The Post-Corporate World: Life after Capitalism* (San Francisco, CA: Berrett-Koehler, 1999), p. 33.

29) New York Times 2003 Almanac, p. 351.

30) Keith Bradsher, "Ford Admits SUVs are Irresponsible: Safety, Environmental Problems Noted, but so are Huge Profits," San Francisco Chronicle, May 12, 2000.

31) New York Times 2003 Almanac, p. 351.

더 필요할 것이다.[32] 현재는 모든 사람들이 미국인만큼 소비하고 있지는 않다. 이로 인해 숨을 돌릴 만한 여유가 있지만 또 다른 딜레마가 도사리고 있다. 소비와 쓰레기 배출의 불평등은 환경파괴의 불평등을 의미한다(미국인들은 1년에 약 180억 원 정도의 물건을 낭비한다).[33] 맥도널드(Mia MacDonald)와 니렌버그(Danielle Nierenberg)는 다음과 같이 지적하였다.

고소득국가의 국민 한 사람의 평균적인 생태발자국지수(Ecological Footprint, 인간이 소비하는 에너지, 식량, 주택, 도로 등을 만들기 위해 자원을 생산하고 폐기물을 처리하는 데 드는 비용을 토지로 환산한 것)는 저소득국가의 평균적인 국민 한 사람의 그것보다 약 6배나 크다. 신발크기로 비교하면 선진국 국민은 42 사이즈이고 개도국의 경우는 7 사이즈이다. 고소득국가에 사는 세계인구의 20%에 불과한 사람들이 세계자동차의 87%를 운전하면서 세계탄소의 53%를 배출하고 있다.[34]

환경파괴에서의 이러한 불평등은 우리들을 지속가능한 사회를 향해 움직이게 하는 대신에 그 반대방향으로 몰고 가는 두 가지 경향을 강화시키기 때문에 지속가능한 발전은 커다란 도전을 받고 있다. 이 두 가지 경향은 빈부격차가 벌어지는 경향과 인종적인 증오심이 심화되는 경향을 말한다.

---

32) Hawken, Lovins, and Lovins, *Natural Capitalism*, p. 51

33) 상게서, p. 53.

34) Mia MacDonald and Danielle Nierenberg, "Linking Population, Women, and Biodiversity," *in State of the World, 2003* (New York: W.W.Norton 2003), p. 43.

빈부격차의 확대 | 세계무역의 증가로 인해 모두가 혜택을 보게 될 것이라는 약속에도 불구하고 빈부격차는 감소하기보다는 오히려 뚜렷한 증가추세를 보이고 있다. 헤르츠(Noreena Hertz)가 지적한 바와 같이 1945년 이후 1970년대까지 많은 국가에서 소득불평등 정도가 감소하는 경향이 있었음에도 불구하고 레이건이 집권하고 신자유주의가 극성을 부린 이후로 세계 모든 개도국에서 이러한 경향이 반전되어 소득불평등이 심화되었다. 동아시아지역을 제외하고는 "하루에 1달러 이하로 살아갈 정도로 가난한 사람들이 이 기간에 모든 개도국에서 지속적으로 증가하여 왔다"고 그녀는 지적하였다.[35] 여기에는 여러 가지 이유가 있다. 우선 첫 번째로 세계화로 창출된 대부분의 부가 일상적으로 필요한 제품과 서비스를 제공한 결과로부터 나온 것이 아니라 금융시장의 투기로부터 나왔기 때문이다. "1998년 글로벌 외환시장에서는 매일 평균 1조 5000억 달러에 해당하는 통화가 거래되고 있었으며 이는 1998년 영국 국내총생산의 110%에 해당하는 규모였다."[36] 코튼(David Korten)은 1999년 발간한 자신의 책에서 다음과 같이 썼다.

약 2조 달러의 통화가 매일 글로벌 외환시장에서 거래되고 있으며 이 중 2% 정도만이 제품과 서비스 무역결제와 관련된 거래이다. 나머지 98%는 대개 투기목적

---

35) Noreena Hertz, *The Silent Takeover: Global Capitalism and the Death of Democracy* (New York: The Free Press, 2001), p. 41.

36) Manuel Castells, "Information Technology and Global Capitalism," in *Global Capitalism*, pp. 52~74.

으로 거래되는데 공공기능을 거의 수행하지 못하면서 국제금융의 불안정을 초래하고 있다.[37]

소로스(George Soros)는 국제금융시장을 활용해 성공했기 때문에 시장을 비판할 자격이 있는 사람이라고 볼 수 있는데 그는 이들 금융시장의 과도한 움직임을 다음과 같이 설명하고 있다.

글로벌 자본주의 시스템은 국제금융시장을 그들 내부기구에 맡겨두면 스스로 균형을 이루어간다는 신념에 바탕을 누고 있나. 이들 시장이 시계추와 같이 움직인다는 것이다. 즉, 외부충격에 의해서 일시적으로 불균형상태가 되지만 곧 균형을 회복한다는 것이다. 이러한 믿음은 잘못된 것이다. 금융시장에 나타난 과도한 움직임이 특정한계를 넘어 연쇄적으로 진행되면 원래의 상태로 되돌아오지 못한다. 시계추와 같이 움직이는 대신 금융시장은 국가경제를 차례차례 파괴해가는 렉킹 볼(건물철거용 볼)처럼 최근 움직이고 있다.[38]

적어도 선진국 국내시장이 경기순환주기 내에서 움직이는 현상을 지적하면서 소로스의 견해에 반대할 수도 있다. 하지만 글로벌 금융시장은 국내시장을 제어하는 통제장치와 같은 것이 없다. 시민사회의 법적인 제도안에 정착되어 있는 대신에 글로벌 시장은 대부분 국가기구를 초월하여 존

---

37) Korten, *The Post-Corporate World*, p. 195.

38) George Soros, *The Crisis of Global Capitalism: Open Society Endangered* (New York: Public Affairs, 1998), p. 16.

재하고 있다. 대규모의 선진국들은 의도하는 것 이상으로 통제력을 발휘할 수 있지만 소규모의 개도국들은 거의 대부분 글로벌 기업에 의해서 좌지우지되고 있다. 코튼(David Korten)은 다음과 같이 지적하고 있다.

1995년 세계 상위 200대 기업은 종업원수가 1880만 명으로 세계 전체 인구의 0.4%에 불과하지만 이들의 총매출액은 세계 전체 국내총생산(GDP)의 28%에 해당한다. 미쓰비시 상사의 총매출액은 세계에서 4번째로 인구가 많고 자원부국인 인도네시아의 국내총생산보다 많다. 세계 상위 12대 기업인 월마트의 연간매출액은 이스라엘, 폴란드 및 그리스가 포함된 세계 161개 국가들의 전체 경제규모보다 크다.[39]

이 거대기업들이 주주들을 위해서만 경영된다면 놀라운 결론에 이를 것이다. 즉 "글로벌 자본주의의 승리가 의미하는 바는 세계 상위 100대 경제주체(다국적기업과 국가를 포함하여 매긴 경제규모 순위)의 절반 이상을 차지하는 다국적기업이 세계인구 상위 부유층 1%의 이익을 위해 경영되고 있다는 것이다. 이것은 시장과 민주주의에 대한 사유통제기업의 승리라고 할 수 있다."[40]

하지만 기업이 주주에게만 책임을 지는 조직으로 여기는 것은 기업의 온전성을 벗어나는 것이다. 그렇게 되면 기업이 사회적 기능을 통해 가치있는 목적을 달성해야 한다는 점을 무시하는 것이다. 즉, 기업은 도시 속에서

---

39) Korten, *The Post-Corporate World*, p. 42.

40) 상게서, p. 62.

그리고 시민사회 속에서 존재한다는 점을 무시하는 것이다. 아직도 부익부 빈익빈 추세를 무시해서는 안 된다. 그렇게 되면 지속가능한 발전을 보다 어렵게 만들 뿐만 아니라 인종적인 증오심을 키우게 되기 때문이다.

인종적 증오심의 심화 | 예일대 법대 교수인 추아(Amy Chua)는 1994년 필리핀에서 인종적인 폭력으로 고모를 잃었다. 그녀의 고모는 소수인종이면서 필리핀 부의 대부분을 장악하고 있는 필리핀 화교였는데 필리피노인 가정 주방장이 그녀를 살해하였다. 가족의 비극적인 사건을 이해하려고 노력하는 과정에서 추아는 소수의 지배 인종집단(이 경우에는 화교)과 다수의 피지배 인종집단(필리핀 사람) 사이에는 증오심이 상당히 보편화되어 있다는 사실을 알게 되었다. 광범위한 조사결과 그녀는 자본주의 시장이 글로벌하게 확장되고 민주주의에 대한 기대가 높아지게 되면 개도국에서 인종적인 갈등이 심화되는 현상을 발견하였다.[41] 추아는 두 가지 요인이 이런 현상을 초래한다고 보았다. 개도국으로 수출된 시장자본주의는 서유럽사회에서와 같이 사회구조 내부에 정착되어 규제를 받는 자본주의 형태가 아니라 서유럽사회에서는 실행불가능한 것으로 이미 입증되었던 극도로 자유방임적인 자본주의 형태라고 할 수 있다. 또한 개도국으로 수출된 민주주의는 서유럽사회에서 발전한 방식대로 법률의 지배와 토의과정을 통해 사회내부에 정착되지 못하고 그저 자유롭게 행동할 권리로 받아들여졌

41) Amy Chua, *World on Fire: How Exporting Free Market Democracy Breeds Ethnic Hatred and Global Instability* (New York: Doubleday, 2003) (윤미연 역, 『불타는 세계』, 부광출판사, 2004.11).

다. 이러한 두 가지 요인으로 인해 시장을 지배하는 부유한 소수 인종집단과 분노에 가득찬 가난한 다수인종집단 사이에 존재하는 긴장감이 점점 고조된다는 것이다. 그녀는 이것이 작동하는 방식을 다음과 같이 설명하였다.

가장 원시적인 형태의 자본주의를 골라서 가장 원시적인 형태의 민주주의에다가 아무렇게나 덧붙여서 패키지로 만들어 이들을 세계에서 가장 가난하고, 가장 좌절되어 있고, 가장 불안정하고 가장 절망적인 국가들에게 수출해 보라. 여기에 시장을 지배하는 소수 인종집단을 덧붙여 놓으면 자유시장 민주주의 내부에 내재하고 있는 매우 거친 방식의 불안정이 제어할 수 없는 인종적인 증오심에 의해서 수천 배나 증폭되는 것이다.[42)]

추아의 연구와 분석을 살펴보면 우리는 전체로서의 온전성을 통해 의도뿐만 아니라 행동에 의해서 발생하는 결과에 대해서도 고려해야 한다는 것을 알게 된다. 사실 기업의 책임은 자신의 행동에 대해서, 특히 해로운 행동과 정책에 대해서 책임지는 것을 의미한다. 어떤 사람이 알면서도 가스로 가득 찬 방에서 성냥불을 그어댄다면 어떤 사람에게 어둠 속에서 볼 수 있는 빛을 제공한 것에 대해서가 아니라 폭발로 인한 손해에 대해서 책임을 져야 한다. 증오의 결과를 예측하기는 불가능하지만 우리는 증폭되는 증오심으로 인해 모든 인류와 생태계가 위협을 받는다는 점을 알 수 있다. 이러한 유형의 갈등이 계속 고조되면 여론의 힘보다는 무력과 무력의 위협

42) 상게서, p. 195.

에 의해서만 통제되는 커뮤니케이션의 패턴이 새롭게 나타나는 것 같다. 관련 당사자 모두를 위한 시민사회와 민주적인 관행은 위험에 빠진다.

물론 장기간으로 보면 문제가 해결될지도 모른다. 하지만 사실 우리는 현재 장기간의 끝의 가까이 와 있다. 지속가능한 발전에 대해 지금까지 논의를 전개해 온 것은 소비를 줄이고 보존을 많이 하며 자원효율성을 높이라고 촉구하기 위한 것이다. 하지만 이런 촉구에 대해 석유, 공포 및 특권에 의해서 작동하고 있는 소비자들은 크게 반발하고 있다. 현재의 지배적인 커뮤니케이션 패턴은 사물을 '우리들과 그들' 로 바라보는 우리 집단중심주의적이며 결핍의 신화라고 제2장에서 이름붙인 바에 근거해 자원을 보호하고 있다. 물론 결핍이 존재하지만 몇몇 경우에는 변화를 꺼려하기 때문에 결핍이 존재한다. 예를 들면 석유가 부족할지는 모르지만 에너지는 그렇지 않고 지장이 부족할지는 모르지만 해야 할 일을 그렇지 않다. 만약 우리가 추세를 바꾸지 않는다면 가까운 장래에 신선한 생선과 식수가 부족해질 것이다. 보다 중요하게는 만약 우리가 사회와 기업이 자연의 통합된 일부가 되도록 방향을 바꾼다면 누구에게나 충분할 정도로 풍부해질 것이다.

지구를 위하여 세계무역과 소비에 대해 논의하는 것은 지구의 활력이 점점 더 위협받고 있기 때문이다. 무역과 소비가 억제될 수 있는지 여부는 매우 의문스럽다. 지속가능한 발전에 대한 자발적인 논의가 두 개에 불과 하다면 그리고 기업과 산업협회의 논의가 계속적인 성장과 소비를 기초로 한다면 지속가능한 미래에 대한 희망은 상당히 적어질 것이다. 하지만 시민단체들이 환경적인 온전성을 이룩할 수 있는 방법을 보다 명확하게 볼 수 있도록 균형을 잡아줄 수 있는 세번째 논의가 있다. 그것은 자연의 온전성에 대한 논의이다.

자연의 온전성에 대한 논의

자연의 온전성에 대한 논의는 여기서 검토할 수 있는 것보다 훨씬 창조적인 목소리들을 갖고 있다. 하지만 선각자들이 이미 이 논의들의 기본사상을 펼쳐 왔다. 레오폴드(Aldo Leopold)의 『대지의 윤리』로부터 시작하여 슈마허(E. F. Schumacher)의 『작은 것이 아름답다』와 내스(Arne Naess)의 『심층 생태론을 거쳐 자연을 살아 있는 시스템』으로 이해하는 것으로 마무리되고 있다.

대지의 윤리 | 미국의 환경보호주의에 대해 앞서 이야기한 바와 같이 카슨(Rachel Carson)의 저서 『침묵의 봄(*Silent Spring*)』은 기술과 자연에 대한 새로운 논쟁을 촉발하는 계기가 되었다. 이 책보다는 덜 알려진 레오폴드의 1949년 저서 『샌드 카운티의 사계(*A Sand County Almanac*)』는 생태학 분야의 초기 발전에 기여를 하였다. 삼림전문가로서 레오폴드는 자연 전체의 복잡한 상호관계성을 중요시하면서 성장하였다. 이로 인해 그는 새로운 윤리, 즉 자연에 대한 존중을 제창하였는데 이에 비해 전통적인 윤리는 개인과 사회에 대한 존중을 제창하여 왔다. 그가 말한 바와 같이 새로운 『대지의 윤리』는 "인류의 역할을 대지의 지배자로부터 대지의 평범한 일원이고 시민으로 전환하자"는 것이다.[43] 이러한 윤리는 새로운 행동이 필요하지만 그는 무엇보다도 새로운 의식이 필요하다고 믿는다. 그는 이것을 '생

43) Aldo Leopold, *A Sand County Almanac: And Sketches Here and There* (London: Oxford University Press, 1949), p. 204 (송명규 역, 『모래 군의 열두달』, 따님, 2004.4).

태의식(ecological consciousness)'이라고 불렀다. "대지와의 윤리적인 관계는 대지에 대한 사랑, 존경 및 찬양이 없이는 그리고 대지의 가치에 대한 높은 평가가 없이는 성립할 수 없다. 물론 내가 말하는 가치는 경제적 가치보다 훨씬 광범위한, 즉 철학적인 관념에서의 가치를 뜻한다."[44] 그가 염두에 두고 있는 철학적인 관념은 대지의 온전성을 자각하는 것이다. 그는 시스템 개념에서 온전성을 보고 있다. 그는 이러한 시스템을 어떤 경우에는 '생명사회(biotic community)'로 그리고 어떤 때는 '대지(the land)'로 부르고 있다.

그렇다면 대지는 단순한 흙이 아니다. 흙, 식물, 동물 등이 정기적으로 순회하면서 에너지가 흐르도록 하는 기반이다. 먹이사슬은 에너지를 위로 흐르게 하고 그리고 죽어서 썩게 되면 다시 흙으로 돌아가게 만드는 살아 있는 경로이다. 이러한 경로는 닫혀 있지 않다. 즉, 어떤 에너지는 썩어서 흩어지지만 어떤 에너지는 공기와의 접촉을 통해 늘어나며 어떤 에너지는 땅, 이탄, 오래 살아 있는 숲 등지에 저장된다. 하지만 이것은 조금씩 천천히 늘어나는 종신회전기금처럼 지속적으로 순회하는 경로이다.[45]

대지(또는 생명사회)의 역동성을 인식하고 나서 그는 다음과 같은 윤리 원칙을 제안하였다. "생명사회의 온전성, 안정성 및 아름다움을 보존하는 것이 올바른 것이며 그렇지 않은 것은 잘못된 것이다."[46] 레오폴드는 우리

44) 상게서, p. 223.
45) 상게서, p. 216.

들이 경제와 철학관점에서의 기존기준들을 버리기보다는 여기에 제3의 기준, 즉 생태관점에서의 기준을 덧붙일 것을 원했다.

레오폴드는 자기의 조국 미국이 기술진보를 맹신하기 때문에 이러한 새로운 윤리기준을 채택하리라고는 별로 믿지 않았다. 그의 말에 의하면 자신들이 대지를 능가해 버렸다고 현대인들이 느낀다는 것이다.[47] 현대의 기술에 의해서 우리 나름대로의 기준을 만들어 낼 수 있는데 왜 우리가 자연의 기준을 따라 살아야 하는가? 그러나 아직도 우리는 자연의 일부이기 때문에 이에 적응하는 방법을 생각해 내야 한다. 이것이 슈마허(E. F. Schumacher)의 슬로건 "작은 것이 아름답다"가 주는 메시지이다.

작은 것이 아름답다 | 슈마허는 경제학자로서 규모의 문제와 그가 만든 용어 '적정기술(appropriate technology)'에 대해 고민하였다. 기술발전은 인간규모에 맞아야 한다고 주장하였다. "인간은 작으므로 작은 것이 아름답다."[48] 더구나 인간은 한계를 지닌 자연의 일부인 것이다. 따라서 적정기술의 잣대는 경제발전이 아니라 인간발전이다. "오로지 부를 추구하는 삶의 태도는, 즉 물질주의는 지금의 세계에 적합하지 않다. 왜냐하면 우리가 속해있는 환경은 분명히 유한한데도 불구하고 지금의 세계는 무한의 원칙을 내재하고 있기 때문이다."[49] 물론 한계의 개념은 자본주의 경제학의 핵

---

46) 상게서, pp. 224~5.

47) 상게서, pp. 223~4.

48) E. F. Schumacher, *Small is Beautiful: Economics as if People Mattered* (New York: Harper and Row, 1973), p. 159 (이상호 옮김, 『작은 것이 아름답다』, 문예출판사, 2002.3).

심원칙 중의 하나인 무한한 인간욕구 원칙에 벗어난다. 이 원칙이 소비의 경제를 추동하고 있는 그것이다. 슈마허는 이러한 이데올로기를 확실하게 파악하였다. 그는 대안으로서 불교경제학을 다음과 같이 제안하였다.

물질주의자들은 주로 재물에 관심이 있지만 불교도들은 주로 해탈에 관심이 있다……. 불교경제학의 요지는 단순함과 비폭력 등이다……. 현대경제학자로서 이것을 이해하는 것은 매우 어렵다. 이들은 더 많이 소비하는 사람이 덜 소비하는 사람보다 항상 낫다고 가정하면서 연간소비량으로 '삶의 기준' 을 측정하곤 한다. 불교경제학자는 이런 방식을 매우 불합리하다고 여길 것이다. 왜냐하면 소비는 인간복지의 수단에 불과하며 최소의 소비를 통해 최대의 복지를 얻는 것이 목적이기 때문이다.[50]

불교도와 현대소비자 중 누가 불합리한가? 현대경제학은 수단과 목적의 관계, 즉 소비와 복지와의 관계를 거꾸로 뒤집어 왔는가? 우리는 살기 위해서 먹는가, 아니면 먹기 위해서 사는가? 우리의 복지는 자연으로부터 나오는가, 아니면 자연과 함께 나오는가? 달리 말하면 인류는 자연을 희생하는 대가로 지속적으로 번영할 수 있는가, 아니면 자연의 번영이 인류의 지속적인 번영의 전제조건이 되는가? 정답은 우리가 인간사회와 인간 이외의 사회와의 관계를 어떻게 가정하느냐에 달려 있다. 심층생태론운동으로 인해 우리는 이 질문을 진지하게 고려하게 되었다.

---

49) 상게서, pp. 29~30.

50) 상게서, p. 57.

심층생태론 | 심층생태론 운동은 인간중심적인 삶의 관점에서 생물중심적인 삶의 관점으로의 전환을 제안하고 있다. 인간중심적인 관점은 자연을 인간을 위한 자원으로 보고 있다. 생물중심적인 관점은 인간을 자연의 한 부분으로 보고 있다. 심층생태론을 처음으로 제시한 내스(Arne Naess)에 의하면 "인간과 인간 이외의 생명체의 번영은 그 자체로 가치가 있다. 인간 이외의 생명체의 가치는 인간에 대한 그들의 유용성과는 무관하다"[51]는 것이다. 심층생태론에서 보는 환경은 인간의 번영을 위한 그릇이 아니라 살아 있는 모두가 동등하게 번영할 수 있는 권리가 있고 욕망을 가진 공동체이다. 우리는 살아 있는 시스템의 일부이다.

살아 있는 시스템으로서의 생물권 | 레오폴드에서 내스에 이르는 사상가들의 주장에 암묵적으로 담겨 있는 것은 환경은 살아 있는 시스템이라는 것이다. 러브록(J.E. Lovelock)은 이러한 견해를 자신의 가이아 가설, "생태계는 자율 규제하는 실체로서 물리적이고 화학적인 환경을 조절하여 지구를 건강하게 유지하는 역량을 가지고 있다"[52]를 통해 표현하였다. 가이아는 다른 사람들이 말하는 생물권의 자기조직화 역량에 대해 러브록이 붙인 이름이다. 우리들이 조수웅덩이와 같은 생태기후시스템이나 삼림과 같은 지역생물권을 살펴보면 이 시스템들이 상호연결되어 동태적으로 순환

---

51) Arne Naess, "Sustainable Development and Deep Ecology," *Ethics of Environment and Development: Global Challenge, International Response,* ed. John R. Engel and Joan Gibb Engel (Tucson and London: University of Arizona Press, 1993), p. 88.

52) J. E. Lovelock, *Gaia: A New Look at Life on Earth* (Oxford: Oxford University Press, 1979), p. 12 (홍욱희 역, 『가이아』, 갈라파고스, 2004.3).

하고 있는 것을 볼 수 있다. 이 시스템들의 다양한 부분들은 전체 시스템을 건강하게 유지하는 방식으로 서로의 생태적인 요구를 충족시켜 준다. 생태적인 조직체를 개발하려는 사람들의 관심을 끄는 것은 음식, 쓰레기 그리고 쓰레기와 음식의 순환적인 흐름이다. 이 분야의 대중 과학자인 카프라(Fritjof Capra)는 다음과 같이 주장하고 있다.

생태적인 지속가능성의 운영을 위한 열쇠는 지속가능한 인간사회를 '무'에서 시작하여 만들어낼 필요가 없이 자연의 생태시스템을 본받아 이의 모델을 만드는 것이다. 이 생태시스템은 식물, 동물 및 비생물로 이루어진 지속가능한 사회이기 때문이다.[53]

카프라의 제안에 대해 몇몇 작가들이 화답을 했다. 예를 들면 오르(David Orr)는 '자연세계의 장대한 패턴과 흐름'을 본받은 건축물을 설계하고자 하였다.[54] 호켄(Paul Hawken)은 기업조직이 생물 디자인을 모방하는 생체모방(biomimicry)을 주장하였다. 이런 모방에 대한 설득력 있는 이유는 자연의 시스템이 인간이 만든 시스템보다 대부분 훨씬 효율적이기 때문이다. 호켄, 로빈과 로빈스(Hawken, Lovins and Lovins) 등이 지적한 바와 같이 자신의 시스템에서 배출되는 물질을 100% 이용하는 자연의 효율

---

53) Fritjof Capra, *The Hidden Connections: Integrating the Biological, Cognitive and Social Dimensions of Life into a Science of Sustainability* (New York: Doubleday, 2002), p. 230 (강주헌 역, 『히든 커넥션』, 휘슬러, 2003.6).

54) David Orr, *Nature of Design: Ecology, Culture and Human Intention* (Oxford: Oxford University Press, 2002), p. 20.

성에 비해 미국경제는 이를 6%밖에 이용하지 못하고 있다.[55] 우리가 자연의 패턴을 좀더 근사하게 모방할 수 있다면 효율성을 높여 해로움을 줄일 수 있다. 이것이 내추럴 스텝(Natural Step)으로 원칙들의 배후에 있는 아이디어이다.

내추럴 스텝 | 내추럴 스텝은 스웨덴의 로버트 박사(Dr. Karl-Henrick Robert)의 주도 아래 발전된 환경프로그램이다. 그는 『기업을 위한 내추럴 스텝(*The Natural Step for Business*)』이라는 책의 서문에서 다음과 같이 썼다. 즉, "세포과학자로서 나는 세포를 전체 지구의 메타포(은유)로 봅니다. 세포와 지구는 둘 다 생존하기 위해서 모든 흐름의 균형을 이루어야 하기 때문입니다."[56] 문제는 지구의 흐름이 심각하게 불균형하다는 것이다. 우리는 지구가 감당할 수 있는 수준 이상으로 생산해대고 있다. 우리가 계속해서 자연서식지를 파괴할 뿐만 아니라 석유와 물과 같은 지구자원의 사용량을 늘려 간다면 그리고 제품의 생산량을 늘려 간다면 우리는 지구의 미래를 파괴할 것이다. 인간의 욕구를 충족시키면서 이러한 경향을 반전시키기 위해 내추럴 스텝은 기업이 자연을 다루는 방식을 바꿔야 한다고 제안한다. 지속가능한 사회를 위해 다음 네 가지 조건을 제시하고 있다. 지속가능한 사회에서 자연은 다음 사항이 체계적으로 증가하는 현상과 맞지 않는다.

---

55) Hawken, Lovins and Lovins, *Natural Capital*, p. 14.

56) *Karl-Henrik Robert*, "Forword," in *Brian Nattrass and Mary Altomare, The Natural Step for Business* (Gabiola Island, British Columbia, Canada: New Society Publisher, 1999), p. 13.

① 지각으로부터 추출한 물질을 농축하는 행위

② 사회가 생산한 물질을 농축하는 행위

③ 물리적인 수단에 의해 사회 안에서 화학물질을 분해하는 행위

④ 세계적으로 인간의 욕구를 충족시키는 행위[57]

이 조건들에 부합하기 위해 기업들은 모든 '쓰레기'들이 화학적으로 분해되거나 재활용될 수 있도록 자원이용, 제조과정, 분배과정 및 제품들을 새로운 방식으로 만들거나 수행해야 한다. 맥도노우(William McDonough)와 브라운가르트(Michael Braungart)가 최근에 쓴 책 제목을 빌려서 말한다면 기업들은 관리방식을 '요람에서 무덤까지'가 아니라 '요람에서 요람지'로 바꿔 생각할 필요가 있다.[58] 자연에는 무덤이라는 것이 없고 오로지 성장-분해-성장이라는 사이클만 있다. 여러 기업들이 이러한 자연의 모습을 자신들의 경영관리 모델로 삼고 이를 닮아가기 위해 노력하고 있다. 이들 중의 하나가 양탄자 제조 회사인 인터페이스(Interface Inc.)이다.

인터페이스의 지속가능한 발전프로그램 | 인터페이스는 미국의 주요한 양탄자 제조회사로서 나트라스(B. Nattrass)와 알토마레(M. Altomare)의 책 『기업을 위한 내추럴 스텝』에서 주목을 받았던 4개 회사 중의 하나이다.[59]

---

57) Nattrass and Altomare, *The Natural Step(2003)*. p. 23.

58) William McDonough and Michael Braungart, *Cradle and Cradle: Renaking the Way We Make Things* (New York: North Point Press, 2002).

59) Nattrass and Alromare, *The Natural Step*(2003), p. 195.

다른 3개 회사는 이케아(IKEA), 스캔딕 호텔(Scandic Hotels), 콜린즈 파인(Collins Pine Co.) 등이다. 이들 각각의 기업을 살펴보는 것은 그만한 가치가 있지만 인터페이스 하나만으로도 충분하다. 동사는 내추럴 스텝 조건을 다음과 같이 7개의 지속가능한 발전 요소로 바꾸었다.

① 쓰레기(고객에게 가치를 주지 못하는 모든 것)를 제거하는 것
② 생물권의 해로운 물질을 제거하는 것
③ 재생가능한 에너지 사용
④ 자급자족하는, 즉 제조공정에서 나온 폐기물을 처리해서 재활용하여 만들 수 있는 제품이나 공정을 개발하는 것
⑤ 자원절약적인 운송방식을 활용하여 사람과 물자의 물리적인 이동을 대체할 수 있는 대안을 개발하는 것
⑥ 일상적인 활동에서 지속가능한 발전의 원칙을 실천하는 문화를 만들어가는 것
⑦ 지속가능한 교역을 개척함으로써 새로운 사업모델을 만들어가는 것[60]

데스자르딘즈(Joseph DesJardins)가 지속가능한 발전을 위한 인터페이스의 노력을 검토하여 지적한 바와 같이 가장 인상적인 것은 인터페이스가 자신들의 기업목적이 무엇인가를 다시 정의하였다는 것이다.[61] 융단을 생

60) 참조사이트. www.interfaceinc.com

61) Joseph DesJardins, *An Introduction to Business Ethics* (New York: McGraw-Hill, 2003), p. 195.

산 및 판매하는 양탄자회사가 아니라 바닥을 덮는 서비스를 제공하는 양탄자 회사로 본 것이다. 이것이 의미하는 바는 회사가 계속해서 양탄자 자체를 소유한다는 것이고 그래서 회사는 오래 사용하고 쉽게 대체할 수 있으면서 재활용이 가능한 양탄자를 생산할 인센티브를 갖게 된다는 것이다. 더구나 이 인식들의 변화로 인해 효율이 증대하고 자원과 에너지를 절약할 수 있게 되어 기업과 고객 모두 이익을 보게 되었다.

인터페이스와 다른 기업들이 내추럴 스텝의 원칙들을 이행하기 위해 노력함에 따라 이 기업들은 성과향상의 기업사례, 즉 원칙이행으로 기업성과가 향상되는 좋은 사례가 되었다.이러한 사례는 앞장에서 본 바와 같이 경제적인 관점에서는 중요할지 모르지만 사회적인 관점에서는 충분하지 않을지도 모른다.

환경적인 온전성을 실천하는 견지에서 기업사례를 강조하는 것은 자연보존이 정당하다는 생태학적인 설득력을 실제적으로 훼손할지도 모른다. 자연은 시민사회의 배경이 되고 시민사회는 기업의 배경이 된다. 시민사회의 일원으로서 그리고 비영리기구와 정부기관과 협력함으로써 기업은 환경적인 온전성을 시민사회의 과업으로 설정할 필요가 있다. 이를 위해 자연은 의미와 지혜의 근원으로 이해되어야 한다. 여기에 딜레마가 있다. 자연은 인간에게 가치가 있기 때문에 가치가 있는 것이다. 적어도 그것이 우리가 알 수 있는 유일한 가치이다. 하지만 자연이 우리에게 주는 궁극적인 가치는 자연 그 자체에 가치가 있다고 인식할 때 비로소 접근가능한 것이다.

우리는 건강한 환경을 필요로 하지만 이들 필요를 충족하기 위해서는 자연을 우리의 욕구를 충족하기 위한 것 이상으로 여겨야 한다. 온전하고 살아 있는 것으로서, 즉 전일적으로 자연을 인식하여야 한다. 이러한 관점이

UN의 2002년도 지구헌장(Earth Charter)선언에 다음과 같이 표현되었다.

인류의 복지와 사회의 복원력은 모든 생태시스템, 즉 매우 다양한 동식물, 기름진 대지, 순수한 물, 깨끗한 공기 등을 갖추고 있는 건강한 생물권을 보존하는 것에 달려 있다. 유한한 자원을 지닌 지구환경은 모든 사람의 공통관심사이다. 지구의 활력, 다양성, 아름다움 등을 보호하는 것은 일종의 신성한 의무이다.[62]

환경적인 온전성을 확보하려는 기업은 자연을 보호 및 복원하려는 그들간의 관계를 구축하기 위해 비영리기구와 정부기관들과의 협조가 필요하다.

지속가능한 발전, 세계무역 및 자연의 온전성 등에 대한 논의는 시민사회구성원들과 자연 사이 관계의 중요성을 나타낸다. 어떤 사람들은 지속가능한 발전에 대한 논의가 다른 두 개의 논의보다 중요하게 다루어지기를 바랄지도 모른다. 하지만 이러한 논의에서 자연보호를 위한 국제적인 규범을 제정하기 위해 노력하는 정부기관들과 협력할 필요성을 적극 거론하지 않는다면 이러한 논의는 충분하지도 않고 또한 다른 논의들보다 중요하게 다루어질 가능성도 없다. 우리의 최고 희망은 이들 세 개 논의들 사이의 건전한 긴장관계, 즉 서로 다른 차이점과 의견들을 갖고 자연과 온전한 관계에 있는 지구시민사회를 만들기 위해 함께 노력하는 것에 두고 있다. 이들 세 개 논의 속에 희망의 신호와 실망의 신호가 함께 있다. 이 논의들이 예전의 논의들과 다른 것은 자연의 운명이 기업의 운명과 맞물려 있다는 것

62) 참조사이트 www.earthcharter.org

이다. 나트라스(B. Nattrass)와 알토마레(M. Altomare)가 제시한 바와 같이 기업은 진화과정의 일부분이 되었다. 처음으로 자연적인 진화과정은 기업 행태로부터 영향을 받고 있다. 기업과 자연은 함께 진화하거나 퇴화할 것이다. 나트라스와 알토마레가 주장하는 바와 같이 진화를 촉진하기 위해서 기업은 '진화적인 의식(evolutionary consciousness)'을 개발해야 한다.

진화적인 의식에 따르면 모든 인간시스템은 그것이 기업이든, 가정이든, 사회이든, 국가이든 관계없이 수십억 년 동안 만들어져 온 생태균형을 유지할 수 있도록 자신의 시스템을 설계하거나 재설계할 책임이 있다는 것이며 또한 인간시스템은 수십 년 동안 변하고 있다는 것이다.[63]

이러한 진화적인 가능성으로 인해 자연에 대한 온전성뿐만 아니라 문화적이고, 인간관계적이고, 조직적이고 시민사회적인 기업행태의 차원들에 대한 온전성도 필요하다. 각각의 시민사회구성원들이 서로 다른 의견들을 조율하고 안전에 대한 욕구와 참여할 권리를 존중해 주며 가치있는 목표를 함께 추구하고 그리고 미래를 향해 움직일 수 있는 가이드라인을 만들 수 있도록 세계적으로 상호작용할 수 있는 커뮤니케이션 패턴이 필요하다. 비록 어느 누구도 이러한 논의들을 어떻게 진행해야 할지를 정확하게 모르지만 다음 네 개의 기본주제, 즉 올바르게 질문하기, 보충성의 원칙을 실행하기, 적절한 경계를 선택하기, 자연의 번영을 촉진하기 등을 다루어야 할 것이다.

63) Nattrass and Altomare, *The Natural Step*, p. 191.

자연환경적인 온전성에 대한 네 가지 주제

올바르게 질문하기 | 내가 가르치는 경영학과목을 수강하는 학생들은 환경의 중대함을 알게 되면 개인적으로 무엇을 할 수 있는가를 생각하고 나서 종종 자신들의 무력함 때문에 체념하기도 한다. 물론 개개인들은 적절하게 행동할 수 있지만 학생들이 기존에 갖고 있는 기본가정, 즉 개인들은 시스템문제를 해결할 수 없다는 가정은 맞다. 시스템문제는 시스템으로 풀어야 한다. 물론 개인들은 해결책을 요구할 필요가 있겠지만 해결책은 어떻게 시스템을 변화시킬 것인가, 달리 말하면 어떻게 이 논의들을 변화시킬 것인가를 생각하는 과정에서 나오게 될 것이다. 그래서 보다 적절한 질문은 "우리가 무엇을 할 수 있을까?" 하고 자문하는 것이며 그리고 이 때 '우리' 는 지구시민사회를 말한다. 우선적으로 우리는 올바른 질문을 통해 우리들이 참여할 수 있는 여러 논의들의 방향을 정할 수 있다.

질문에 따라 대답이 정해지기 때문에 잘못된 질문은 쉽게 잘못된 대답을 가져온다. 예를 들면 오염된 강을 바라보면서 이들 오염으로부터 사람들을 어떻게 보호할 것인가 하고 내가 묻는다면 그 대답은 강둑을 건설하는 것이 될 것이다. 만약 어떻게 물을 안전하게 할 것인가 하고 내가 묻는다면 그 대답은 오염물질이 강으로 흘러 들어가지 않도록 분리된 수로를 건설하는 것이 될 것이다. 만약 어떻게 사람들이 강을 오염시키지 못하도록 할 것인가 하고 내가 묻는다면 그 대답은 오염배출업체들이 동일한 가이드라인을 따르도록 강제하는 정부규제를 지지하는 것이 될 것이다. 만약 사회번영에 따라 자연도 번영할 수 있도록 시장시스템과 자연의 올바른 관계를 어떻게 구축할 수 있을 것인가 하고 내가 묻는다면 그 대답은 적절한 규제방안을 제정할 뿐만 아니라 기업행태에 대한 사회인식을 바꾸는 교육 프로그램을 개발하려는 공동노력에 동참하는 것이 될 것이다. 이 마지막 질문을 가지고 나는 어떻게 개개인들을 보호할 것인가에 대한 질문으로부터 어떻게 사회시스템을 바꿀 것인가에 대한 질문으로 질문방향을 틀었다. 이와 같이 개입하게 되면 인간사회와 비인간사회 모두에게 긍정적인 영향을 줄 수 있다.

올바르게 질문하려면 하나 이상 질문해야 한다. 때로는 올바른 질문들을 묶어 놓으면 온전한 기업의 다섯 가지 차원을 포함하기도 한다. 어떤 경우에는 조직적이고 사회시스템적인 차원이 매우 시급한 것으로 나타날 것이다. 우리가 묻는 질문들은 우리들 사회의 커뮤니케이션 패턴에서 나오기 때문에 이 패턴들이 적절한가에 대해서 질문할 필요가 있다. 이를 위해서는 심사숙고해야 하며 다른 사람과 대화를 나누어야 한다. 다양한 차원에서 조직의 윤리를 다룬다면 우리는 진정한 변화를 위해 무엇이 필요한가를 알 수 있을 것이다. 올바르게 질문하는 것이 올바르게 일을 하는 첫 번째 단계이다. 두 번째 단계는 이슈의 다양한 차원을 고려해 볼 때 어떤 조치들이 적절할 것인가를 생각해 보는 것이다. 여기에 보충성의 원칙이 도움이 될 수 있다.

보충성의 원칙을 실행하기 | 보충성은 "상위의 중앙행정기관들이 하위의 지방행정기관들을 보충하는 정치적 구조를 말하며 그럴 경우 시민들이 직접 개입할 기회가 커지게 된다."[64] 달리 말하면 이 원칙은 상의하달구조와

64) Alternatives to Economic Globalization, p. 60.

똑같이 하의상달구조를 이론적으로 지지하고 있다. 사실상 둘 다를 지지하고 있다. 적절하게 대처할 수 있는 가장 낮은 수준에서 어떤 이슈를 다루어야 한다는 원칙으로서 민주적인 실행을 위해 특히 중요하다. 시민들은 지역과 도시수준에서 직접 개입하여 활동하고 국가와 같은 보다 높은 수준의 논의에 대표자를 참여시킬 수 있다. 예를 들면 앞 장에서 본 바와 같이 도시는 시민사회 내부의 단체들 간의 관계를 분석할 때 가장 적절한 수준이었다. 왜냐하면 도시는 기업들이 존재하는 데 필요한 인프라스트럭처, 인력 및 문화 등을 대부분 제공하기 때문이다. 또한 세계적인 도시들은 지금 출현하고 있는 세계 시민사회에 참여하고 있다. 동시에 이들 세계 시민사회는 지속적으로 발전하기 위해 국제법률과 협정에 의존하고 있으며 또한 도시의 특정지역과 구역수준에서의 지역적인 주도권에 의존하고 있다. 보충성의 원칙에 따라 우리들은 이들 모든 수준에서 일하는 것이 필요하며 각각의 사회들은 다른 수준으로 이동하기 전에 자기 수준에서 각기 생활들을 가능하면 많이 통제하게 된다.

보충성의 원칙을 또한 생산과 소비에 적용할 수 있다. 예를 들면 가구를 제조하기 위해 목재를 사용할 경우 지역에서 산출되는 목재를 사용하거나 아니면 보다 나은 품질의 목재를 수입하여 사용할 수 있다. 보충성의 원칙에 따르면 지역에서 산출되는 목재를 사용하라는 것이다. 그럴 경우 운송에 따르는 온실가스 배출을 줄일 수 있기 때문이다. 또한 가구업체들은 그들이 사용하는 목재의 성장률, 생산량 및 유통에 대해 알 수 있기 때문이다. 더구나 지역제품을 사용하게 되면 각기 다른 지역사회의 다양성을 보존할 수 있기 때문이다.

보충성의 원칙은 자연의 패턴과도 어울린다. 생물권은 결국 세계적인 동시에 지역적인 시스템이다. "자연의 모든 수준에서 우리들은 서로 다른 생태계 내부에서 연계되어 있는 또 다른 생태계들을, 즉 네트워크 내부에 있는 네트워크들을 찾아볼 수 있다. 이들 간의 경계는 분리를 위한 경계가 아니고 구별을 위한 경계이다. 모든 생태계는 서로서로 전달하면서 자신들의 경계를 가로질러 자원들을 공유하고 있다."[65)]

물론 이 경계들은 이들을 연결시켜 주는 커뮤니케이션 패턴만큼이나 중요하다. 사실상 경계를 깨닫는 것이 제2장에서 문화적인 온전성을 설계할 때 중요했던 만큼 환경적인 온전성을 설계할 때에도 중요하다.

경계를 설정하기 | 선진국에서 기업들은 정해진 법률에서 재무보고에 이르기까지 공식 및 비공식 경계를 설정한 시민사회적인 배경 속에서 활동한다. 국제적으로 적절한 행동에 대한 '연약한(soft)' 협정들이 몇몇 있기는 하지만 세계 시민사회를 이제 막 나타나고 있는 것 이상으로 말하는 것은 잘못 인도하는 것이다. 동시에 장기적으로는 "사업이 배제되어 있는 시민사회의 비시장환경에 의존하지 않으면 그리고 이를 성숙시켜가지 않으면 글로벌 비즈니스를 포함하여 어떤 사업도 적절하게 작동할 수 없다."[66)]

시민사회적인 배경은 국내에서와 같이 글로벌 배경에서도 똑같이 필요하다. 하지만 우리가 이러한 시민사회적인 배경을 가지고 있다고 하더라도 시민사회의 논의 속에서 자연에 대한 것이 적절하게 거론되리라는 보장은

65) Capra, *The Hidden Connections*, p. 231.

66) Helmut Anheier, Marlies Glasius, and Mary Kaldon (eds.), *Global Civil Society* (Oxford: Oxford University Press, 2001), p. 32.

없다. 기업과 도시들은 자연에 의해서 한계가 정해졌다는 것을 어떻게 알 수 있을까? 인간사회는 자연과 더불어 살아가야 하므로 자연이 갖는 한계 이상으로 큰 한계가 가지고 있다(자연은 자체적으로 매우 훌륭하게 작동한다). 이른바 '인간위업의 한계를 넓히는' 대신에 기업들 그리고 기업가들조차도 자연이 얼마나 그들을 감싸는지를 인정해야 한다. 경계를 설정하는데 중요한 역할을 했던 프로젝트가 바로 UN의 2002년 지구헌장이다. 여기에는 다음 네 가지 원칙이 있다.

- 생명사회에 대한 존경과 배려
- 생태적인 온전성
- 사회적이고 경제적인 정의
- 민주주의, 비폭력 및 평화[67]

이 네 가지 원칙들은 모든 생명체를 포괄한다. 이들은 인간사회와 비인간사회를 통합한다. 기업들은 스스로의 힘만으로 이 원칙들이 지켜지는 세계를 만들 수 없다. 기업들은 이러한 세계를 만들기 위해 함께 일해야 하는 다양한 기관들과 사람들 사이에 있는 어떤 영역을 가지고 있다. 기업들은 적절한 영역, 즉 경계를 효과적으로 체험하기 위해 글로벌 자원보유에 의존하기보다는 글로벌 시민사회 회원권에 의지할 필요가 있다. 기업들이 도시의 사명을 촉진할 의무를 가진 것처럼 또한 다른 기업들과 협력관계를

---

67) 참조사이트 www.earthcharter.org

유지하는 배경을 만들어 주는 국제적인 법규의 제정을 촉진할 의무가 있다. 번영을 위해 함께 일하는 조직 중의 하나가 될 때만이 기업들은 그들의 적절한 경계를 체험하게 될 것이다. 결국 기업의 번영은 환경적인 온전성과 같지 않다. 환경적으로 온전하기 위해서는 인간과 인간 이외의 사회 모두가 함께 번영하거나 또는 자연적인 번영을 이루어야 한다.

자연적인 번영 | 세계를 넘어 지역을 강조하면 또한 자연적인 배경을 중시하게 된다. 우리가 있는 장소는 지구의 표면이다. 이러한 자각은 기술에 대한 환상과 생태에 대한 부정으로 인해 간과되어 왔다. 기술에 대한 환상으로 인해 문제가 발생하면 기술적으로 해결할 수 있다고 예상한다. 석유가 고갈되기 바로 직전에 수소연료를 만드는 기술을 개발할 것으로 믿는다. 지구 온난화로 인해 농업이 파괴되기 바로 직전에 식량을 생산하는 새로운 방법을 개발할 것으로 믿거나 아니면 그 때까지 달에서 식량을 생산할 수 있을 것으로 믿는다. 그리고 깨끗한 물이 고갈되기 바로 직전에 바닷물을 식수로 바꿀 수 있는 기술을 개발할 수 있다고 믿는다. 이 기술들 중에서 일부는 개발될 수도 있고 일부는 개발되지 않을 수도 있다. 그렇다면 어떻게 해야 할 것인가?

무엇보다도 우선적으로 우리는 사익을 보호하는 방향에서 공익을 추구하는 방향으로 움직여야 할 것이다. 여기에서 요구하는 사고방식은 공익적인 차원에서 심사숙고하는 '공익적인 사고방식'이다. 완전한 지식을 근거로 의사를 결정하는 경우가 거의 없지만 우리는 자연에 대해 무주의하게 또는 신중하게 의사를 결정할 수는 있다. UN의 리우선언에 따르면 어느 것이 확실할지 잘 모르는 상황이라면 우리는 이른바 사전예방의 원칙을 따라야 한다. 리우선언의 제15 원칙은 다음과 같다.

환경을 보호하기 위해 각국은 자신들의 역량에 맞게 예방적인 사전조치를 광범위하게 채택하기로 한다. 심각한 또는 회복불가능한 피해에 대한 우려가 있다면 과학적인 확실성이 약간 부족하다고 해서 그것이 환경적인 손상을 효과적으로 방지할 수 있는 조치들을 채택하지 못하게 만드는 이유가 되어서는 안 될 것이다.[68]

이러한 원칙은 에커슬레이(Robyn Eckersley)가 주장하는 바와 같이 민주주의 가치관으로 포함되어야 하며 그리고 공공의 의사결정을 내리기 위한 지침으로 활용되어야 할 것이다.[69] 이러한 원칙은 해답을 주는 것이 아니라 잘못될 수 있는 위험을 줄이는 것이다. 과거 수년 동안 세계무역과 소비에 대한 논의에서 거론된 정도만큼 신중함은 미국의 정치적인 논의에서는 주요한 주제가 아니었다. 대신에 미국은 이른바 오르(David Orr)가 명명한 생태적인 부정(ecological denial)을 보다 중시하는 정책들을 채택하였다.[70] 미국은 환경보호를 위한 세계조약에 서명하기를 거절하였고, 환경보호예산을 삭감하고, 석유 때문에 알래스카 야생지역을 개발하려고 하였다. 이러한 난제로 인한 이득은 누가 얻어야 하는가? 소비자 경제를 요구하는 사람들인가? 아니면 지속가능한 발전을 요구하는 사람들인가? 사전예

---

68) 참조사이트 www.unep.org/Documents/Default.asp/DocumentID=78&ArticleID=1163

69) Robyn Eckersley, *The Green State: Rethinking Democracy and Sovereignty* (Boston, MA: MIT Press, 2004), p. 135.

70) Orr, Nature of Design, p. 86.

방의 원칙은 지속가능한 발전을 요구하는 사람들 편이 될 것이다. 정부기관들이 조심스럽게 진행하지 않을 때 기업들은 훨씬 더 힘들어진다. 왜냐하면 기업들은 그들이 활동하는 시스템을 개선하기 위해서뿐만 아니라 동일시장에서 동일조건의 경쟁부대를 유지하기 위해서 적절한 규제가 필요하기 때문이다. 여전히 기업들은 선택권을 가지고 있는데, 즉 생태부정의 이점을 취할 수도 있고 또는 이에 대처할 수도 있으며 그리고 인간과 인간 이외의 자연을 포함한 모든 자연을 번영시키는 것에 초점을 맞춘 논의들을 어떻게 기획할 것인가를 모색하는 데 동참할 수 있다. 다음 장에서는 시민운동가들이 어떻게 기업의 안과 밖에서 자연적인 차원뿐만 아니라 문화, 인간관계, 조직, 사회 등 나머지 4개의 다른 차원에서도 온전성을 촉진하기 위한 논의들을 기획하는 과정에 종사할 수 있는가를 찾아보기로 한다.

이론에서 실행으로

대화와 성찰을 위한 질문들 |

1. 지속가능한 발전은 무엇이며 그리고 이것을 달성하기 위해서는 무엇이 일어나야 하는가?
2. 앞에서 검토한 3개의 논의들을 어떻게 통합할 수 있는가?
3. 개인, 조직 및 시스템차원에서 지속가능한 발전을 위해 필요한 변화들은 무엇인가?
4. 내추럴 스텝은 지속가능한 발전을 이루는 데 좋은 가이드인가?

5. 지속가능한 미래로 가는 길을 보여 주는 현재의 몇몇 '모범사례(best practices)' 는 무엇인가?
6. 자연적인 번영에 대한 미래의 논의들을 위해 제시되었던 주제들의 장단점들은 무엇인가?

별첨의 워크시트를 활용하는 방안 | 온전성을 위해 앞에서 제시한 3개의 논의들은 포괄적인 시민들의 논의에 포함되어야 한다. 목록에 있는 질문들을 조사해 보고 이 논의들을 통합하는 일을 시작하기 위해 워크시트 #12를 활용하라.

새로운 논의들은 이 장의 뒷부분에서 제시된 주제들을 잘 다룰 수 있다. 워크시트 #13을 통해 이들 주제가 포함되기 위해 현재의 논의 중에서 무엇이 바뀔 필요가 있는지를 평가해 보라.

7 온전한 기업을 위한 경영 리더십

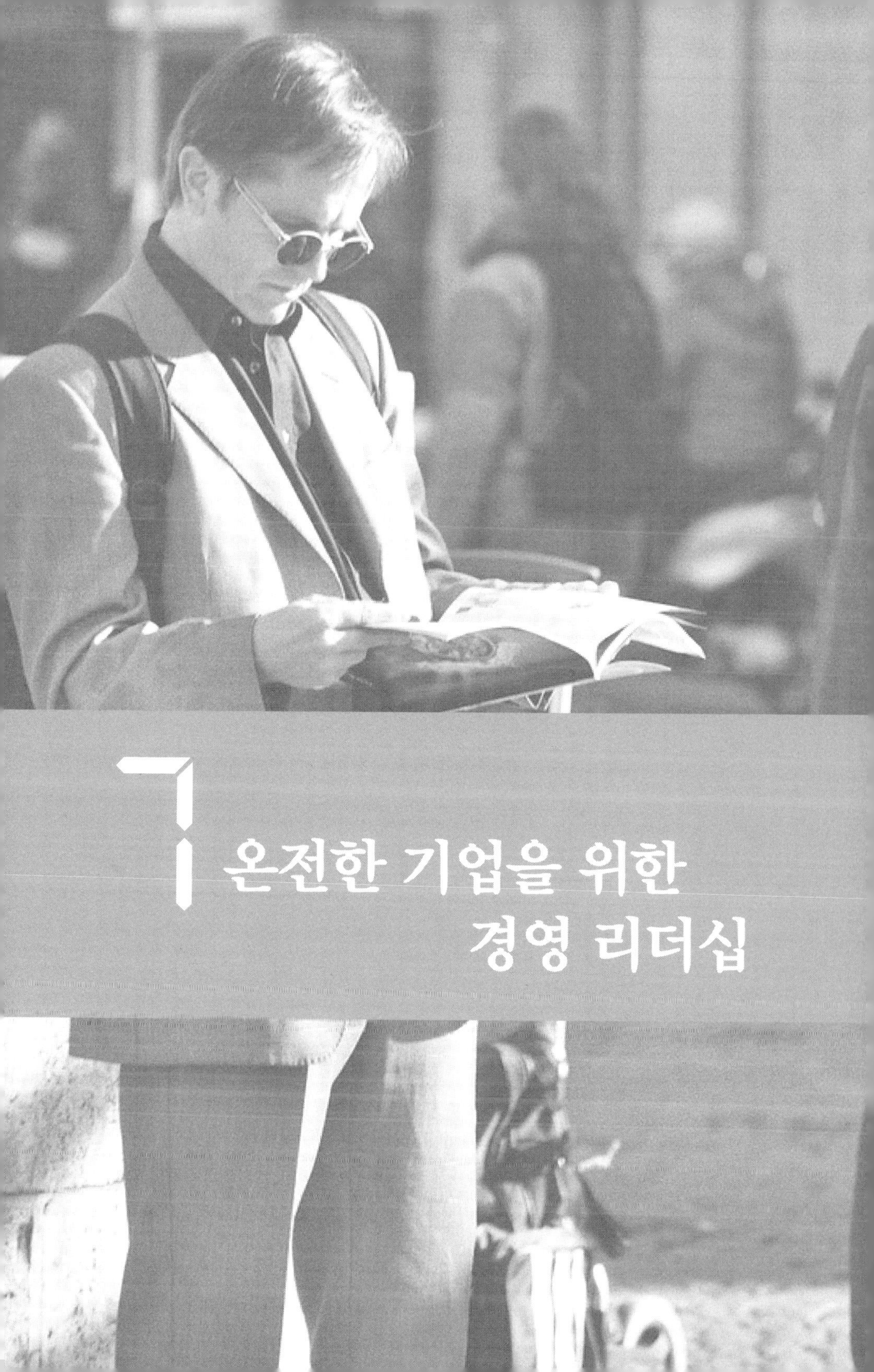

앞의 제2장, 3장, 4장, 5장, 6장에서 온전한 기업을 이해하기 위해 인간사회의 두 가지 기본축에 해당하는 문화적인 과제로부터 시작하여 자연환경적인 과제까지를 살펴보았다. 어떤 면에서 보면 문화와 자연환경은 이미 정해져 있고 우리들은 이들을 배경으로 태어나고 살아간다. 하지만 오늘날 우리들은 더 이상 이 두 요소들을 간단하게 경험할 수 없게 되었다. 이들의 역할은 현재의 인간관계, 조직 및 시민사회관계성으로부터 많은 영향을 받고 있으며 이들 관계성은 관련된 대화패턴(conversational patterns)을 어떻게 설계하는가에 따라 달라지기 때문이다. 이들 대화패턴들이 온전한 기업을 촉진하지 않는다면 조직리더들은 이를 바꿀 필요가 있다. 대화패턴을 바꿈으로써 조직을 이끌어가는 과정이 제7장의 주제이다.

온전한 기업을 촉진하고자 하는 조직리더들은 기업의 문화, 대인관계, 조직, 시민사회 및 자연환경차원을 구성하고 있는 대화패턴의 특성이 어떠한 가능성과 한계를 갖고 있는지를 파악하여야 할 것이다. 온전한 기업의 이들 5단계 차원들은 상호 연계되어 있기 때문에 온전한 기업을 발전시킬 수 있는 가능성은 실제적으로 보면 처음에 생각했던 것보다 훨씬 더 크다. 이들 연계성을 검토해 보면 리더들은 어떻게 기업의 온전성을 향상시킬 수 있는지를 단계적으로 모색해 볼 수 있다.

온전성 5 단계 차원간의 연계

제6장 결론에서 기업은 자신의 경계와 한계를 깨달아야 한다고 제안하였을 때 이것은 실질적으로 보면 제2장에서 제안했던 내용을 반복한 것이다. 제2장에서 피어스(Pearce)의 네 가지 유형의 커뮤니케이션 패턴을 기술하면서 현대주의적인 커뮤니케이션 패턴의 과도성을 교정하는 수단으로 경계인식을 제안하였다. 차이점의 가치를 인정하려면 다른 사람을 인정해야 한다. 내가 어떤 사람을 특별한 사람으로 인정할 때 나 또한 내 자신의 특별성과 경계를 알게 된다. 나뿐만 아니라 다른 사람에게도 똑같이 속해 있는 전체를 내가 공유한다. 우리가 함께 잘 살아가려면 우리는 조직생활의 문화, 인간관계, 시민사회 및 자연환경차원에 있는 경계를 잘 인식해야 한다.

또한 제3장에서 언급했던 일터에서의 관계성을 확보할 필요성을 인식하는 것과 제6장에서 언급했던 자연환경과의 관계성을 확보할 필요성을 인식하는 것은 암묵적으로 연계되어 있다. 안전욕구와 참여권리로 인해 직장에서의 대화가 유도될 수 있다면 자연보호를 놓고 환경기구들과의 대화에 참여하는 것은 훨씬 더 용이할 것이다. 달리 말하면 인간의 욕구를 충족시키기 위해 노력하게 되면 보다 쉽게 자연의 욕구를 알게 될 것이다. 하지만 종업원들을 쉽게 대체할 수 있는 소모품으로 여긴다면 인간과 인간 이외의 자연이 상호의존되어 있는 점을 깨닫는 것이 보다 어려울 것이다.

이들 5단계 차원이 암묵적으로 연계되어 있는 점으로부터 얻을 수 있는 명백한 결론은 이 5단계 차원들이 서로서로를 강화시켜야 한다는 점이다. 어느 하나의 차원에서 온전함을 이룩하는 과정은 다른 차원에서의 온전함을 이룩하는 과정을 지원해야 한다. 명백하고 가치있는 기업목표의 부재만큼이나 이러한 시너지효과 창출을 방해하는 요소는 없다. 조직의 목표가 없거나 이를 개인이나 사회목표로 대체하게 되면 선을 위해 일하려는 인간의 동기를 저하시킨다. 이익은 나쁘지 않으며 일을 잘 했을 경우 얻는 유용한 결과이다. 사회적인 번영은 자연적인 번영과 연결될 때 또한 가치있다. 기업목표를 강력하게 설정한다고 해서 개인이나 사회가 부에 대해 갖는 지대한 관심사를 부정하는 것은 아니다. 하지만 이들 관심사가 조직의 목표를 대체해서는 안 된다. 기업을 유익하게 만들려는 아이디어가 명확할 때만이 이들 5단계 차원이 완전하게 통합될 수 있을 것이다.

기업의 강력한 목표로 인해 이들 5단계 차원의 통합이 증진되는 좋은 사례로서 미국 최대 와인회사 중의 하나인 페처(Fetzer Vineyards)를 들 수 있다. 다음의 기업사명(mission) 선언문에 따라 종업원들은 행동한다.

우리는 환경과 사회적인 의식을 가지고 최상의 품질과 가치가 있는 와인을 재배, 생산 및 판매하는 업체이다. 인간정신에 대한 존중과 조화 속에서 일하면서 우리는 절도있는 생활 속에서 음식과 와인의 즐거움에 대한 정보를 공유하고자 한다. 우리는 종업원들과 사업의 지속적인 성장과 발전을 위해 헌신하고자 한다.[1)]

돌런(Paul Dolan)은 페처의 사장으로서 이 사명선언문을 기업의 문화와 배경을 만들어가기 위한 대화의 장으로 보고 있다. 이를 통해 인간관계로부터 자연과의 관계에 이르기까지 회사를 관통하는 정체성을 파악할 수 있다. 비록 돌런이 여기에 언급된 용어들을 사용하지는 않았지만 온전한 기업의 핵심은 매일매일의 기업활동 속에 5단계 차원의 과제들을 실천하는 것이라는 점에 그가 동의하리라고 나는 믿는다.[2] 하지만 이 5단계 차원의 일부는 실천되지만 나머지는 그렇지 않은 경우가 많다.

내가 샌프란시스코 소재 어느 중견회사에서 윤리와 자율준수(compliance) 프로그램에 참여하였을 때 우리는 문화, 인간관계 및 회사사명 등에 관해 이야기를 나누었지만 기업과 사회의 관계 또는 자연과의 관계에 대해서는 그렇지 못했다. 온전성의 개념을 사용하였지만 그것은 그 기업만의 온전성에 불과하였다. 온전한 기업이 사회 및 자연과 갖는 관계를 포함하였더라면 이 프로그램은 좀더 향상되었을 것이다. 사실상 이 2개의 차원을 포함하였더라면 다른 3개의 차원을 훨씬 더 도발적인 과제로 만들었을 것이다.

기업윤리와 기업의 책임프로그램의 일부는 반대방향으로 가는 것처럼 보인다. 이들 프로그램은 기업과 자연과의 관계성 또는 기업과 사회의 관계성에 초점을 맞추지만 일터에서의 인간관계 또는 차이와 다양성을 존중

---

1) Paul Dolan, *True to our Roots: Fermenting a Business Revolution* (Princeton, NJ: Bloomberg Press, 2003), p. 61 (이수경 역, 『미래를 만들어가는 기업 페처 이야기』, 리앤씨미디어, 2005.2).

2) 상게서, p. 64.

하는 문화의 개발에 대해서는 그렇지 않다. 최악의 시나리오는 기업이 불필요하게 다운사이징을 통해 종업원을 해고하는 한편 비영리기관과 손을 잡고 집 없는 사람들을 도와 주는 경우이다. 오른손이 하고 있는 것을 왼손이 모르는 경우가 많다. 각각의 활동이 지나치게 분리되어 있어서 전체를 알려면 상상하는 것 이상이 필요한 경우도 종종 있다. 그런 경우에는 조직구조를 바꿔야 할 것이다.

예를 들면 대부분의 사무실 빌딩은 오늘날 종업원들이 아침에 출근해서 저녁에 퇴근하면 미화원들은 밤에 출근하고 아침에 퇴근한다. 이들은 서로를 보지 못하나 서로에게 의존하고 있다. 이들은 일터에서뿐만 아니라 일터 밖에서도 서로를 좀처럼 보지 못한다. 이들은 서로 다른 지역에 살면서 서로 다른 클럽과 모임에 속해 있다. 보다 심하게는 지역뉴스나 TV를 통해 대부분 서로에 대한 이미지를 갖게 된다. 이러한 분리로 인해 기업의 온전성뿐만 아니라 사회의 온전성도 갖추기 어렵다.

같은 빌딩에 근무하는 동료들을 전혀 만나 보지 못하도록 우리의 일상생활환경이 구축되었다면 어떻게 기업이나 도시를 통합할 수 있을까? 직장생활에서의 차이점과 불일치를 수용하지 못한다면 어떻게 개방성을 촉구하는 문화를 발전시킬 수 있을까? 차이점과 불일치에 대해 문화가 열려있지 않다면 어떻게 기업들은 시민사회 단체들과 협력관계를 구축하거나 기업책임을 다르게 생각하는 그룹들로부터 배울 수 있겠는가? 만사가 정태적(靜態的)이라면 기업의 온전성은 불가능할 것이나. 하지만 만사는 동태적(動態的)이며 나날이 변화한다. 그렇다고 해서 모든 변화가 좋다는 의미는 아니다. 앞 장에서 살펴본 바와 같이 민족적인 증오가 증가하는 것과 같은 그러한 변화는 무시무시하다. 적어도 우리는 우리가 가진 것에 갇혀 있지 않다는 것을 안다. 온전한 기업의 5단계 차원에 따라 어느 차원에서 일하게 되면 다른 차원에게 영향을 주는데 특히 5단계 차원 모두에 대해 임직원들이 대화를 나눌 경우 더욱 그렇다. 온전한 기업의 5단계 차원이 제기하는 과제와 질문들을 모색해 봄으로써 사실상 현행 기업윤리의 몇몇 이슈들을 잘 처리할 수 있다. 〈도표 7.1〉은 일터에서의 다양성에 대한 검토를 통해 이점을 보여 주고 있다.

기업차원	도전과제	질 문
문화적	문화적인 다양성에 대한 개방성 의견 불일치를 다룰 수 있는 역량	어떻게 우리는 다양한 작업집단을 발전시키고 이들 다양성을 존중할 수 있는가?
계약상	안전욕구, 기준설정할 때의 종업원 참여 상호성	우리의 커뮤니케이션 패턴은 모든 사회집단의 안전과 참여를 제공하는가?
이해관계자	제품과 서비스의 품질 일 공동체의 특성	우리의 제품과 광고행위는 우리 사회의 다양성을 존중하는가?
기업관리자	시민사회 구성원으로서의 기업 시민으로서의 기업 임직원	입지나 작업계획의 선택과 같은 우리의 관행과 정책들은 동등한 기회를 창조하려는 도시의 사명을 지지하는가?
시민	지속가능성 과도한 소비자 폭력 자연적인 번영	우리는 세계적으로 다양성을 지원하는가? 우리는 윤리적인 갈등이 점증하는 경향을 역전시키기 위해 무엇을 하고 있는가?

〈도표 7.1〉 다양성의 이슈와 온전한 기업의 5단계 차원

다섯 가지 차원 모두 다양성을 검토하듯이 건강과 안전 또는 종업원 사생활 등과 같은 이슈도 그렇게 할 수 있다. 한 가지 차원에 초점을 맞추어 대부분 의사결정을 내리지만 다른 차원을 고려하면 보다 나은 의사결정을 내릴 수 있다. 특히 의사결정자가 확실하게 올바르게 질문하고 보충성의 원칙을 따를 경우 그렇다.

물론 의사결정이 스스로 내려질 수는 없다. 사람이 지도할 필요가 있다. 하지만 누가 지도하고 그 길을 어떻게 아는가는 커뮤니케이션 패턴에 달려 있다. 제1장의 자아의 본질에 대한 토의부분이 기억나는가? 거기 보면 자아는 2개의 모습을 갖고 있는데 하나는 관계자아(나는 누구인가?)이고 다른 하나는 행동자아(나는 무엇을 해야 하나?)이다. 리더들은 이와 유사한 이원성(duality)을 갖고 있다. 리더들은 관계적이다. 부하가 없다면 리더도 없다. 하지만 리더는 또한 행동하는 사람 또는 행위자이다. 그들은 이끌어간다. 하지만 그들은 리더라고 정당성을 부여해 주는 관계적인 상황 속에서 이끌어간다. 적어도 이것은 커뮤니케이션의 상황모델에 따른 것이다. 사실은 우체국모델에 보다 부합하는 리더십모델들이 있지만 이들 모델은 기업의 온전성을 실질적으로 제고하는 방법을 찾는 데 별도움이 되지 않는다.

커뮤니케이션의 상황모델에서 보면 지도행위는 항상 조직을 만들어가는 언어와 비언어의 지속적인 커뮤니케이션 패턴을 통해 나타난다. 커뮤니케이션 패턴에는 의사결정과정, 위계질서, 역할, 의무 등이 포함된다. 또한 보상과 처벌, 통제구조, 영향력, 책임감, 인정 등이 포함된다. 이들 커뮤니케이션 패턴은 어떤 사람이 다른 사람을 이끄는 상황을 만들어 낸다.

시민사회관점에서 보면 리더십의 상황을 만드는 지속적인 커뮤니케이션 패턴들은 사람들을 시민으로 인정받도록 그리고 기업들을 시민사회의 참여주체로 인정받도록 해야 한다. 이것은 기업경영자들이 사회지도자로 인정받아야 하는 것을 의미하는가? 그렇다면 기업경영자들과 정치지도자들을 구분하는 적절한 차이점들이 있는지? 이러한 질문을 검토해 보면 조직리더십의 의미를 명확하게 설명할 수 있다.

기업경영자와 정치지도자 비교

켈러맨(Barbara Kellerman)이 지적하였듯이 20세기까지 기업경영자와 정치지도자들간의 차이점은 유사점보다 훨씬 컸다. 영향력보다는 위협에 기초해서 기업의 업무가 추진된다고 생각하였기 때문에 사실 기업경영자들은 리더로 부르지 않고 관리자로 불렀다.

미국이 19세기에 농업사회에서 산업사회로 이행되면서 일로 인해 경직된 조직구조가 나타났다. 이러한 여건에서 리더라는 개념보다는 관리자(manager)라는 개념이 나왔다. 리더십이라는 단어는 리더와 추종자간의 일종의 계약을 의미한다. 이상적으로 보면 적어도 리더는 추종자를 위해 일하는 것이며 위협하기보다는 영향력을 행사하는 것으로 되어 있다.

그러나 20세기 대부분 동안 영향력이라는 개념은 일터와 관련이 없었다……. 책임자와 밑에 있는 사람들간의 관계는 대부분 민주적이라기보다는 독재적이었다.[3]

기업관리자에 대한 이런 관점은 제3장에서 언급한 주인과 하인간의 관계와 일맥상통한다. 이러한 이미지가 아직도 오늘날의 일부 경영활동에서 강하게 남아 있지만 대부분 시장관계 및 팀관계이미지로 대체되었다. 켈러맨은 리더십 이론에서 이와 유사한 과정을 찾아냈다. 관리자가 명령하고 통

3) Barbara Kellerman, *Reinventing Leadership: Making the Connection between Politics and Business* (New York: State University of New York Press, 1999), p. 3.

제하는 스타일은 적어도 설득에 크게 의존하는 방식으로 바뀌었다. 이를 보여 주기 위해 그녀는 아메리칸 캔 회사(American Can Company)의 회장으로서 1968년에 다음과 같이 말했던 메이(William May)의 말을 인용하였다.

최고경영자는 지시하는 것만큼이나 설득을 해야 한다. 또한 이사회는 물론 부하들의 찬성뿐만 아니라 동조도 이끌어내야 한다. 사람들은 의사결정이 내려지면 마치 즉각적으로 행동하는 것인양 말하고 있다. 사실은 의사결정에 따라 사람들을 움직여야 하기 때문에 의사결정은 시간을 매우 많이 소비하는 과정이다.[4)]

그녀가 지적한 바대로 시장, 주지사 또는 대통령조차도 똑같다고 말할 수 있었다. 위협하기보다는 영향력을 보다 많이 행사하는 방향으로 기업경영자들이 정치지도자들을 닮아가는 한편 정치지도자들은 기업경영자들을 닮아갔다. 이들이 위협수단을 전보다 많이 사용해서 기업경영자들과 유사해진 것이 아니라 정부의 효율적인 관리로부터 국가경제의 관리에 이르기까지 경영이슈에 보다 초점을 맞추었기 때문이다. 예를 들면 지금 미국에서는 대통령들이 공공기관을 얼마큼 잘 관리하였느냐 보다는 경제를 얼마큼 잘 관리하였느냐에 따라 평가를 받고 있다. 더구나 국민들은 정부를 보다 효율적으로 운영하고 흡사 기업의 재무 관리자처럼 예산사용에 대해 책임지는 것을 기대하고 있다. 시장이나 주지사는 참여 민주주의 확대에 기여한 공로보다는 경제성장에 기여한 공로로 인정을 받고 있다.

---

4) 상게서, p. 36.

정치지도자들이 사업가처럼 되고 있는 반면 기업경영자들은 어떤 면에서는 보다 민주적이 되었다. 리더십 문헌들은 민주적인 실행방식에 대해 이보다 더 많은 관심을 보여 주고 있다. 켈러맨은 기업 리더십에 관한 책에서 그녀가 찾아냈던 아이디어들을 다음 목록과 같이 제시하였다.

- 비전을 창출하라
- 모든 사람과 수준을 맞춰라
- 모든 사항을 그리고 어떤 사항을 의사소통하라
- 동기부여를 다시 생각하라
- 다양성을 강화하라
- 모두에게 권한을 부여하라
- 네트워크를 창출하라
- 팀을 구성하라
- 수평조직으로 가라
- 느긋해져라
- 항상 배워라[5)]

켈러맨의 관점에 따르면 상기 목록은 기업과 정치지도자뿐만 아니라 비영리기관의 지도자에게도 적용된다. "핵심업무는 영리기관이나 비영리기관이나 똑같다. 즉, 비전을 만들고, 비전에 대해 이야기를 나누며, 사람들을

5) 상게서, p. 125.

모아서 권한을 주며, 전략적으로 그리고 기술적으로 기획을 하며, 이를 수행하는 핵심업무는 같다."[6] 적어도 리더십 문헌에서 그랬던 것처럼 켈러맨은 기업, 정부 및 비영리기관의 리더들간에는 별다른 차이가 없는 것으로 보고 있다. 모든 리더들이 리더십 문헌을 따라 행동한다는 말은 아니다. 1990년대 기업의 행태를 검토하고 나서 그녀는 다음과 같이 결론을 내렸다.

> *지난 10년 동안 기업의 모토는 '군살빼기' 였기 때문에 그리고 미국기업들이 다운사이징을 광범위하고도 지속적으로 추진하여 왔기 때문에 리더십 이론들이 가르치는 멋있는 방식은 대부분 실행되지 않았다. 사실 지난 1세기를 한 눈으로 살펴보고 진실을 이야기하면 미국은 여전히 주요 추종자로 볼 수 있는 종업원들이 아니라 권한을 가진 경영자 특히 최고경영자들을 주목하여 왔다.*[7]

하지만 이런 현상으로 인해 기업경영자들과 정치지도자들 간의 간격이 줄어들고 있다는 자신의 주장을 켈러맨이 거둬들이는 것은 아니다. 그녀가 보기에 유사성이 차이점을 압도한다. 그녀는 다음과 같이 유사성을 제시하였다. 양자는 리더와 추종자간의 협력이라는 이데올로기에 동의하며 리더는 목적과 의미를 제시해야 한다고 믿으며 국내외 환경에 적응하여야 한다. 또 글로벌시장을 잘 알아야 하고 공공의 감시를 받아야 하며 효율적인 관리자가 되어야 한다. 끝으로 급속한 기술혁신과 세계화로 인해 유사한 과제를 안고 있고 보고받은 것과 실제결과가 차이가 나서 고민하며 전형적

---

6) 상게서, p. 180.

7) 상게서, p. 157.

인 윤리모델을 제대로 실천하지 못하는 등의 공통점을 갖고 있다.[8]

그래서 추종자가 다르다는 점을 제외하면 기업경영자와 정치지도자들은 매우 유사하게 보인다. 이것은 얼마나 중요한가? 켈러맨은 이런 차이를 알고 있었지만 두 가지 이유 때문에 크게 주목하지 않았다. 우선 계속해서 강하게 밀어붙이면 '과두제(寡頭制)의 철칙(iron law of oligarchy)' 이 등장할 것으로 보기 때문이다. 이 개념은 1911년 미첼스(Robert Michels)가 제시한 것으로서 대규모 조직에서는 궁극적으로 소수의 권력자가 그 조직을 통제한다는 것이다.[9] 리더와 추종자간의 관계성이 충분히 강하지 않으면 리더는 이런 관계성을 깰 수 없으며 또한 리더의 정체성도 크게 달라지지 않는다는 것이다.

리더의 정체성 안에 있는 추종자들의 역할에 대한 켈러맨의 과소평가를 뒷받침하는 두 번째 가정은 다소 복잡하다. 이것은 기업이 하는 일에 대한 그녀의 주장에 바탕을 두고 있다. 그녀는 "정치가 하는 일은 정책을 수립하는 것이고 기업이 하는 일은 돈을 버는 것이다"라고 썼다.[10] 제4장에서 이미 언급한 바와 같이 온전한 조직의 관점에서 보면 돈을 버는 것이 가치있는 목적 그 자체가 아니라 가치있는 목적을 추구한 결과이다. 기업경영자가 조직리더라면 이 추종자들은 그 조직에 들어가기 위한 사적인 동기가 아니라 그 조직의 회원자격으로 정체성을 확인받아야 한다. 조직의 리더십 관점에서 보면 종업원들은 돈을 벌기 위해 리더가 필요한 것이 아니다. 그

8) 상게서, p. 160.

9) 상게서, p. 204.

10) 상게서, p. 218.

들은 계속해서 변하는 사회시스템 속에서 회사의 가치있는 목적을 명확하게 하기 위해 그리고 이를 달성하는 데 그들을 도와 주는 리더가 필요한 것이다. 이러한 관점에서는 기업이 하는 일은 보다 큰 사회시스템 속에서 가치있는 목적을 추구하는 것을 가정하고 있다. 만약 기업이 하는 일이 돈을 버는 것이라면 기업경영자는추종자가 필요하지 않고 그저 돈이 필요할 뿐이다. 그렇다면 그들이 정말 리더들인가?

정치지도자들은 리더로서 봉사하고 있는데 이는 추종자들이 적어도 대다수가 그들을 선출하였기 때문이다. 어떤 면에서 보면 그들은 그들 추종자의 공공이익을 대변할 의무가 있으며 어떤 방식으로든 추종자들로부터 리더라는 인정을 받는다. 현대는 방송을 통한 선거캠페인으로 인해 정치지도자들이 종종 연예인 스타처럼 보이기도 하지만 그들은 여전히 때가 되면 누군가를 대표해야 한다. 기업경영자들에게도 이것이 사실인가? 그들은 어느 추종자들을 대표하는가? 리더십이 관계성이라면 기업경영자들은 어디서 그들의 관계성을 확인받을 수 있는가? 이러한 질문에 대한 대답 속에는 기업의 온전성을 촉진하려는 조직리더에 대한 중요한 원칙들이 내포되어 있다. 이것은 모두 리더와 추종자의 관계성을 어떻게 보느냐에 달려 있다.

리더와 추종자의 관계

몇몇 리더십 학자들은 다른 학자들이 핵심개념으로 보는 관계성을 무시하는 것처럼 보인다. 바다라코(Joseph Badaracco)와 엘스워스(Richard Ellsworth)는 그들의 책 '리더십과 온전함의 탐구(Leadership Quest for Integrity)' 에서 온전한 리더를 다음과 같이 정의하고 있다.

온전성이란 다음 세 가지 요소를 일관성있게 결합한 것이다. 첫 번째는 자신의 조직에 대한 리더의 열망이다. 두 번째는 리더 자신의 개인적인 가치관이다……. 하지만 양자를 분리하게 되면 조직목표와 개인열망은 무관하게 될 위험이 있다. 이들은 기업을 이상적인 조직을 향하여 움직이게 하는(세 번째 요소인) 행동으로 바뀌어야 하며 이러한 행동은 딜레마가 지배하는 세상에서 리더의 개인적인 가치관과 일치하는 행동이다.[11)]

제1장에서 설명한 온전성의 네 가지 의미를 상기하라. 이들은 일관성, 관계성, 포괄성 및 가치있는 목적을 추구하는 것 등이다. 바다라코와 엘스워스의 정의는 이 중에서 이른바 '윤리적 건전성' 이라고 이들이 통칭한 일관성과 가치있는 목적 두 개만을 포함하고 있다.[12)] 관계성이라는 요소가 빠져 있다. 이들의 정의는 개인적인 리더에 초점을 맞추었기 때문에 우선적으로 리더를 만들어내는 관계성을 놓쳤다. 리더와 추종자간의 관계성을 무시하게 되면 서로 다른 유형의 리더들이 비슷하다고 생각하기 쉬운데 이는 리더들을 관계 속에 존재하는 개인으로 보기보다는 독립된 개인으로 보

---

11) Joseph L. badaracco, Jr. and Richard R. Ellsworth, *Leadership Quest for Integrity* (Boston, MA: Harvard Business School Press, 1989), p. 109.

12) 상게서, p. 98.

기 때문이다. 하지만 관계로 연결되지 않는다면 리더로서 활동할 수 없다.

리더십에 대한 바다라코와 엘스워스의 관점과 대조적으로 로스트(Joseph Rost)는 리더십의 관계성이 중요하다고 강조하였다. 그의 책 『21세기 리더십(*Leadership for the Twenty-First Century*)』에서 우선 리더십에 대한 다양한 관점(이들 중에는 많은 관점들이 리더와 추종자간의 관계성을 내포하고 있다)을 검토하였다. 이어서 관계성을 핵심으로 삼고 있는 자신의 리더십 정의를 다음과 같이 제시하였다. "리더십은 리더와 추종자들이 서로의 목적이 담겨 있는 변화를 진정으로 도모하기 위해 갖는 영향력의 관계이다."[13] 로스트는 관계성을 다음과 같이 추가적으로 정의하였다.

리더십은 영향력의 관계로서 두 가지의 특성이 있다. ① 거기에는 다양한 방향이 있는데 상-하의 방향뿐만 아니라 모든 방향으로 영향력이 오고 간다. ② 강압적이 아니다. 즉 권위, 권력 및 독재적인 행동에 의하지 않고 설득을 통해서 관계있는 누구나가 자유롭게 동의하거나 동의하지 않을 수 있으며 궁극적으로는 관계를 맺거나 끊을 수도 있다.[14]

로스트가 말하는 리더와 추종자간의 두 가지 특성은 시민들의 확고한 호혜적인 작업관계의 이미지와 맞는 것 같다. 또한 우리들이 이해하는 대화

13) Joseph C. Rost, *Leadership for the Twenty-First Century* (Westport, CT:Praeger Publishers, 1991), p. 102. 다른 저자들 또한 리더십의 관계차원이 중요하다고 강조하였다. 다음 논문을 참고하라. George Enderle, "Some Perspectives of Managerial Ethical Leardership," *Journal of Business Ethics*, vol.6(1987), pp. 657~63.

14) 상게서, p. 107.

와 심사숙고의 조건과도 맞는 것 같다. 동시에 조직에서 일하는 우리 대다수의 경험과는 맞지 않는 것 같다. 사실 우리의 상사 또는 리더들은 우리에게 할 일을 지시하지만 우리 대부분은 거부할 경우 치명적인 결과가 예상되므로 실제로 이를 거부할 자유가 없다. 그렇다면 우리들은 어떻게 로스트가 말하는 리더와 추종자간의 관계를 매일 겪는 상사와의 관계와 부합시킬 수 있을 것인가?

로스트는 이에 대해 리더와 관리자는 같은 범주에 속하지 않는다고 답변한다. 그가 보기에 관리자는 강압적으로 할 수 있는 권위를 가지고 있는 반면 리더는 강압적으로 하지 않고 대신에 영향력 행사를 통해 일을 한다. 또한 관리자들은 제품과 서비스를 생산하기 위해 부하들의 활동을 조정하지만 리더들은 진정한 주고받음을 추구한다. 끝으로 지도자들은 공통의 목적에 추종자들과 함께 참여한다. 이러한 공통의 목적은 관리자와 부하의 관계에서는 찾아볼 수 없다.[15] 로스트가 보기에 이들 차이점들은 각각의 유형에 고정되어 있는 것이 아니므로 관리자가 리더가 될 수 있고 또한 리더도 관리자가 될 수 있다.[16] 관리자가 진정으로 리더가 되려면 종업원과의 관계를 강압적인 아닌 영향력의 관계로 가져가야 하며 관리자와 종업원은 공통의 목적을 공유해야 한다.

로스트가 하듯이 리더가 이끄는 행위와 관리자가 관리하는 행위를 구분할 때 여러 가지 문제가 나타난다. 켈러맨이 앞서 제시한 바와 같이 기업가들은 오늘날 명령과 통제보다는 설득을 통해 일을 추진함으로써 리더로 간

---

15) 상게서, pp. 149~51.

16) 상게서, p. 151.

주되기를 원한다. 하지만 명령과 통제의 관행을 감추기 위해 말로만 설득하게 되면 결과적으로 시울라(Joanne Ciulla)가 명명했던 '위장 권한위임(bogus empowerment)' 이 되어 버린다. 위장 권한위임은 협력과 팀워크라는 언어적 의사소통이 명령과 통제라는 비언어적 의사소통과 부합하지 않을 때 나타난다.[17] 시울라가 보기에 리더십 관계는 권한행사 그리고 추종자에 대한 권한이양이나 권한위임이 포함되지만 이런 권한위임은 정직, 성실, 신뢰가 있는 윤리적인 관계에 바탕을 두어야 한다.[18] 다른 말로 하면 리더-추종자간의 관계를 특징짓는 것은 윤리적인 특성이다.

정직, 성실, 신뢰관계가 적절한 리더-추종자간의 관계에 필요한 것은 확실하지만 이들 만으로 충분한가? 예를 들면 제3장에서 언급한 주인과 종의 관계도 정직, 성실, 신뢰관계가 가능하지 않을까? 이미도 그럴 것이다. 강압적인 관계 또한 정직하고 성실하고 신뢰할 수 있지 않을까? 제3장에서 내가 주장한 바와 같이 일터에서의 인간관계는 종업원을 시민으로 인식해야 한다. 물론 시민은 강압 받아서는 안 된다. 이끄는 행위와 관리하는 행위를 구분함으로써 로스트는 강압적인 관계에서 리더를 자유케 했지만 종업원은 그렇지 못했다. 달리 말하면 그의 관점은 업무관계 속에 시민적인 차원이 있다는 것을 제대로 인식하지 못한 것 같다. 시민들(종업원과 관리자 모두 시민들이다)간의 관계에 있어서 윤리적인 특성은 정직, 성실, 신뢰뿐만 아니라 서로의 시민적 권리를 존중해야 한다는 점이다.

---

17) Joanne B. Ciulla, "Leadership and the Problem of Bogus Empowerment," in *Ethics: The Heart of Leadership*, ed. Joanne B. Ciulla (Westport, CT: Praeger, 1998).

18) 상게서, p. 84.

이런 주장은 종업원들이 소유하는 기업들만이 온전성을 가질 수 있다는 의미인가? 이런 방식으로 인해 시민권이 좀더 잘 나타나지만 그런 것만은 아니다. 종업원들이 소유하는 기업에서조차 여전히 어떤 사람들은 다른 사람들을 복종시키기 위해 지시를 내리기 때문이다. 문제는 누가 기업을 소유 및 통제하는 것이 아니라 누가 종업원들을 통제할 권한을 가지고 있는가 하는 것이다. 문제는 자산이 아니라 사람에 대한 통제이다. 또는 좀더 파고들면 왜 일터에서 어떤 시민들이 다른 시민들의 지시에 복종해야 하는가? 이런 질문에 답하기 위해 그리고 리더-추종자간의 관계의 개념을 좀더 깊게 파악하기 위해 우리는 일터에서의 권위에 대한 시민적인 관점을 개발할 필요가 있다.

일터에서의 권위에 대한 시민적인 관점

온전한 기업이 되려면 리더들이 이끌 때나 관리자들이 관리할 때에도 종업원들을 시민으로 대우해야 하며 이것은 종업원들이 자신들의 직장생활을 조정할 때 참여할 권리가 있다는 의미이다. 이것은 새로운 주장이 아니다. 제3장에서 주장한 바와 같이 온전한 인간관계에 대해 강력하게 주장하는 것은 업무관계에서 핵심적인 시민관계를 인식한다는 것으로서 참여할 권리를 뒷받침하고 있다. 이러한 주장은 관계적인 자아개념에 따른 것이다. 인간자유를 강조하는 보다 개인적인 자아개념으로부터 이와 유사한 결론을 내릴 수 있다. 브렌커트(George Brenkert)는 기업민주주의 이슈에 대한 최근 논문에서 이러한 관점에서 종업원의 참여를 지지하고 있다. "따라서 어느 사람이 존경받기 위해 필요한 조건은 자신이 소속된 조직의 의사결정에 참여할 권리를 갖는 것이다."[19] 그래서 관계적인 그리고 개인적인 자아개념은 참여할 권리를 인식하여 요구하는 근거가 되고 있다. 이러한 권리는 물론 강압으로부터 자유롭다는 다른 측면을 갖고 있다. 시민권은 예속과는 양립하지 않는다. 그렇다면 왜 종업원들은 관리자의 지시에 복종해야 하는가? 맥마흔(Christopher McMahon)이 그 대답을 주고 있다. 지배 또는 강압과 복종은 다르다.[20]

> *복종의 관계가 상사의 이익만을 위한다면 지배관계가 될 것이다……. 하지만 그의 도리를 잘 지키도록 한다는 면에서 부하의 이익도 위한다면 지배의 관계는 아니다.*[21]

따라서 종업원은 그렇게 하는 것이 자신에게 이익이라면 관리자에게 복종할 수 있다. 맥마흔이 지적한 바와 같이 이것은 우리들이 널리 인정하고 있는 법준수에 대한 정당성과 비슷한 맥락이다. 법을 준수하면 안정과 질서를 얻을 수 있으며 모든 사람들이 자기들에게 이익이 된다고 믿고 있

---

19) George G. Brenkert, "Freedom, Participation, and Corporations: The Issue of Corporate (Economic) Democracy," *Business Ethics Quarterly*, vol.2, no.3 (July, 1992), pp. 251-69.

20) Christopher McMahon, *Authority and Democracy: A General Theory of Government and Management* (Princeton, NJ: Princeton University Press, 1994).

21) 상게서, p. 45.

다.[22] 맥마흔에 의하면 종업원들은 관리자의 지시가 그들 모두에게 이익이 되기 때문에 그 지시를 따른다는 것이다.

맥마흔의 주장을 파악하기 위해 우리는 그가 말하는 세 가지 유형의 권위를 이해할 필요가 있다. 즉, 전문지식에 의한 권위, 약속에 의한 권위, 협력촉진을 위한 권위 등이다.[23]

전문지식에 의한 권위는 알기 쉽다. 어떤 사람이 내가 알지 못하는 방법을 알고 있고 내가 그것을 하고 싶다면 그 일을 잘하기 위해 그의 권위를 인정할 필요가 있다. 물론 어느 분야의 권위를 전문지식을 적용할 수 없는 다른 분야로 이전하게 되면 문제가 생긴다. 예를 들면 일부 기업경영자들이 생각하는 것처럼 컴퓨터회사를 잘 운영하는 전문가는 공교육 또는 의료분야에서도 전문가가 될 수 있다고 생각하면 문제가 생긴다.

약속에 의한 권위는 일을 하면 그 대가로 임금을 받는다는 약속과 같은 그러한 약속에 기반을 둔 권위이다. 맥마흔이 지적한 바와 같이 상사에 대한 복종 여부에 대해 의아심을 가질 때 이들 약속들은 계속해서 복종해야 할 여러 윤리적인 이유 중의 하나가 된다.[24] 예를 들면 가정에 대한 윤리적인 의무가 직장에서의 약속을 지켜야 할 윤리적인 의무를 앞서는 경우가 생길 수 있다. 그러나 직장에 근무하는 시민들에게는 약속에 의해서만 복종할 경우 고용인과 피고용인 간의 관계를 무시할 수도 있는 것이 보다 중요하다. 약속에 의한 권위는 회원임을 강조하기보다는 계약만으로 관계를

22) 상게서, p. 4.

23) 상게서, p. 44.

24) 상게서, p. 220.

구축할 경우에 발생한 문제와 똑같은 문제를 안고 있다. 직장에서의 관계는 분명 상호적이지만 거기에는 안전과 참여권리가 포함되어 있다. 오직 세 번째 권위인 협력촉진을 위한 권위를 통해서 이러한 복잡한 관계를 원활하게 구축할 수 있는 조건을 규정할 수 있다.

협력촉진을 위한 권위는 정당하게 복종을 요구할 수 있는데 이는 종업원들이 이러한 권위가 자신들이 원하는 제품을 생산하는 것을 촉진한다고 보기 때문이다. 여기서 맥마혼의 관점을 이해하기 위해서 개인차원의 관점보다는 집단 또는 조직차원의 관점이 필요하다. 집단으로서 관리자의 지시를 따르게 되면 종업원들은 그것이 없이는 달성할 수 없는 목표를 협력하여 달성할 수 있다. 일디에서 이들 목적은 기업의 가치있는 목적－다양한 사회시스템 속에서 고객들의 욕구를 만족시켜 주는 우수한 제품과 서비스를 개발하고 유통시키는 목적－이어야 한다. 이런 관점에서 보면 임금은 계약의 한 부분일 뿐만 아니라 사회정의의 한 방식이다. 제3장의 상호성 개념과 흡사하게 기업목적을 달성하는 데 기여한 사람들은 이들 기여에 대해 보상받아야 한다.[25)]

협력을 촉진하는 방식으로 사람들을 이끄는 것은 대부분의 기업경영자들의 공식적인 책임과는 맞지 않을지도 모른다. 이들은 또한 기업자산을 관리할 책임을 갖지 않았는가? 물론 그렇다. 왜 경영대학들은 경영학 학위를 수여하는가? 그러나 기업경영자들은 때로는 기업지도자들이기도 하다. 이들은 기업자산을 관리해야 할 의무와 종업원들을 시민으로 대우해야 할

25) 상게서, p. 246.

의무 사이에서 딜레마에 빠져 있는 것 같다. 이런 딜레마를 완전하게 해결하기는 불가능하지만 온전한 기업개념에 따르면 이러한 딜레마는 기업의 존재이유와 관리자와 종업원 양자가 모두에게 공동목표를 제시해 주는 기업목적과의 연계를 통해서 일부 해소될 수 있다. 맥마흔이 지적한 바와 같이 어느 경우에도 기업자산을 통제하는 권리는 종업원을 통제할 권리를 수반하는 것은 아니다. 그는 자신의 차를 이용하는 사람의 예를 통해 이를 유추하여 설명하고 있다.

내가 내 차를 소유하고 있는데 예를 들어 누군가가 어떤 코스에서는 운전은 하지 말라고 내게 말해 줄 권리는 있다. 하지만 그 사람이 내게 그 일을 명령할 권리는 없다……. 마찬가지로 생산자원에 대한 소유권이 있다고 해서 종업원에게 무엇이든지 시킬 수 있는 권위를 관리적인 권한으로 이해하는 것은 윤리적인 근거가 없다.[26)]

내가 생각한 대로 이러한 비유가 타당하다면 기업경영자들은 종업원들이 설비와 기술을 사용하지 못하도록 할 권한은 있으나 이를 사용하는 어느 누구에게나 강압할 수는 없다. 일을 하도록 종업원들의 협조를 얻으려면 경영자들은 그들의 지시를 따르는 것이 일을 잘 할 수 있게 만든다는 것을 종업원들에게 보여 줄 필요가 있다. 물론 전제는 그 일이 할 만한 가치가 있어야 하는 것이다. 종업원들은 그 일의 보다 큰 목적과 연계되고, 보다 큰 전체 속에서 그 일을 보고, 일의 가치를 수긍할 필요가 있다. 다른 말

---

26) 상게서, pp. 16~17.

로 하면 그들의 일은 온전성을 지녀야 한다. 즉, 의미있는 전체의 부분이 될 필요가 있다.

조직들이 가치있는 목적을 갖고 있다면 관리자와 종업원 또는 리더와 추종자들의 관계는 어떤 일을 잘하기 위해 공동의 노력을 하는 과정에서 정당성을 얻게 된다. 여기에서 보이지 않는 리더십의 원칙은 직장에서의 권위는 종업원들이 회사목적들을 잘 수행하도록 도와 주는 방향으로 행사되어야 한다는 점이다. 어떤 경우에는 권위가 특정직위에서 나오기도 하고 어떤 경우에는 심사숙고하는 과정에서 나올 수도 있다. 우리는 직위에 의한 권한행사는 관리자의 일이며 심사숙고하는 과정에서의 권한행사는 리더의 일이라고 해석한다. 하지만 이러한 구분은 도움이 되기보다는 잘못 오해될 수 있다. 이 두 경우 모두 권한행사는 시민직이며 종업원을 위한 것이어야 한다. 관리하는 것과 리드하는 것을 구분할 필요가 있다면 그 차이가 크지 않아도 된다. 리드하는 것은 추종자를 위한 것이며 그 대가로 추종자는 기업의 가치있는 목적을 위해 일하는 것이다. 어디에서 지시를 하던 지시의 정당성은 지시를 내리고 받는 관계의 정도에 달려 있다. 일터에서의 권위에 대한 시민적인 견해는 조직을 구성하는 지속적인 커뮤니케이션 참여자들의 인간관계가 강제가 아닌 동의의 관계여야 한다는 점을 강조한다. 리더들은 이들 커뮤니케이션에서 두 가지 방법, 즉 온전성의 상황을 디자인하는 방법이나 온전성의 표식을 보여 주는 방법 등을 통해 온전성을 발전시켜 갈 수 있다.

온전한 기업의 상황디자인

온전한 기업의 5단계 차원 중에서 리더와 추종자 관계의 복잡성을 가장 명확하게 보여 주는 차원은 인간관계 차원이다. 여기서는 팀을 이끄는 것에 초점을 두겠으며 팀은 시민적인 상호관계를 확보할 필요성과 아주 밀접하게 어울리는 업무관계의 이미지이다. 물론 모든 팀이 같은 것은 아니다. 어떤 팀은 다른 팀보다 훨씬 독립적이다.

해크만(J. Richard Hackman)은 팀관리의 네 개 수준을 다음과 같이 간단하게 설명한다. ① 관리자가 이끄는 팀은 오로지 관리자가 부과한 업무를 수행할 권한을 가진 팀이다. ② 자율관리팀은 책임을 갖고 관리자가 지시한 업무를 수행하는 팀이다. ③ 자율 기획팀은 관리자가 지시를 하지만 어떻게 목적을 달성할 것인가를 스스로 결정할 권한을 가진 팀이다. ④ 자율지배 팀은 팀구성원이 무엇을 어떻게 할 것인가를 스스로 결정할 책임을 가진 팀이다.[318] 해크만의 유형을 구분하는 하나의 방법은 직위에 의한 권위와 심사숙고에 의한 권위의 균형에서 그 차이를 보는 것이다. 첫 번째 유형은 지시를 내리는 관리자의 권위에 의존하는 반면 네 번째 유형은 지시는 심사숙고하는 과정에서 나온다. 동시에 경영관리 지시가 팀의 과업 달성에 충분하고 해당과업이 가치있는 목적과 연계되어 있다면 각팀에 적절한 상황을 고안하는 것이 기업전체의 온전성을 촉진시킬 수 있다.

318) J. Richard Hackman, *Leading Teams: Setting the Stage for Great Performances* (Boston, MA: Harvard Business School Press, 2002), p. 53 (최동석 · 김종완 공역, 『성공적인 팀의 다섯 가지 조건』, 교보문고, 2006.7).

해크만은 그의 책에서 대부분 효과적인 팀의 특성에 초점을 맞추고 있으며 이러한 관점에서 리더들이 해야 할 일에 주목하고 있다.[27] 리더십의 특성으로부터 시작해서 리드할 집단을 고려하는 리더십 프로그램들과 이러한 접근방식을 비교해 보라.[28] 리더십을 강력한 관계로 보는 관점은 해크만의 접근방식을 선호한다. 그가 기술하는 효과적인 팀의 특성들은 앞장들에서 논의하였던 온전성의 과제들과 대부분 같은 것처럼 보인다. 팀들이 대답할 수 있어야 한다고 그가 믿는 다음의 진단용 질문들을 유심히 보라.

우리 팀은 자기영역을 갖고 오랫동안 안정적이며 팀원들에게 공동목적을 달성하도록 서로 협조하면서 일하는 것을 요구하는 진정한 팀인가? 팀의 방향은 분명하고 중요하며 도전적인가? 팀의 구조—과업, 소식구소, 규범—는 좋은 성과를 산출하는 과정을 촉진하는가? 조직상황—보상, 정보, 교육 시스템—은 팀이 일하는 데 도움을 주는가? 팀원들이 성과를 추진하는 과정에서 겪는 비효율성을 최소화하고 대신에 잠재적인 팀워크에 의한 시너지효과를 얻을 수 있도록 팀을 도와 주는 코칭 전문가가 있는가?[29]

'진정한 팀' 과 '공동목적' 에 관한 첫 번째 질문에 대해서는 관계와 가치있는 목적을 확보하기 위한 온전성의 조건을 가지고 답변할 수 있다. 팀의

27) 상게서.

28) Charles J. Palus and David M. Horth, *The Leader's Edge: Six Creative Competencies for Navigating Complex Challenges* (San Francisco, CA: Jossey-Bass, 2002).

29) Hackman, 상게서, p. 212.

구조에 관한 질문에 대해서는 시민들이 지시를 따르기를 동의하는 온전성의 조건을 가지고 답변할 수 있을 것이다. 조직상황에 관한 질문에 대해서도 상호적인 관계를 위한 온전성의 조건을 가지고 답변할 수 있을 것이다. 코칭전문가에 대한 제안은 온전성 조건의 일부가 아니지만 그렇다고 해서 그것을 완전 배제해서도 안 된다. 효과성을 목표로 팀을 이끄는 것은 온전성을 목표로 팀을 이끄는 것과 아주 흡사하다. 즉, 해크만의 다음 언급처럼 대부분 팀 디자인의 문제이다.

리더는 팀을 위대하게 만들 수는 없지만 팀이 위대해질 수 있는 기회가 늘어나도록 하는 조건들을 만들 수 있다. 더구나 팀원들이 이 유리한 조건들을 최대한 활용할 수 있도록 필요할 때마다 약간의 격려와 자극을 줄 수 있다.[30)]

팀을 디자인하거나 재디자인하는 것은 대부분 그 안에서 팀이 일하는 언어적이고 비언어적인 커뮤니케이션 패턴을 변화시키는 과정이다. 일의 대부분은 효과적인 팀이 되기 위해 필요한 가용자원을 만드는 것과 관련이 있다. 자신의 세계 안에 머무는 대신에 팀은 필요할 때마다 쉽게 커뮤니케이션할 수 있도록 조직의 다른 부서와 연결될 필요가 있다. 특히 자기본위의 커뮤니케이션 패턴을 향해 움직이는 경향을 가진, 그리고 우리와 그들이라는 사고방식에 젖어 있는 팀들에게 맞는 말이다. 자원은 책임감과 어울린다는 점을 보여 줌으로써 그리고 모든 팀은 자신들에게 자원을 제공해

30) 상게서, p. 253.

주며 효과적이고 온전할 수 있도록 방향을 주는 보다 큰 전체의 한부분이라는 점을 보여 줌으로써 리더는 이들이 부족함의 신화를 버리도록 할 수 있다. 돌런(Paul Dolan)은 유사한 주장을 했는데 이는 리더가 종업원들에게 자신들이 한 일이 기업 전체의 어느 곳에 어울리는지를 볼 수 있도록 보다 큰 모습을 깨닫게 해 주어야 한다는 것이다.

리더로서 우리의 일은 우리 사람들을 교화시키는 것이고 최선을 다하도록 유도하며 그리고 부분의 합보다는 더 큰 풍족한 인간전체를 창조하는 것이다. 그것이 문화이다. 즉, 집단에 있는 개인들보다 크고 또한 통합의 부분을 이루는 어떤 것이다. 팀워크는 보다 자연스러워지고 있는데 이는 다유 사람이 하는 일이 왜 가치가 있는지를 모두가 알기 때문이다. 그들이 항상 그 상황에 관해 이야기한다면 또한 그들이 자신들의 목적을 완성하려는 관점에서 계속해서 자신들의 직장, 제품 및 프로세스를 주목한다면 당신은 그들이 만들어내는 아이디어를 따라가기는 매우 힘들 것이다.[31]

상황주목의 중요성은 크로흐(Krogh), 이치조(Ichijo) 및 노나카(Nonaka)의 지식창조에 관한 책에서 항상 강조하고 있는 바이다.

개인 또는 집단이 지식을 창조하고 확대할 수 있도록 이를 도와 주는 상황을 조성해야 한다. 이런 목적을 위해 관리자는 다음 조건들을 제공할 필요가 있다. 주

31) Dolan, 상게서, pp. 64~5.

올바른 정도의 참여자 자율성, 특정수준의 창조적인 무질서, 과잉 및 환경에 자극이 되는 다양성 그리고 잘 보살피는 조직—상호지원과 몰입을 강화시켜가는 조직 등을 제공해야 한다.[32)]

이러한 지원 상황은 안전에 대한 인간욕구와 관계가 있을 뿐만 아니라 시민의 참여관리와도 관계가 있다. 왈처(Michael Walzer)는 다음과 같이 말하고 있다.

시민은 때가 왔을 때 동료와 심사숙고하고 듣고 말하며 자신의 말과 행동에 대해 책임질 수 있는 준비가 되어야 한다. 마을과 도시에서뿐만 아니라 권력이 행사되는 어느 곳에든지, 즉 노동조합이나 교직원 및 동업단체 그리고 기업이나 공장에서 할 수 있도록 준비해야 한다.[33)]

물론 시민의 준비자세는 대부분 진행중인 대화내용에 들어 있는 기대감에 달려 있다. 그 밖의 어떤 것보다도 팀과 집단을 이끄는 것은 적절한 기대감을 표시하는 것에 있다. 이 기대감들은 자신의 마음을 공표하는 것에 관해서뿐만 아니라 사람들 사이와 상이한 팀 사이 그리고 기업과 시민단체 사이의 적절한 경계에 대한 내용을 담고 있다.

---

32) Georg Von Krogh, Kazuo Ichijo and Ikujiro Nonaka, *Enabling Knowledge Creation: How to Unlock the Mystery of Tacit Knowledge and Release the Power of Innovation* (New York: Oxford University press, 2000).

33) Walzer, 상게서, p. 310.

경계를 정하는 것은 현대적인 대화의 과도성을 초월하는 데 중요하고(제2장), 시민사회의 다른 기관과의 대화에 참여하는 데 중요하고(제5장), 자연환경의 한계 내에 사는 데 중요한 것처럼(제6장) 팀을 디자인하는 데에도 또한 중요하다. 모든 것 이상으로 오르려고 노력하는 대신에 우리들은 다른 사람과 함께 살아가는 방법을 배울 필요가 있다. 현대적 커뮤니케이션의 과도한 적극성은 아이 양육에서부터 기술개발에 이르기까지 모든 것을 조정하고 있으며 인구는 늘어나고 땅덩어리는 줄어드는 상황에서 점점 더 큰 책무가 되어 가고 있다. 팀은 우수해야 한다. 그러나 최고를 요구하지는 않는다. 기업들이 위대해질 필요는 없다. 기업은 정말로 좋게 될 수는 있다. 최고가 되는 것은 거의 항상 다른 부분의 향상을 위해 전체의 특정 부분을 희생하는 것을 요구한다. 다른 말로 하면 온전성이 부족하다는 신호가 거의 항상 존재한다. 높은 수준의 일을 보장하는 그리고 조직전반의 집단과 프로젝트들을 연결시키는 커뮤니케이션의 패턴을 디자인하게 되면 각각의 팀이 보다 큰 전체 속에서의 자신의 위치를 알게 될 것이며 그리고 다른 집단이 어떻게 자신의 일의 품질에 의존하고 있는지를 아는 데 도움을 줄 수 있다.

팀의 상황을 규정하는 커뮤니케이션 패턴을 디자인한다고 해서 조직리더의 리더십 역할이 끝나는 것은 아니다. 그들은 또한 팀이 심사숙고하는 문제에 참여할 수 있으며 이를 통해 온전한 기업은 가능성이 있을 뿐만 아니라 실제로 존재한다는 것을 보여 줄 수 있다. 사람들이 개방하고, 안전하며, 그들의 관심사를 주장하며, 가치있는 목적을 추구하며, 다른 사람과 협력하며, 자연환경을 고려하여 전략을 수립할 때 기업의 온전성이 분명하게 나타난다. 정치지도자들의 온전성이 선거구민들의 이해관계를 대표하는 방식과 연계되어 있는 것처럼 기업경영자들의 온전성은 자신들이 근무하는 기업의 온전성을 시민단체 대표들 또는 동료들과 대화하는 자리에서 대표하거나 중요시하는 방식에 달려 있다. 이들 기업조직의 리더들은 자신이 근무하는 기업의 온전성을 증대하기 위한 방향을 말과 행동으로 보여 준다. 이러한 리더십 측면은 바로 해크만이 말한 바와 같이 '공유된 활동' 이다.[34] 그것이 온전한 기업을 보여 주는 징조이다.

온전한 기업을 보여 주는 징조

기업의 크기는 다양하고 대기업들은 중소기업에 비해 리더십을 발휘할 수 있는 자리가 많다. 이들 리더십을 위한 자리는 다양한 커뮤니케이션 패턴에 의해서 생기고 유지될 뿐만 아니라 이들 위치에 있는 사람들은 그들이 리드하는 방법에 의해서 커뮤니케이션 패턴을 바꿀 수 있다. 기업 일상의 모든 5단계 차원에 있어서 적절한 대화를 촉진하거나 저해하는 데 가장 큰 영향력을 가진 리더들은 고위층 리더십 팀의 팀원들이거나 CEO이다. 대부분의 CEO들은 부하들을 리드하는 것 이상으로 이사회에 대한 의무처럼 할 일이 많지만 온전한 기업의 관점에서 보면 부하, 즉 임직원들과의 관계도 매우 필요하다. 비록 최고경영자들이 회사의 지시를 따르는 수천 명

34) Hackman, 상게서, p. 211.

의 종업원들과 견고한 관계를 구축할 수는 없지만 회사전반의 적절한 커뮤니케이션 패턴을 디자인하도록 장려함으로써 그리고 이들 대화에 종업원들이 어떻게 참여할 것인지를 눈으로 보여 주는 신호탄으로 행동함으로써 적극적으로 종업들을 리드할 수는 있다.

고위경영진의 윤리적인 리더십에 대한 최근 연구에서 트레비노(Trevino), 하트만(Hartman), 브라운(Brown) 등은 기업경영진이 그들의 윤리적인 리더십을 적극적으로 시현하는 것이 얼마만큼 중요한지를 조사하였다. 그들의 연구에 따르면 회사가 종업원들에게 무엇을 기대하는지를 알려 주기 위해 회사임원들은 자신들의 유리적이 행위를 종업원들에게 보여 주는 것이 필요하다는 것이다.[35)]

우리들은 연구에서 침묵의 윤리, 가치주제 그리고 윤리적 리더십을 위한 평판발전 등을 증진시킬 수 있는 도덕관리자들의 많은 방법들을 알아냈다. 그들은 종업원들이 볼 수 있는 방식으로 윤리적인 행동의 역할모델을 한다. 그들은 종업원들과 윤리적인 기준, 원칙, 및 가치관 등에 대해 정기적으로 그리고 설득적 방식으로 대화를 한다. 마지막으로 그들은 모든 종업원들이 윤리적인 기준에 대해 책임지도록 보상시스템을 지속적으로 활용한다.[36)]

이들이 추천하고 있는 행동들은 조직전반에 걸쳐 높은 수준의 윤리적인

35) Linda Klebe Trevino, Laura Pincus Hartman, and Michael Brown, "Moral Person and Moral Manager: How Executives Develop a Reputation for Ethical Leadership," California Management Review, vol.42, no.4 (Summer, 2000), pp. 128~42.

36) 상게서, p. 134.

성과를 이룩하겠다는 기대를 갖게 하는 필수적인 것들이다. 기대징조는 대규모 조직의 리더십에서 가장 중요한 측면이다. 온전한 기업의 징조를 보여 주는 이러한 과정은 실제적으로 해당조직의 모든 수준에서 나타날 수 있으며 특히 기업의 숙의과정에서 나타날 수 있다.

때때로 리더는 마지막에 말을 하는 사람, 즉 대화를 마무리짓는 연사로서 비춰진다. 물론 대화는 끝나야 하지만 리더는 매우 자주 대화의 내용을 깊게 만들고 대화의 방향을 다시 설정하며 대화를 지속하게 만드는 역할을 한다. 대화의 내용을 깊게 만들고 방향을 바꾸는 데 있어서 핵심요인 중의 하나는 호기심이다. 호기심은 단조로운 커뮤니케이션 패턴을 수정할 뿐만 아니라 제2장에서 제시한 바와 같이 팀의 대화를 활성화시킬 수 있다.

제2장에서 조사한 대화부분을 상기해 보라. 대화중에 리더십의 공유된 활동이 가장 쉽게 나타난다. 대화하는 리더들은 대화도중에 얻을 수 있는 가능성들을 발견하여 자신의 최고의 잠재력을 발휘할 수 있도록 다른 사람들과 이야기를 나누고 함께 일한다. 달리 표현하면 리더들은 대화를 나누는 과정에서 현실에 대해 책임을 진 사람처럼 부각된다. 특히 코스모폴리탄(cosmopolitan) 커뮤니케이션하는 세계적인 조직에서 다양한 참여자들이 가져오는 다양한 자원들은 그 가치를 인정받는다. 모든 사람들이 같은 자원에 의지하거나 같은 이야기를 믿을 필요는 없다. 대신에 각자가 보유한 자원으로 인해 사람들이 공동목적을 달성하기 위해 함께 일할 수 있도록 조정하는 방식을 디자인하게 된다.

이러한 과정에서 누가 리더가 될 것인지는 지정된 리더십 위치에 있는 사람에 의해서 항상 좌우되는 것은 아니다. 사실상 리더십 위치에 있는 사람의 책임은 추종자들이 한 걸음 나가서 할 말을 하고 집단이 가야 할 방향으로 다른 사람들을 인도하도록 만드는 협력대화를 할 수 있게 필요한 조건들을 마련하는 데 있다. 어떤 사람이 대화를 시작하거나 또는 적어도 기존대화가 다시 이어지도록 하지만 그렇다고 해서 이 사람이 처음부터 대화를 주도해 나간다면 해당집단은 대화에 개방적이 되기보다는 단조로운 독백에 빠지게 될 것이다. 서로 이야기를 나누는 대화에서의 리더십은 참석자들을 책임있는 행동으로 이끌어내는 대화과정에서 나타난다.

많은 경우 풍부한 대화는 올바른 질문으로부터 시작된다. 이러한 이슈는 기업들이 자연환경에 대한 논의에 어떻게 참여할 수 있는지를 분석한 앞장에서 살펴볼 수 있다. 질문의 영역을 올바르게 설정하는 차원뿐만 아니라 다양한 지식유형의 차원과 이들 양자간의 관계 차원에서 올바르게 질문하는 것은 여기에서도 또한 타당하다. 관리자와 리더는 팀에 있는 정보와 지식을 종종 공유하고 그리고 팀들은 스스로 정보와 지식을 보유하기 때문에 지식을 공유하는 과정을 이해하는 것이 중요하다.

당신이 회사의 신제품에 대해 알았고 당신이 보기에 예전모델보다 돈 많은 소비자를 대상으로 한 모델이라고 가정해 보라. 이것이 사실인지를 물어 보면 당신이 맞는다는 것을 알게 된다. 보다 비쌀 것이라는 것도 알게 된다. 그래서 당신의 관찰은 맞았다. 그렇다면 당신은 지금 무슨 일이 벌어지고 있는지 아는가? 거의 모른다. 사실상 이런 작은 정보 때문에 당신은 사태를 파악하기보다는 당황할지도 모른다. 무슨 일이 벌어지고 있는지를 이해하려면 당신은 단순한 사실 이상의 것을 알 필요가 있다. 왜냐하면 사실은 항상 존재하는 것이고 사실 자체뿐만 아니라 가치관과 가정들에 의해서 형성된 특정상황에 따라 그 의미가 달라지기 때문이다. 해당 사실들이 발생한 관점보다는 우리의 관점에서 해석하기 때문에 우리들은 얼마나 많이 어떤 것을 잘못 이해하였는가? 특히 듣는 사람이 해당사실에 의미를 부여하는 사람의 상황을 이해하지 못할 때 사람들에게 단순한 사실만을 전달하는 것은 때때로 이익보다는 손해를 주게 된다.

기술적인 정보와 암묵적인 지식을 구분하게 되면 사실이 담고 있는 상황적인 특성을 명확하게 파악할 수 있다. 자전거 타는 것에서부터 기업의 회계장부를 열람하는 것에 이르기까지 대부분의 일상적인 행위에는 기술적인 정보와 암묵적인 지식 모두가 포함되어 있다. 때로는 자전거 타는 것처럼 우리 전체 몸에 또는 때로는 회계장부를 열람하는 것처럼 우리의 마음에 이런 지식들이 우리의 신체 깊이 새겨 있다는 의미에서 체득된 지식을 갖고 있기 때문에 우리는 자전거를 타거나 회계장부를 열람하는 방법을 '알고 있는' 것이다. 이런 암묵적인 지식이 없으면 종업원들은 실제의 일상적인 행위와 동떨어진 정보에 의해서 좌절감을 느끼게 될지도 모른다.

이 사실들과 관련된 가정과 가치를 모르기 때문에 특정사실들을 적절하게 이해할 수 없는 경우도 있다. 우리가 이야기하고 있는 사실들은 항상 우리가 이야기하고 있는 무수한 것들 중에서 선택한 것들이다. 이러한 선택과정은 우리의 가치관과 가정에 의해 이루어진다.[37] 우리 생각에 어떤 것이 이루어져야 한다고 믿을 때 가치관은 '사실' 에게 의미를 부여한다. 반대로 가정은 특정한 가치관과 관찰방식을 이해하는 세계관을 제공한다.

제2장에서 제시한 네 개의 의사소통 문화들을 상기해 보라. 사람들이 시

37) 관찰, 가치관 및 가정들 간의 관계와 차이점에 관한 자세한 분석에 대해서는 필자의 다음 책 참조. *Working Ethics: Strategies for Decision Making and Organizational Responsibility* (San Francisco, CA: Jossey-Bass, 1990, and Oakland, CA: Regent Press, 2000).

간지향성뿐만 아니라 자원과 기타 등을 다루는 방식이 다른 것은 모두 일하는 방식과 사물을 보는 관점에 대한 가정이 다르기 때문에 나타나는 것이다. 공동체 내부의 활동들을 이해하려면 사람들은 공동체의 역사, 전통, 이야기, 사물인식 및 미래에 대한 기대감 등을 이해할 필요가 있다. 모든 공동체는 구성원들에게 이 세상을 특정한 방식으로 해석하게 만드는 특정 문화에 깊이 뿌리를 내리고 있다. 특정정보를 중요하게 여기는 가치관이나 특정한 방식으로 정보를 이해하도록 만드는 가정을 알지 못하고 정보를 듣게 되면 잘못 이해하거나 실수할 가능성이 생겨나게 마련이다. 이와 반대로 이들의 배경이 되는 가치관이나 가정들을 알거나 이에 대해 대화를 나눔으로써 정보를 공유하면 효과적이고 협력적인 방식으로 리더십을 발휘할 수 있다.

당신이 정보를 공유하기 원한다면 해당정보에 의미를 부여하는 가치관과 가정을 공유하는 방법을 생각해야 한다. 〈도표 7.2〉는 성공적으로 정보를 공유하는 필요조건들을 보여 주고 있다.

당신이 정보를 공유하기 이전이라면 →	당신은 정보를 정확하게 이해하기 위해 사업의 핵심가치를 공유할 필요가 있다.
당신이 핵심가치를 공유하기 이전이라면 →	당신은 핵심가치를 정확하게 적용하기 위해 사업의 기본가정을 공유할 필요가 있다.
당신이 기본가정을 공유하기 이전이라면 →	당신은 해당사업을 돌보는 일 공동체를 만들 필요가 있다.

〈도표 7.2〉 정보를 공유하기 위한 조건들

당신은 정보, 가치관 및 가정들을 공유할 뿐만 아니라 당신에게 개방적인 사람들로부터 같은 것을 받게 된다. 다른 사람들로부터 지식을 얻는 과정은 우리가 위에서 개발한 플로차트를 어느 정도 반복하는 것이지만 주목해야 할 다른 측면–다른 사람의 정보, 가치관 및 가정들이 자신의 것과 다를 가능성–이 있다. 그래서 우리들은 듣기 위한 조건들과 가치있는 차이점들을 조사할 필요가 있다. 〈도표 7.3〉은 이런 역동성을 보여 주기 위한 것이다.

당신이 정보를 받기 이전이라면 ⟶	당신은 말하지 않았을 어떤 사항을 듣기 위해 자신을 준비할 필요가 있다.
당신이 말하지 않았을 어떤 사항을 듣기 위해 자신을 준비하려면 ⟶	당신은 자신이 알지 못하는 어떤 사항을 다른 사람들이 안다는 점을 인정할 필요가 있다.
당신이 알지 못하는 어떤 사항을 다른 사람들이 안다는 점을 인정하기 위해서 ⟶	당신은 경험이 다르면 사람들에게 주는 의미도 다르다는 점을 받아들일 필요가 있다.
사람들이 다르다는 점을 인정하기 위해서 ⟶	당신은 다른 사람들이 당신을 보는 방식과 당신이 자신을 보는 방식이 다르다는 점을 배울 필요가 있을 것이다.
당신은 다른 사람들이 당신을 보는 방식과 배우기 위해서 ⟶	당신은 다른 사람들이 당신을 보는 방식과 당신이 자신을 보는 방식이 다르다는 점을 배울 필요가 있을것이다.
이러한 상황을 만들기 위해서 ⟶	당신은 그것들을 들으면서 편안하다는 느낌을 다른 사람들에게 보여 줄 수 있어야 한다.

〈도표 7.3〉 정보를 받기 위한 조건들

당신이 편안하게 느낀다는 점을 다른 사람들에게 보여 주는 것은 대화가 일어나도록 하며 리더십을 공유활동으로 만들게 하는 안전장치라고 볼 수 있다. 이 때 참석자들은 해야 할 말을 할 수 있을 뿐만 아니라 곧 해야 할 협력 프로젝트 과업을 이해하기 위한 공동노력에 동참하고 다른 사람들의 반응을 이끌어내는 방식으로 말할 수 있을 것이다.

이러한 과정에서 누가 보다 깊게 인간의 온전성을 이해하는지를 통해 관리자와 리더 사이에 차이점이 드러날 것이다. 이것이 해크만이 '감정적인 성숙함' 의 필요성에 대해 썼을 때 마음 속에 생각하고 있었던 점이라고 나는 본다.[38] 그는 걱정근심을 다룰 수 있는 관점에서 감정적인 성숙함에 대해 글을 썼지만 이것 이상이라고 나는 본다. '감성적인 지성' 에 대한 골먼(Daniel Goleman)의 광범위한 연구가 여기에서 도움이 될 것이다. 『감성의 리더십(*Primal Leadership*)』에 대한 책에서 그는 리더를 '특정집단의 감성적인 가이드' 라고 보고 있다.[39] 『감성의 리더십』을 저술한 골먼과 그의 동료저자들에 따르면 리더들은 추종자들과 유사한 감정을 공유하는 '공명(resonance)' 으로 이끌 것인지 아니면 리더와 추종자들 사이의 감정이 단절된 것을 뜻하는 '불협화음(dissonance)' 로 이끌 것인지를 선택한다는 것이다. 이 저자들이 정렬(alignment)과 조율(attunement)을 구분한 것이 중요한 것처럼 이러한 구분은 매우 중요한 것 같다. 집단은 특정조직의 목적과 그들의 리더와 나란히 정렬할 수는 있지만 조율할 수는 없다. 감성적인 요소가 정렬에는 빠져 있는 반면 조율에는 들어 있다. 사람과 프로젝트에서 나타나는 관계적인 조율은 리더의 품질보증 표시가 될 수 있다.

38) Hackman, 상게서, p. 226.

39) Daniel Goleman, Richard Boyatzis, and Annie Mckee, *Primal Leadership: Realizing the Power of Emotional Intelligence* (Boston, MA: Harvard Business School Press, 2002), p. 5 (장석훈 역, 『감성의 리더십』, 청림출판, 2003.3).

이렇게 중요한 범주구분에도 불구하고 『감성의 리더십』을 면밀하게 읽어 보면 (제2장에서 정의한) 현대적인 의미의 경계인식이 부족할 뿐만 아니라 커뮤니케이션의 우체국모델에 바탕을 두고 있음을 알 수 있다. 이 책에서 말하는 감성적인 리더십모델은 개개인이 먼저 자신의 감정적인 생활을 정리한 다음 다른 사람들과 연계하는 모델이다. 커뮤니케이션의 상황모델에 바탕을 두면 이와는 매우 다르게 될 것이다. 즉, 감정적인 대응을 개인 속에 본래 내재한 것으로 보는 대신에 특정 상황이 어떻게 개인적인 감정을 불러일으키는지를 검토하도록 사람들을 이끌 것이다. 다르게 말하면 감정적인 대응은 상황과 관련된 것이며 특히 인간관계와 관련된 것이다. 사람들은 확실히 자신만의 감정적인 역사를 지니고 다니며 각기 다른 성숙도를 갖고 있을 것이다. 하지만 감정을 집단상호작용과 독립적인 것으로 가정하게 되면 감정을 너무 추상화하게 되어 어떻게 감정인식이 이슈와 상황에 대한 중요한 지식을 제공하는지를 사람들이 간과하게 될 것이다. 온전성의 징조를 보이려면 감정적인 성숙이 필요하지만 또한 집단적인 과정에서 나타나는 감정적인 분위기에 동조하는 것이 필요하다. 이러한 방식으로 집단의 감정적인 생활과 조율하면 아마도 리더는 집단학습과 변환을 촉진할 수 있는 역량을 갖게 될 것이다. 가장 완성된 방식 속에서 이러한 조율을 통해 특정집단의 감정적인 생활을 파악할 뿐만 아니라 해당집단의 스스로에 대한 잠재력을 변환시킬 잠재력을 인정하게 된다. 이러한 새로운 가능성은 피어스(Pearce)가 말하는 코스모폴리탄 커뮤니케이션의 신비에 근접하는 것이다.

관리자와 리더의 차이를 생각할 수 있는 또 하나의 방법은 신비의 징조를 제공하는 데에 있다. 코스모폴리탄 커뮤니케이션이 신비롭다는 것은 항상 말하는 것보다 많이 있다는 것이다. 이러한 '보다 많이(more)'는 우리 공동체를 인간화한다. 그것은 모든 것을 함께 묶는 센터를 재활성화하기 위하여 생산적인 대화로 들어가는 공간을 제공하는 그 무엇이다. 만족을 단순하게 원하는 대신에 사람들은 수월성(excellence)을 향해 정진할 수 있도록 행동에 대해 의미와 윤리를 보다 많이 부여한다. 작업팀들이 이러한 보다 많이를 경험할 수 있게 되면 그들의 작업에 영향을 줄 뿐만 아니라 그들의 생산과 서비스에도 영향을 준다. 이그내티에프(Michael Ignatieff)는 이러한 보다 많이를 사람들의 욕구충족에 관한 다음 인용문에서 언급하고 있다.

가난한 노인들에게 연금과 의료복지를 제공하는 것은 이들의 자존심과 품위를 지키기 위한 필요조건이지 충분조건은 아니다. 중요한 것은 주는 태도이며 윤리적인 기본이다. 즉, 사회복지사들이 이들에게 문 앞에 있는 낯선 사람들에게 자신들의 이야기를 들려 주는 것을 허용하는지, 구급차 요원들이 아파트 빌딩의 가파른 계단을 따라 이들을 수송할 때 난폭하지 않게 잘 보살피는지, 병원에서 이들이 외롭고 무서울 때 간호사가 이들 옆에 앉아 있는지 등에서 나타나는 태도와 윤리이다. 이들은 일상적인 관리문제가 되기에는 너무나 많은 인간적인 문제라고 볼 수 있는 제스처들이다.[40]

팀들을 이끌어가는 일에는 의미, 신비 및 감정적인 차원이 있으며 특히

40) Michael Ignatieff, *The Needs of Strangers: An Essay on Privacy, Solidarity, and the Politics of Being Human* (New York: Penguin Books, 1984), p. 17.

조직리더십의 경우에는 더욱 그렇다. 하지만 해크만이 말했듯이 그것은 공유된 활동이다. 때로는 사람들이 자신의 지식을 공유할 수 있는 보다 적절한 조건들을 만든다는 점에서 그리고 때로는 우리가 믿는 바를 말하고 이러한 대화가 자라는 방식으로 말한다는 점에서 우리 모두는 대화를 디자인, 재디자인하는 일에 개입할 필요가 있다. 이를 통해 우리는 기업을 우리의 공통미래를 함께 창조하는 파트너로서 신뢰할 수 있도록 온전하게 디자인하는 데 필요한 개요를 파악할 수 있다.

온전성의 개념은 소명(召命)에 관계된 또 그것을 포괄하는 소명이다. 이 의미는 낯선 사람을 우리와 분리된 실체로서가 아니라 우리의 일부분으로서 인정한다는 것이다. 낯선 사람이 우리와 비슷할 때 이들을 포함시키기란 용이한 일이다. 낯선 사람이 우리와 다르거나 우리와 의견을 달리할 때 이들을 포함시키기는 보다 어려워진다. 보다 깊은 차원에서 보면 온전성은 포괄성을 요구하는데 거기서는 누구나가 똑같이 낯선 사람이고 똑같이 편하다. 어느 누구도 우리가 들어가기를 원하는 집을 소유하지 않으며 이 집은 우리 모두의 것이다. 우리는 우리 모두가 소속되어 있을 때만 안전을 느낄 것이다. 우리와 그들을 구분하는 세상을 등지고 특권을 버리고 함께 낯선 사람들이 되었을 때에만 우리는 온전해진 공동체로 들어갈 수 있다. 우리 모두가 낯선 사람이 되자마자 그 때 우리는 개인과 조직생활의 각기 다른 차원에서 대화하는 방식을 디자인하는 일을 할 수 있다. 그 안에서 우리는 안전과 참여 권리에 대한 우리 욕구, 가치있는 것을 위해 살고자 하는 바람, 지구에 있는 집에서 살고자 하는 공통의 열망에 대해 함께 이야기를 나눌 수 있다.

이론에서 실행으로

대화와 성찰을 위한 질문들 |

1. 온전한 기업의 5단계 차원을 다루기 전에 무슨 변화가 귀사에서 일어날 필요가 있는가?
2. 당신은 온전한 기업의 어느 차원에 가장 직접적으로 영향을 줄 수 있으며 무엇을 할 수있는가?
3. 당신은 기업경영자와 정치지도자 사이의 유사성과 차이점을 무엇이라고 보는가?
4. 리더와 추종자의 관계는 무엇이 되어야 하는가?
5. 맥마혼의 세 가지 유형의 권위 중에서 어느 것이 당신의 직장에서 사용되는가?
6. 당신은 관리자와 리더의 차이점을 무엇이라고 보는가?
7. 당신이 당신 조직의 리더가 되려면 무슨 조건이 필요한가?

별첨의 워크시트를 활용하는 방안 | 온전한 기업의 5단계 차원은 기업이슈를 다룰 수 있는 포괄적인 프레임워크이다. 워크시트 #14에서 광고윤리 이슈에 관한 의문을 제기하는 예를 제시하고 있으며 온전한 기업의 5단계 차원에서 제기되는 다른 이슈들을 해석할 수 있는 워크시트가 포함되어 있다.

오늘날 많은 기업들은 자신들의 경제적 · 사회적 · 환경적 성과를 담은 연차보고서를 제공한다. 워크시트 #15를 활용하면 다른 사람들이 '정보'를 이해하는 데 있어서 무슨 가치관과 가정이 의사소통되어야 하는지를 검토할 수 있다.

부록(워크시트)

제1장 : 온전한 기업으로서의 온전성

■■■■ 온전한 경영의 5단계

겉으로 드러나는 또는 함축적인 대화나 커뮤니케이션 패턴을 온전한 경영을 위한 다음 다섯 영역의 관점에서 분석해 보시오.

문화적 개방성

관계의 인식

유의미한 목적의식

시민적 협동정신

환경 자산의 인식

워크시트 #2

제1장 : 온전한 기업으로서의 온전성

일상적인 대화의 관점에서 자기 조직을 관찰하시오.

일상적인 대화가 어떻게 변해 가는가?

일상적인 대화의 변치 않는 부분은 무엇인가?

온전한 경영을 위해서는 일상적인 대화가 어떻게 바뀌어야 할까?

워크시트 #3

제1장 : 온전한 기업으로서의 온전성

기업 책임의 모델

대부분 기업들은 자기들의 사회적 책임과 사명에 관한 사연이 있다. 이들을 기업의 사회적 책임에 관한 다섯 가지 책임의 관점에서 분석하시오.

전통

계약

이해집단

기업대리인

기업시민

워크시트#4

제2장 : 개방을 추구하는 문화적 온전성

커뮤니케이션 유형분석

논리적 영향력	예상적	상황적	함축적	실제적	회상적
선택적	항상 그래왔었다	내 상황의 확인	내 상황의 변화	목적을 위해	그것에 대해 생각해 보라.
문화의 타입	단일 문화권	자민족 중심적인	근대주의적 세계주의적	근대주의적 세계주의적	근대주의적 세계주의적
시간논리	과거	현재	현재	미래	현재

▶ 첫줄과 관련된 여덟 사람을 선정하시오. 그리고 이들과의 상호작용과 관련된 추동요인을 10점 척도로 평가하시오.

대상(사람)	예상적	상황적	함축적	실제적	회상적

제2장 : 개방을 추구하는 문화적 온전성

대화 워크시트

아래 양식에 따라서 대화를 자주하는 여덟 사람 또는 집단을 선정하시오. 여기에는 직장이나 가족 또는 공적 · 사적인 관계가 모두 포함됩니다. 그리고 이들을 아래의 기준에 따라서 5점 척도로 평가하시오.

		5	4	3	2	1	
A. 타인을 다르게 본다	매우 그렇다	●	●	●	●	●	전혀 아니다
B. 질문을 한다	매우 많다	●	●	●	●	●	매우 적다
C. 자원을 공유한다	매우 자주한다	●	●	●	●	●	전혀 하지 않는다
D. 미지를 탐구한다	매우 자주한다	●	●	●	●	●	전혀 하지 않는다
E. 사고를 개발한다	매우 자주한다	●	●	●	●	●	전혀 하지 않는다
F. 자기이해를 확대한다	매우 자주한다	●	●	●	●	●	전혀 하지 않는다

대화 패턴	A	B	C	D	E	F

워크시트#6

제3장 : 관계를 중시하는 대인간 온전성

관계의 이미지

다음의 양식에 가족, 사회 및 일터에서의 자신의 이미지를 기술하시오.

논리적	가족관계	시민사회관계	업무관계
현실이미지			
식적 이미지			
이상적 이미지			

▶ 위의 양식을 완성한 다음, 일터에서의 바람직한 상호작용을 위한 이미지를 탐색해 보시오.

제3장 : 관계를 중시하는 대인간 온전성

대인관계의 배려에 대한 평가

다음 질문에 따라 일터에서의 대화를 평가하시오. 다른 사람들과 이를 개선할 수 있는 방법에 관하여 토론하시오.

1. 안전성의 정도는?

매우 높다 5 4 3 2 1 매우 낮다

2. 각자의 참여를 위한 자유로움의 정도는?

매우 높다 5 4 3 2 1 매우 낮다

3. 합당하게 결정이 이루어질 정도는?

매우 높다 5 4 3 2 1 매우 낮다

4. 협동의 정도는?

매우 높다 5 4 3 2 1 매우 낮다

5. 개방성의 정도(각자의 기회)는?

매우 높다 5 4 3 2 1 매우 낮다

워크시트 #8

제4장 : 통합을 지향하는 조직의 온전성

조직 내 대화

영리 또는 비영리조직에서 다음의 용어들은 어떻게 공유되는가?

동기

대리인(구성원)

의사결정

의도

목적

성격(성향)

의욕(희망)

자기관리

온전성

제4장 : 통합을 지향하는 조직의 온전성

■■■■ 지시적 사회시스템 관점에서의 유의미한 기업의 목적_

기업을 원의 중심에 두고 여타의 관련 조직들을 그 주위에 배치하여 거시적 관점에서의 사회를 도식화하시오(예를 들면, 건강, 교육, 체육, 오락, 식품, 복지, 교통, 재정 그리고 정보 등이 거시적 관점에서의 사회시스템이 될 수 있다).

▶ 위의 양식을 완성한 다음, 일터에서의 바람직한 상호작용을 위한 이미지를 탐색해 보시오.

워크시트#10

제5장 : 시민정신을 향한 사회적 온전성

■■■■ 기업과 사회의 관계

다음 여섯 가지 모델 가운데 귀사와 가장 일치하는 기업/사회관계는 어떤 것이며 왜 그렇다고 판단하는가?

소유모델

무의식모델

기업주도모델

경쟁모델

가부장적모델

파트너십모델

▶ 당신은 관계의 온전성을 어떻게 이해하는가?

▶ 기업과 사회의 관계를 어떻게 바꿔야 온전성을 증대시킬 수 있나?

제5장 : 시민정신을 향한 사회적 온전성

좌측의 상품이나 서비스가 어떻게 사회적으로 배분되는 것이 바람직한지 우측의 한칸에 표시하고 사회적 관점에서 자신의 선택을 정당화하시오.

재화의 분배

	시장 단독			혼합정부			단 독			기 부	
주택	○	○	○	○	○	○	○	○	○	○	○
교육	○	○	○	○	○	○	○	○	○	○	○
생명보험	○	○	○	○	○	○	○	○	○	○	○
경찰보호	○	○	○	○	○	○	○	○	○	○	○
의료보험	○	○	○	○	○	○	○	○	○	○	○
자동차	○	○	○	○	○	○	○	○	○	○	○
구제	○	○	○	○	○	○	○	○	○	○	○
일자리	○	○	○	○	○	○	○	○	○	○	○
육아	○	○	○	○	○	○	○	○	○	○	○
안전한 환경	○	○	○	○	○	○	○	○	○	○	○

워크시트#12

제6장 : 자연을 보존하는 환경의 온전성

■■■■ 새로운 대화의 설계

두 사람의 서로 다른 대화상대를 선택하시오. 각자 돌아가면서 지속가능성(substantiality), 세계무역 그리고 자연의 온전성에 관하여 자신의 의견을 말하시오. 각자의 입장에서 다음의 주제들에 관한 자신의 의견을 가지고 대화하시오.

우리가 아는 것은 사실일까?

우리가 모르고 있는 것은 없을까?

가장 보편적인 공유가치는 무엇일까?

우리가 공유할 수 있는 공동가설은 무엇일까?

온전성을 위해서 필요한 것은 무엇일까?

어떻게 발전시킬 수 있을까?

제6장 : 자연을 보존하는 환경의 온전성

■■■■ 자연적 성장에 관한 토론

자신이 속한 혹은 알고 있는 조직은 다음의 네 가지 주제를 자신들의 대화에 어떻게 담보 할 수 있을까?

제대로 된 질문이라는 점

권한이행의 실행

영역의 할당

자연적 성장의 촉진

워크시트 #14

제7장 : 온전한 기업을 위한 경영리더십

온전한 경영의 5단계

올바른 질문을 위하여 온전한 기업의 다섯 가지 차원을 활용하시오.
온전한 기업을 광고하기 위한 아래 도표의 예시를 보고 다섯 가지 차원의 물음에 답해보시오.

▶ 온전한 기업 또는 기업 윤리 광고를 위한 다섯 가지 차원의 예

기업 차원	도전	질문의 예
문화	문화적 차이에 대한 개방성 불일치 조정능력	우리 광고는 어떻게 이문화와 고객을 존중하는가?
대인	안전에 대한 욕구 기준 설정의 직원참여	광고는 사람의 두려움과 공포를 다루는가? 그것은 대인관계의 표준을 준수 하는가?
조직(기업)	제품과 서비스의 품질 동료사회의 성격	우리의 광고는 제품과 사회적 수요를 일치시키는가?
시민(사회)	작업장에서의 시민권리 시민사회 구성원으로서의 직원	우리 광고는 특정집단을 해치지 않는가? 우리의 광고는 시민의식을 준수 하는가?
자연(환경)	환경적 위협 지속 가능성	광고는 어떻게 지속가능성을 준수하는가?

▶ 질문하기

issue:

기업 차원	도전	질문
문화	문화적 차이에 대한 개방성 불일치 조정능력	
대인	안전에 대한 욕구 기준 설정의 직원참여	
조직(기업)	제품과 서비스의 품질 동료사회의 성격	
시민(사회)	작업장에서의 시민권리 시민사회 구성원으로서의 직원	
자연(환경)	환경적 위협 지속 가능성	

워크시트#15

제7장 : 온전한 기업을 위한 경영리더십

■■■■ 이해를 위한 여건조성

조직(기업)을 선정하여 그 조직의 목적달성을 위하여 구성원들이 알아야 할 필요한 사실, 가치 그리고 가설 등에 관하여 조사해 보시오.

지식의 종류	사실(정보)	가치	가설
조직의 목적			
사회적 측면			
환경적 측면			
경제적 측면			

참고문헌

Alternative to Economic Globalization: A Better World is Possible: A Report of the International Forum on Globalization, San Francisco: Berrett-Koehler, 2002.

The American Heritage Dictionary of the English Language, third edition, Boston: Houghton Mifflin, 1992.

Amin, Ash and Thrift, Nigel, *Cities: Reimagining The Urban*, Malden, MA: Blackwell Publishers, 2002.

Anheier, Helmut, Glasius, Marlies, and Kaldon, Mary (eds.), *Global Civil Society*, Oxford: Oxford University Press, 2001.

Arendt, Hannah, *The Human Condition*, Garden City, NY: Doubleday, 1959.

Aristotle, *Nicomachean Ethics*, The Library of Liberal Arts, trans. M. Ostwald, Englewood Cliffs, NJ: Prentice Hall, 1962.

Austin, James E., *The Collaboration Challenge: How Nonprofits and Businesses Succeed Through Strategic Alliances*, San Francisco: Jossey-Bass, 2000.

Badaracco, Joseph L. Jr. and Ellsworth, Richard R., *Leadership and the Quest for Integrity*, Boston, MA: Harvard Business School Press, 1989.

Barber, Benjamin, *Strong Democracy: Participatory Politics for a New Age*, Berkeley, Los Angeles, and London: University of California Press, 1984.

Becker, Lawrence C., *Reciprocity*, Chicago and London: University of Chicago Press, 1986.

Bello, Walden, *The Future in the Balance: Essays on Globalization and Resistance*, Oakland, CA: Food First Books, 2001.

Boatright, John, *Ethics and the Conduct of Business*, fourth edition, Upper Saddle River, NJ: Prentice Hall, 2003.

Bohman, James, *Public Deliberation: Pluralism, Complexity, and Democracy*, Cambridge, MA: MIT Press, 1996.

Boulding, Kenneth, *Three Faces of Power*, New York: Sage, 1990.

Bowlby, John, *A Secure Base: Parent–Child Attachment and Healthy Human Development*, New York: Basic Books, 1988.

Bradsher, Keith, "Ford Admits SUVs are Irresponsible: Safety, Environmental Problems Noted, but so are Huge Profits," *San Francisco Chronicle*, May 12, 2000.

Brenkert, George G., "Freedom, Participation and Corporations: The Issue of Corporate (Economic) Democracy," *Business Ethics Quarterly*, vol. 2, no. 3 (July, 1992), pp. 251–69.

Brown, Marvin T., *Working Ethics: Strategies for Decision Making and Organizational Responsibility*, San Francisco, CA: Jossey-Bass, 1990, and Oakland, CA: Regent Press, 2000.

The Ethical Process: An Approach to Disagreement and Controversial Issues, third edition, Upper Saddle Lake, NJ: Prentice Hall, 2003.

Bruyn, Severyn T., *A Civil Economy: Transforming the Market in the Twenty-First Century*, Ann Arbor: University of Michigan Press, 2000.

Buber, Martin, *I and Thou*, trans. R. Gregor-Smith, New York: Charles Scribner's Sons, 1958.

On Intersubjectivity and Cultural Creativity, ed. S. N. Eisenstadt, Chicago and London: University of Chicago Press, 1992.

Between Man and Man, trans. R. Gregor-Smith, London and New York: Routledge, 2002.

Buchholz, Rogene A. and Rosenthal, Sandra B., "Toward an Ethics of Consumption," in *The Business of Consumption: Environmental Ethics and the Global Economy*, ed. Laura Westra and Patricia Werhane, New York: Rowman and Littlefield, 1998.

Burke, Kenneth, *A Grammar of Motives*, Berkeley and Los Angeles: University of California Press, 1969.

Capra, Fritjof, *The Hidden Connections: Integrating the Biological, Cognitive and Social Dimensions of Life into a Science of Sustainability*, New York: Doubleday, 2002.

Carnegie, Andrew, *Problems of To-Day: Wealth, Labor, and Socialism*, Garden City, NY: Doubleday, Doran and Company, 1933.

Castells, Manuel, *The Informational City*, Oxford: Blackwell Publishers, 1991.

"Information Technology and Global Capitalism," in *Global Capitalism*, ed. Will Hutton and Anthony Giddens, New York: The New Press, 2000.

Chua, Amy, *World on Fire: How Exporting Free Market Democracy Breeds Ethnic Hatred and Global Instability*, New York: Doubleday, 2003.

Churchman, C. W., *The Systems Approach*, New York: Dell Publishing Co., 1968.

Ciulla, Joanne B., "Leadership and the Problem of Bogus Empowerment," in *Ethics: The Heart of Leadership*, ed. Joanne B. Ciulla, Westport, CT: Praeger, 1998.

Coase, R. H., "The Nature of the Firm: Origin (1937)," in *The Nature of the Firm: Origins, Evolution, and Development,* ed. Oliver E. Williamson and Sidney G. Winter, New York and Oxford: Oxford University Press, 1993, pp. 18–33.

Cohen, Allan and Bradford, David, *Influence Without Authority*, New York: John Wiley, 1991.

Cohen, Jean L. and Arato, Andrew, *Civil Society and Political Theory*, Cambridge, MA: MIT Press, 1992.

Collins, James C. and Porras, Jerry I., *Built to Last: Successful Habits of Visionary Companies*, New York: HarperBusiness, 1997.

Collins, Jim, *From Good to Great: Why Some Companies Make the Leap ... and Others Don't*, New York: HarperBusiness, 2001.

DeGeorge, Richard T., *Competing with Integrity in International Business*, New York and Oxford: Oxford University Press, 1993.

Business Ethics, fifth edition, Upper Saddle River, NJ: Prentice Hall, 1999.

Delucchi, Mark A., *The Annualized Social Cost of Motor-Vehicle Use in the U.S., 1990–1991: Summary of Theory, Data, Methods, and Results*, UCTC No. 311, University of California, Berkeley: University of California Transportation Center, June, 1997.

DePree, Max, *Leadership is an Art*, New York: Dell Publishing, 1989.

DeSimone, Livio D. and Popoff, Frank, *Eco-Efficiency: The Business Link to Sustainable Development*, Cambridge, MA: MIT Press, 2000.

DesJardins, Joseph, *An Introduction to Business Ethics*, New York: McGraw-Hill, 2003.

Devall, Bill and Sessions, George, "Interview with Arne Naess," in *Deep Ecology*, Salt Lake City: Peregrine Smith Books, 1985.

Dolan, Paul, *True to our Roots: Fermenting a Business Revolution*, Princeton, NJ: Bloomberg Press, 2003.

Donaldson, Thomas and Dunfee, Thomas W., *Ties That Bind: A Social Contracts Approach to Business Ethics*, Boston, MA: Harvard Business School Press, 1999.

Dreier, Peter, Mollenkoph, John, and Swanstrom, Todd, *Place Matters: Metropolitics for the Twenty-First Century*, Lawrence, KS: University Press of Kansas, 2001.

Eckersley, Robyn, *The Green State: Rethinking Democracy and Sovereignty*, Boston, MA: MIT Press, 2004.

Ellsworth, Richard R., *Leading with Purpose: The New Corporate Realities*, Stanford, CA: Stanford University Press, 2002.

Enderle, Georges, "Business Ethics and Wealth Creation: Is There a Catholic Deficit?" Occasional Papers of the Erasmus Institute, 2004 Series, no. 1, University of Notre Dame.

"Some Perspectives of Managerial Ethical Leadership," *Journal of Business Ethics*, vol. 6 (1987), pp. 657–63.

"Towards Business Ethics as an Academic Discipline," *Business Ethics Quarterly*, vol. 6, no. 1 (January, 1996), pp. 43–65.

Engel, Ronald J. and Engel, Joan Gibb, "Introduction: The Ethics of Sustainable Development," in *Ethics of Environment and Development: Global Challenge, International Response*, ed. J. Ronald Engel and Joan Gibb Engel, Tucson and London: University of Arizona Press, 1993.

Feenberg, Andrew, *Questioning Technology*, London and New York: Routledge, 1999.

Fort, Timothy L., *Ethics and Governance: Business as Mediating Institution*, New York: Oxford University Press, 2001.

Frederick, William C., *Values, Nature, and Culture in the American Corporation*, New York: Oxford University Press, 1995.

Freeman, R. Edward, "A Stakeholder Theory of the Modern Corporation," in *Ethical Theory and Business*, sixth edition, ed. Tom Beauchamp and Norm Bowie, Upper Saddle River, NJ: Prentice Hall, 1997.

Freeman R. Edward, and Gilbert, Daniel R. Jr., *Corporate Strategy and the Search for Ethics*, Englewood Cliffs, NJ: Prentice Hall, 1988.

French, Peter A, *Collective and Corporate Responsibility*, New York: Columbia University Press, 1984.

Friedman, Milton, *Capitalism and Freedom*, Chicago: University of Chicago Press, 1962.

"The Social Responsibility of Business Is to Increase its Profits," in *Ethical Theory and Business*, sixth edition, ed. Tom Beauchamp and Norm Bowie, Upper Saddle River, NJ: Prentice Hall, 2000, pp. 51–5.

Friedmann, John, *The Prospect of Cities*, Minneapolis and London: University of Minnesota Press, 2002.

Gadamer, Hans-Georg, *Truth and Method*, rev. trans. J. Weinsheimer and D. Marshall, New York: Crossroad, 1989.

Galbraith, John, *The Anatomy of Power*, Boston: Houghton Mifflin, 1983.

Gewirth, Alan, "Can Any Final Ends Be Rational?" *Ethics*, vol. 102, no. 1 (October, 1991), pp. 66–95.

Gilligan, Carol, *In a Different Voice: Psychological Theory and Women's Development*, Cambridge, MA: Harvard University Press, 1993.

Goleman, Daniel, Boyatzis, Richard, and McKee, Annie, *Primal Leadership: Realizing the Power of Emotional Intelligence*, Boston, MA: Harvard Business School Press, 2002.

Gould, Carol, *Freedom and Social Cooperation in Politics, Economy, and Society*, Cambridge: Cambridge University Press, 1988.

Hackman, J. Richard, *Leading Teams: Setting the Stage for Great Performances*, Boston, MA: Harvard Business School Press, 2002.

Hartman, Chester, *City for Sale: The Transformation of San Francisco*, Berkeley: University of California Press, 2002.

Hartman, Edwin M., *Organizational Ethics and the Good Life*, New York: Oxford University Press, 1996.

Hawken, Paul, Lovins, Amory and Lovins, L. Hunter, *Natural Capitalism: Creating the Next Industrial Revolution*, Boston: Little Brown and Company, 1999.

Hawley, James P. and Williams, Andrew T., *The Rise of Fiduciary Capitalism: How Institutional Investors Can Make Corporate America More Democratic*, Philadelphia: University of Pennsylvania Press, 2003.

Heidegger, Martin, *Discourse on Thinking*, trans. John M. Anderson and E. Hans Freund, New York: Harper and Row, 1966.

Held, Virginia, *Feminist Morality: Transforming Culture, Society, and Politics*, Chicago and London: University of Chicago Press, 1993.

Hertz, Noreena, *The Silent Takeover: Global Capitalism and the Death of Democracy*, New York: The Free Press, 2001.

Hoffman, Andrew J., *From Heresy to Dogma: An Institutional History of Corporate Environmentalism*, San Francisco, CA: New Lexington Press, 1997.

Holliday, Charles O. Jr., Schmidheiny, Stephan, and Watts, Philip, *Walking the Talk: The Business Case for Sustainable Development*, San Francisco, CA: Berrett-Koehler, 2002.

Holston, James (ed.), *Cities and Citizenship*, Durham, NC, and London: Duke University Press, 1999.

Ignatieff, Michael, *The Needs of Strangers: An Essay on Privacy, Solidarity, and the Politics of being Human*, New York: Penguin Books, 1984.

Isaacs, William, *Dialogue and the Art of Thinking Together*, New York: Currency, 1999.

Johnson, Susan, *Creating Connection: The Practice of Emotionally Focused Marital Therapy*, New York: Brunner/Mazel, 1996.

Kaptein, Muel and Wempe, Johan, *The Balanced Company: A Theory of Corporate Integrity*, Oxford: Oxford University Press, 2002.

Keene, John, *Global Civil Society?* Cambridge: Cambridge University Press, 2003.

Kegan, Robert, *The Evolving Self: Problem and Process in Human Development*, Cambridge, MA: Harvard University Press, 1982.

Kellerman, Barbara, *Reinventing Leadership: Making the Connection Between Politics and Business*, New York: State University of New York Press, 1999.

Koehn, Daryl, *Rethinking Feminist Ethics: Care, Trust, and Empathy*, London and New York: Routledge, 1998.

Korten, David, *When Corporations Rule the World*, San Francisco, CA: Berrett-Koehler, 1995.

The Post-Corporate World: Life after Capitalism, San Francisco, CA: Berrett-Koehler, 1999.

LeClair, Debbie Thorne, Ferrell, O.C., and Fraedrich, John, *Integrity Management: A Guide to Managing Legal and Ethical Issues in the Workplace*, Tampa, FL: University of Tampa Press, 1998.

Leopold, Aldo, *A Sand County Almanac: And Sketches Here and There*, London: Oxford University Press, 1949.

Logsdon, Jeanne M. and Wood, Donna J., "Business Citizenship: From Domestic to Global Level of Analysis," *Business Ethics Quarterly*, vol. 12, no. 2 (April, 2002), pp. 155–87.

Lombardi, Rosie and Wilson, Mel, "Globalization and its Discontents: The Arrival of Triple-Bottom-Line Reporting," *Ivey Business Journal* (September/October, 2001), www. pwcglobal.com/servlet.

Lovelock, J. E., *Gaia: A New Look at Life on Earth*, Oxford: Oxford University Press, 1979.

MacDonald, Mia and Nierenberg, Danielle, "Linking Population, Women, and Biodiversity," in *State of the World, 2003*, New York: W.W. Norton, 2003.

McDonough, William and Braungart, Michael, *Cradle to Cradle: Remaking the Way We Make Things*, New York: North Point Press, 2002.

McIntosh, Malcolm, Leipziger, Deborah, Jones Keith, and Coleman, Gill, *Corporate Citizenship: Successful Strategies for Responsible Companies*, London: Financial Times Management, 1998.

McMahon, Christopher, *Authority and Democracy: A General Theory of Government and Management*, Princeton, NJ: Princeton University Press, 1994.

Meadows, Donella H., Meadows, Dennis L., and Randers, Jorgen, *Beyond the Limits of Growth*, White River Junction, VT: Chelsea Green Publishing Company, 1992.

Meadows, Donella H., Meadows, Dennis L., Randers, Jorgen, and Behrens, William W. III, *The Limits of Growth*, New York: Meridian Books, 1972.

Meikle, Scott, *Aristotle's Economic Thought*, Oxford: Clarendon Press, 1995.

Mitchell, William J., *City of Bits: Space, Place, and the Infobahn*, Cambridge, MA: MIT Press, 1999.

Nace, Ted, *Gangs of America: The Rise of Corporate Power and the Disabling of Democracy*, San Francisco: Berrett-Koehler, 2003.

Naess, Arne, "Sustainable Development and Deep Ecology," in *Ethics of Environment and Development: Global Challenge, International Response*, ed. John R. Engel and Joan Gibb Engel, Tucson and London: University of Arizona Press, 1993.

Nattrass, Brian and Altomare, Mary, *The Natural Step for Business: Wealth, Ecology and the Evolutionary Corporation*, Gabriola Island, British Columbia, Canada: New Society Publishers, 2003.

Newton, Lisa H., "The Chainsaws of Greed: The Case of Pacific Lumber," in *Case Studies in Business Ethics*, fourth edition, ed. Thomas Donaldson and Al Gini, Upper Saddle River, NJ: Prentice Hall, 1996.

Ethics and Sustainability: Sustainable Development and the Moral Life, Upper Saddle River, NJ: Prentice Hall, 2003.

The New York Times 2003 Almanac, ed. John W. Wright, New York: Penguin Reference Books, 2003.

Niebuhr, Reinhold, *Reinhold Niebuhr on Politics*, ed. Harry R. Davis and Robert R. Good, New York: Charles Scribner's Sons, 1960.

North, Douglass C., *Institutions, Institutional Change and Economic Performance*, Cambridge: Cambridge University Press, 1990.

O'Meara Sheehan, Molly, "Uniting Divided Cities," *State of the World, 2003: The Worldwatch Institute*, ed. Linda Starke, New York: W.W. Norton, 2003.

Orr, David, *Nature of Design: Ecology, Culture and Human Intention*, Oxford: Oxford University Press, 2002.

Orren, Karen, *Belated Feudalism: Labor, the Law, and Liberal Development in the United States*, Cambridge and New York: Cambridge University Press, 1991.

Ostwald, Martin, "Translator's Introduction," in Aristotle, *Nicomachean Ethics* trans. Martin Ostwald, Englewood Cliffs, NJ: Prentice Hall, 1962.

O'Toole, James, *Vanguard Management: Redesigning the Corporate Future*, Garden City, NY: Doubleday, 1985.

Paine, Lynn Sharp, "Managing for Organizational Integrity," *Harvard Business Review* (March/April, 1994), pp. 106–17.

Value Shift: Why Companies Must Merge Social and Financial Imperatives to Achieve Superior Performance, New York: McGraw-Hill, 2003.

Palmer, Tom, "Classical Liberalism and Civic Society: Definitions, History, and Relations," in *Civil Society and Government*, ed. Robert C. Post and Nancy L. Rosenblum, Princeton and Oxford: Princeton University Press, 2002.

Palus, Charles J. and Horth, David M., *The Leader's Edge: Six Creative Competencies for Navigating Complex Challenges*, San Francisco, CA: Jossey-Bass, 2002.

Pateman, Carole, *Participation and Democratic Theory*, Cambridge: Cambridge University Press, 1970.

Pearce, W. Barnett, *Communication and the Human Condition*, Carbondale and Edwardsville: Southern Illinois University Press, 1989.

Petrick, Joseph A. and Quinn, John F., *Management Ethics: Integrity at Work*, Thousand Oaks, CA: Sage, 1997.

Post, Robert C. and Rosenblum, Nancy L.,"Introduction," in *Civil Society and Government*, ed. R. Post and N. Rosenblum, Princeton, NJ, and Oxford: Princeton University Press, 2002.

Redner, Harry, *Ethical Life: The Past and Present of Ethical Cultures*, Lanham: Rowman and Littlefield, 2001.

Rion, Michael, *The Responsible Manager: Practical Strategies for Ethical Decision Making*, Amherst, MA: Human Resource Development Press, 1996.

Robèrt, Karl-Henrik, "Forword," in Nattrass B. and Altomare, M., *The Natural Step for Business*, Gabriola Island, British Columbia, Canada: New Society Publishers, 1999.

Rost, Joseph C., *Leadership for the Twenty-First Century*, Westport, CT: Praeger Publishers, 1991.

Roy, William G., *Socializing Capital: The Rise of the Large Industrial Corporation in America*, Princeton, NJ: Princeton University Press, 1997.

Sagoff, Mark, *The Economy of the Earth: Philosophy, Law, and the Environment*, Cambridge: Cambridge University Press, 1988.

Salamon, Lester M., *America's Nonprofit Sector: A Primer*, second edition, New York: The Foundation Center, 1999.

Sandel, Michael J., *Democracy's Discontent: America in Search of a Public Philosophy*, Cambridge, MA: The Belknap Press of Harvard University, 1996.

Sashkin, Marshall and Kiser, Kenneth, *Putting Total Quality Management to Work*, San Francisco: Berrett-Koehler, 1993.

Sassen, Saskia, *The Global City: New York, London, Tokyo*, Princeton, NJ: Princeton University Press, 1991.

"Whose City is It? Globalization and the Formation of New Claims," in *Cities and Citizenship*, ed. James Holston, Durham, NC, and London, Duke University Press, 1999.

Scalet, Steven and Schmidtz, David, "State, Civil Society, and Classical Liberalism," in *Civil Society and Government*, ed. R. Post and N. Rosenblum, Princeton and Oxford: Princeton University Press, 2002.

Schmidheiny, Stephen, *Changing Course: A Global Business Perspective on Development and the Environment*, Cambridge, MA: MIT Press, 1992.

Schmookler, Andrew B., *Out of Weakness: Healing the Wounds That Drive Us to War*, New York: Bantam Books, 1988.

Schumacher, E. F., *Small is Beautiful: Economics as if People Mattered*, New York: Harper and Row, 1973.

Sclove, Richard, *Democracy and Technology*, New York and London: The Guilford Press, 1995.

Scott, Allen, Agnew, John, Soja, Edward W., and Storper, Michael, "Global City-Regions," in *Global City-Regions*, ed. Allen Scott, Oxford: Oxford University Press, 2001.

Sen, Amartya, "Does Business Ethics Make Economic Sense?" *Business Ethics Quarterly*, vol. 3, no. 1 (January, 1993), pp. 45–54.

Senge, Peter. M., *The Fifth Discipline: the Art and Practice of the Learning Organization*, New York: Doubleday Currency, 1990.

Shiva, Vandana, "The World on the Edge," in *Global Capitalism*, ed. Will Hutton and Anthony Giddens, New York: The New Press, 2000.

Siegel, Daniel, *The Developing Mind: Towards a Neurobiology of Interpersonal Experience*, New York: The Guilford Press, 1999.

Simpson, Lorenzo C., *Technology Time and the Conversations of Modernity*, New York: Routledge, 1995.

Smith, Adam, *The Wealth of Nations*, ed. E. Cannan, New York: The Modern Library, 1937.

Solomon, Robert C., "Corporate Roles, Personal Virtues: An Aristotelian Approach to Business Ethics," *Business Ethics Quarterly*, vol. 23 (1992), pp. 317–39.

Ethics and Excellence: Cooperation and Integrity in Business, New York and Oxford: Oxford University Press, 1993.

A Better Way to Think About Business: How Personal Integrity Leads to Corporate Success, New York: Oxford University Press, 1999.

Soros, George, *The Crisis of Global Capitalism: Open Society Endangered*, New York: Public Affairs, 1998.

Spinosa, Charles, Flores, Fernando, and Dreyfus, Hubert L., *Disclosing New Worlds: Entrepreneurship, Democratic Action, and the Cultivation of Solidarity*. Cambridge, MA and London: MIT Press, 1997.

Srivastva, Suresh and Associates, *Executive Integrity: The Search for High Human Values in Organizational Life*, San Francisco and London: Jossey-Bass, 1989.

Srivastva, Suresh and Barrett, Frank J., "Foundations for Executive Integrity: Dialogue, Diversity, Development" in *Executive Integrity: The Search for High Human Values in Organizational Life*, ed. Suresh Srivastva and Associates, San Francisco, CA: Jossey-Bass, 1989.

Taub, Richard P., *Community Capitalism: The South Shore Bank's Strategy for Neighborhood Revitalization*, Boston, MA: Harvard Business School Press, 1994.

Tichy, Noel M., McGill, Andrew R., St. Clair, Lynda St. (eds.), *Corporate Global Citizenship: Doing Business in the Public Eye*, San Francisco: New Lexington Press, 1997.

Til, Jon Van, *Growing Civil Society: From Nonprofit Sector to Third Space*, Bloomington and Indianapolis: Indiana University Press, 2000.

Trevino, Linda Klebe, Hartman, Laura Pincus, Brown, Michael, "Moral Person and Moral Manager: How Executives Develop a Reputation for Ethical Leadership," *California Management Review*, vol. 42, no. 4 (Summer, 2000), pp. 128–42.

Ulrich, Peter, "Ethics and Economics," in *Ethics in the Economy: Handbook of Business Ethics*, ed. Laszlo Zsolnai, Oxford: Peter Lang, 2004, pp. 9–37.

Velasquez, Manuel, "Debunking Corporate Moral Responsibility," *Business Ethics Quarterly*, vol. 13, no. 4 (2003), pp. 531–62.

Von Krogh, Georg, Ichijo, Kazuo, and Nonaka, Ikujiro, *Enabling Knowledge Creation: How to Unlock the Mystery of Tacit Knowledge and Release the Power of Innovation*, New York: Oxford University Press, 2000.

Waddock, Sandra, "Parallel Universes: Companies, Academics, and the Progress of Corporate Citizenship," *Business and Society Review*, vol. 109, no. 1 (Spring, 2004), pp. 2–42.

Walzer, Michael, *Spheres of Justice: A Defense of Pluralism and Equality*, New York: Basic Books, 1983.

Watson, Charles E., *Managing with Integrity: Insights from American CEOs*, New York: Praeger, 1991.

Weinberg, Alvin M., "Can Technology Replace Social Engineering?" *Technology and The Future*, ninth edition, ed. Albert H. Teich, Belmont, CA: Wadsworth/Thomson Learning, 2003.

Weisbord, Marvin R., *Productive Workplaces: Organizing and Managing for Dignity, Meaning, and Community*, San Francisco, CA: Jossey-Bass, 1987.

Werhane, Patricia H. and Radin, Tara J., "Employment at Will and Due Process," in *Ethical Theory and Business*, sixth edition, ed. Tom Beauchamp and Norman Bowie, Upper Saddle River, NJ: Prentice-Hall, 2001.

Williamson, Oliver E. and Winter, Sidney G. (eds.), *The Nature of the Firm: Origins, Evolution, and Development*, New York and Oxford: Oxford University Press, 1993.

Wood, Donna J. and Logsdon, Jeanne M., "Business, Citizenship: From Individuals to Organizations," in *Ethics and Entrepreneurship: The Ruffin Series No. 3*, special issue of *Business Ethics Quarterly* (2002), pp. 59–94.

Zadek, Simon, *The Civil Corporation: The New Economy of Corporate Citizenship*, London and Sterling, VA: Earthscan Publications, 2001.